S★tb★

Heike Hoyer

Das
TAO
des
Hamsters

Roman

S★tb★

Als Vorlage diente die 2010 im Schirner Verlag
erschienene zweite Auflage.

© 2012 Schirner Verlag, Darmstadt
Alle Rechte vorbehalten

ISBN 978-3-8434-3026-5

1. Auflage Oktober 2012

Umschlaggestaltung: Murat Karaçay, Schirner, unter Verwendung
von # 8437184 (karlbarrett), www.istockphoto.com
Redaktion und Satz: Heike Wietelmann, Schirner
Printed by: OURDASdruckt!, Celle, Germany

www.schirner.com

Inhalt

Erster Teil:
Mein Leben bei Conny, Stops und Sisypha

Meine Familie und das Goldene Hamsterwissen	9
Zwei wichtige Gespräche	19
Rogers Tod	27
Fortpflanzung und Flucht	32
Die wunderbare Rettung	36
… Und ich fand einen Raum in der Herberge	45
Der Kampf um meine Freiheit und andere Differenzen mit Conny	49
Lousianna	57
Die menschliche Konfliktstruktur im Allgemeinen und im Besonderen	62
Ich wünsche mir einen Freund	72
Begegnung mit Sisypha und den Schlangen	77
Freundschaft mit Stops trotz kontroverser Ansichten	87
Über die Liebe als Lebensaufgabe	95
Vom Leben einer Ameise	103
Sisyphas Beförderung	111
Sisypha lernt Mitarbeiterinnenmotivation	117
Sisypha hat Erfolg	124
Die Schlangen des Lichts	131

Manche Siege schmecken schal	136
Liebe und Abgrenzung	141
Stops erobert Shakira	148
Midlife-Crisis	154

Zweiter Teil:
Die Reise nach Syrien

Flucht in Italien	165
Im Reich der Vatikan-Ratten	171
Begegnung mit Torben auf dem Schiff	179
Torbens Geschichte	186
Therapie mit Torben	193
Meine zweite Krise	201
Rollentausch	208
Sex mit Melanie	215
Entscheidung zur Rückkehr	218
Der Schatz und seine Folgen	222
Torben geht	232
Archies Lehre: der Mensch in der Polaritätsverhaftung	236
Aufgabe und Bestimmung	246
Reinkarnation und Abschied von Archie	253
Den Tod vor Augen	261
Wiederkehr	265
Das Archie-Memoriam-Tierforum	271
Schau mir in die Augen, Kleines	279

Erster Teil: Mein Leben bei Conny, Stops und Sisypha

Wär nicht das Auge sonnenhaft,
die Sonne könnt es nie erblicken;
läg nicht in uns des Gottes eigene Kraft,
wie könnt uns Göttliches entzücken?

J. W. v. Goethe

Stimmst du mit dem Weg überein,
durchströmt dich seine Kraft.
Dein Tun wird naturnah,
deine Art die Art des Himmels.

Laotse

Meine Familie und das Goldene Hamsterwissen

An die erste Zeit nach meiner Geburt kann ich mich nicht erinnern. Wir waren ein kleiner Wurf, bestehend aus nur fünf Geschwistern: meinen zwei Brüdern Roger und Sahin, meinen Schwestern Rosanna, Malteni und mir. Eine weitere Schwester war bei der Geburt gestorben. Unseren Vater kannten wir nicht, aber das ist bei Hamstern normal und, wie ich später erfuhr, scheint dies auch bei Menschen nicht so selten vorzukommen.

Unsere Mutter Samira hingegen war immer bei uns. Sie erzählte uns später, dass wir am Anfang unseres Lebens nichts hören und nichts sehen konnten und vor allem vollständig nackt waren – ganz gut, dass ich mich daran nicht erinnern kann, denn ich liebe mein schönes Fell. Ich trug als Einziger aus dem Wurf ein braunes mit einem weißen Fleck auf dem Bauch, die anderen waren eher karamellfarben.

Wir verbrachten unsere Zeit damit, zu trinken und uns um die besten Plätze an den Zitzen unserer Mutter zu streiten. Sie seufzte zwar manchmal, stellte uns aber fast immer geduldig ihre Milchbar zur Verfügung.

Fünf Tage nach unserer Geburt wuchs uns langsam ein zarter Haarflaum, und wir begannen, ab und zu die Körner zu probieren, die unsere Mutter immer fraß. Vorausgesetzt, wir kamen an sie heran, denn im Futternapf balgten sich meist Rosanna und Roger, die zur Abwechslung gerne mal ihre anderen Geschwister attackierten. Am sympathischsten war mir Malteni, weil sie meistens schlief und mich deswegen am wenigsten störte.

Ganz im Gegensatz zu Sahin, der ständig heulte, wenn er beim Kampf um die Zitzen unterlag. Und das kam öfter vor, denn er war der Schwächste und konnte sich nicht durchsetzen. Manchmal half ihm dann unsere Mutter, was mich sehr empörte. Wir anderen mussten immer kämpfen, und er bekam eine Zitze nur für sich allein! Wenn unsere Mutter anderweitig beschäftigt war, biss ich Sahin aus Wut über diese Ungerechtigkeit und zur Strafe für seine Privilegien gerne mal in seinen mageren Hintern. Dann wusste er wenigstens, warum er heulte.

Bis auf den Ärger über Sahin verlief unsere Zeit recht entspannt. Wir wurden jeden Tag größer und unternehmungslustiger, kletterten aus dem Schlafhäuschen und erkundeten unsere Umgebung. Die war allerdings nicht besonders interessant: Wir lebten in einem großen Glaskäfig in einer sogenannten Tierhandlung. Dort wurden empörenderweise, wie der Name schon sagt, Tiere verkauft. Und der Besitzer der Tierhandlung hatte sich nicht gerade überschlagen bei seinen Bemühungen, uns eine hamstergerechte Umgebung zu bieten. Wir besaßen ein Schlafhäuschen, eine Art Klettergerüst, einen abgesägten Buchenast – und das war es auch schon.

Aber das störte mich nicht weiter, denn ich kannte es nicht anders. Wir hatten genug zu fressen, ich war der Stärkste meines Wurfs, der Kronprinz meiner Mutter, und daher strahlte meine kleine Hamsterwelt in makellosem Glanz. Sie verdunkelte sich erstmals leicht, als sich Roger einmal während einer Unterhaltung ganz nebenbei als den Liebling unserer Mutter bezeichnete. Mit welcher Selbstverständlichkeit er das sagte, der eingebildete Affe! Ich klärte ihn über seinen Irrtum auf, aber er wollte das Offensichtliche nicht einsehen, und so begannen wir uns zu prügeln. Das wiederum rief Rosanna auf den Plan, die sich nach dem Anlass unseres Streits erkundigte, und, kaum dass wir sie informiert hatten, in ein überlegenes Kichern ausbrach.

»Ihr Dummköpfe! Wisst ihr denn nicht, dass es nur Kronprinzessinnen gibt? Wobei – genaugenommen gibt es nur eine, und die bin ich.«

Womit hatte ich solche Geschwister verdient!? Während ich noch überlegte, ob ich Rosanna gleich mitverprügeln sollte, erschien unsere Mutter. Sie würde diesem Spuk hier bestimmt gleich ein Ende machen. Wild durcheinanderpiepsend, trugen wir ihr unser Streitthema vor.

Samira seufzte; sie hatte schon viele Würfe kleiner Hamster großgezogen ...

»Ich habe euch alle gleich lieb«, sagte sie schließlich.

Was war das denn für eine blöde Antwort! Ich war empört. Das hieße ja, dass sie z. B. Sahin, diese heulende Rotznase, genauso gerne hätte wie mich – völlig unvorstellbar. Doch dann fiel der Groschen bei mir! Ganz klar: Sie konnte sich nicht offen zu meiner Kronprinzenschaft bekennen, weil meine Geschwister sonst traurig oder beleidigt oder beides gewesen wären. Deshalb hatte sie diese salomonischen Worte von sich gegeben. Nun gut, das konnte ich tolerieren. Ich zwinkerte ihr zu, zum Zeichen, dass ich verstanden hatte. Leicht irritiert stellte ich fest, dass meine nichtsnutzigen Geschwister ebenfalls zwinkerten. Nun ja, sollten sie blinzeln, bis ihnen die Augen herausfielen! Ich wusste, was ich wusste, und meine Hamsterwelt war wieder in Ordnung.

Ungefähr vier Wochen nach unserer Geburt rief Samira uns alle zusammen und gebot uns, aufmerksam zuzuhören.

»Wir werden nicht mehr lange zusammenbleiben, aber das ist kein Grund, traurig zu sein«, sagte sie in Richtung meines Bruders Sahin, der sofort zu weinen angefangen hatte. Ich stieß ihn mit der Pfote in den Rücken. Man musste sich einfach immer über ihn ärgern.

Samira fuhr fort: »Ihr braucht meine Milch bald nicht mehr und könnt dann ein selbstständiges Leben führen. Damit habe ich meine Aufgabe erfüllt. Doch vorher will ich euch noch das *Goldene Hamsterwissen* unserer Vorfahren mit auf den Weg geben, das von Generation zu Generation weitergetragen wird. Unsere Ahnen haben es in sieben Punkten zusammengefasst. Wenn ihr es beherzigt, werdet ihr ein zufriedenes Leben führen. Denn ein glückliches Dasein ist nicht so sehr abhängig von den äußeren Bedingungen als vielmehr von eurer Haltung dem Leben gegenüber.«

Samira setzte sich auf. Ihre Stimme veränderte sich. Es war, als sprächen die Ahnen selbst zu uns. Mit gespitzten Öhrchen hörten wir ihr gebannt zu.

Punkt 1:

Ihr seid alle Töchter und Söhne des Großen Hamster-TAO. Der immerwährende Fluss des Lebens strömt in euch und ihr in ihm. Ihr seid wie Wassertropfen in diesem mächtigen, unzerstörbaren Strom. Deswegen ist es egal, dass euer Leben sehr kurz ist. Denn wenn ihr sterbt, vereinigt sich der Tropfen, der ihr seid, wieder ganz mit dem Fluss des Lebens, bevor sich irgendwann neue Tropfen bilden. Folgt euren Impulsen und eurer inneren Stimme, dann fließt ihr mit dem Strom des TAO, und euer Leben wird klar, stark und einfach sein.

»Aber ich dachte, wir sind deine Töchter und Söhne«, piepste Rosanna erstaunt dazwischen.

»Das stimmt natürlich. Aber da ich wie ihr aus dem TAO komme, bin ich gewisssermaßen nur sein Werkzeug«, antwortete unsere Mutter.

»Aber Mama, wir sind doch auch keine Wassertropfen, sondern Hamster. Oder?«, meldete sich Sahin mit kläglicher Stimme zu Wort. Obwohl ich zugeben musste, dass ich mir gerade die gleiche Frage gestellt hatte, ging mir sein jammernder Tonfall schon wieder auf die Nerven.

»Ja, Sahin, du hast völlig recht. Die Wassertropfen im Fluss sind nur ein Bild, das uns klarmachen soll, dass wir einerseits natürlich Hamster sind und andererseits – wie alle Lebewesen – das ganze Universum in uns tragen. Wir sind wir und zugleich das Ganze.«

Sahin schien zufrieden zu sein mit dieser Antwort. Ich dagegen hatte nicht ganz verstanden, was es heißen sollte, das ganze Universum in sich zu tragen. Aber es klang auf jeden Fall schön und bedeutungsvoll.

Punkt 2:

Ihr lebt, um das Leben zu feiern. Eure einzige Aufgabe ist es, der zu werden, der ihr seid und damit das auszudrücken, was das TAO durch euch verwirklichen will. Lasst euch nicht von eurem Hamster-Ego einreden, etwas Besonderes werden zu müssen, sondern folgt der Bewegung des Lebensstroms in euch. Dann wird euch eure Aufgabe offenbar werden, ohne dass ihr sie suchen müsst. Denn sie ist der Ausdruck eures Einklanges mit dem Fluss des TAO.

Punkt 3:

Wenn ihr den Impuls zu handeln in euch spürt, setzt euch mit aller Kraft für das ein, was ihr erreichen wollt. Dann aber überlasst dem Hamster-TAO die Entscheidung darüber, was passiert. Nur das TAO weiß, ob eure Vorhaben im Einklang mit dem Fluss des Lebens sind, und nur dann wird ihnen Erfolg beschieden sein. Deswegen akzeptiert seine Entscheidung, und vergeudet keine Minute eures kurzen Lebens durch Auflehnung gegen euer Schicksal oder Trauer über

Vergangenes – auch wenn alles anders läuft, als ihr es euch wünscht.
Lebt euer Leben mit eurem ganzen hingebungsvollen Hamsterherzen.

Punkt 4:

Die meisten von uns Hamstern leben in der Gefangenschaft des Menschen. Doch selbst wenn ihr in einen engen Käfig gesperrt werdet, so kann euch eure innere Freiheit niemand nehmen. Auch unter den schlimmsten Bedingungen bleibt eure Seele immer frei.

Punkt 5:

Alle Hamster sind über das Hamster-Net geistig-energetisch verbunden und können über jede räumliche Entfernung miteinander sprechen, wann immer sie wollen. Deswegen ist niemand jemals wirklich allein. Verständigung ist prinzipiell auch mit den meisten anderen Tierarten möglich, nur nicht mit denen, die dazu noch zu unterentwickelt sind – oder zu überentwickelt wie der Mensch, der diese Fähigkeit verloren hat.

»Was hat er verloren?«, platzte diesmal Roger dazwischen. »Aber die Menschen sprechen doch miteinander.«
»Ja, aber das ist das Einzige, was sie noch können«, antwortete Samira. »Sie müssen die Worte des anderen hören

und können nicht mehr ohne Hilfsmittel über weitere Entfernungen kommunizieren. Nur einige wenige haben sich diese Fähigkeit erhalten; die Menschen nennen es Telepathie. Die anderen haben alle möglichen Medien für die Verständigung erfunden, um diesen Verlust auszugleichen: Sie kritzeln Zeichen auf Papier und schicken auf diese Weise Botschaften durch die Gegend. Außerdem haben sie Telefon und Computer konstruiert, mit denen das auch zu gehen scheint.«

»Sehr umständlich«, kommentierte Roger, und Rosanna unterstützte ihn durch eifriges Kopfnicken.

»Völlig unverständlich, warum der Mensch als überlegenes Wesen gilt. Er ist doch eher ein bedauernswerter Krüppel, wenn er solche wichtigen Fähigkeiten verloren hat«, schaltete ich mich ein.

Samira unterbrach die Diskussion. »Das ist sicherlich eine interessante Frage, über die man lange reden könnte. Jede Art von Höherentwicklung scheint auch ihren Preis zu haben. Welche Folgen das für uns hat, wird durch Punkt 6 klar:

Punkt 6:

Der Mensch, in dessen Gefangenschaft wir leben, ist in der Regel nicht bösartig, aber oft gedankenlos und nicht hamsterkundig. Wir können ihm nur begrenzt klarmachen, was wir wollen und brauchen, weil wir ihn zwar verstehen können, aber er uns nicht. Das kann unser Leben sehr erschweren; nichtsdestotrotz gelten immer die ersten fünf Punkte.

Punkt 7:

Denkt immer daran, Futtervorräte anzulegen, denn ihr wisst nicht, wann die nächste Hungersnot kommt. Und pflanzt euch fort, damit unser Hamstervolk weiterlebt.

Die meisten Hamster halten den letzten Punkt für den wichtigsten, aber wir sind eine spirituell hoch entwickelte Hamsterfamilie und wissen daher, dass die ersten drei die Königssätze enthalten.

Wahrscheinlich habt ihr nicht alles verstanden. Das macht nichts. Behaltet diese Sätze, ihr werdet sie im Laufe eures Lebens immer besser verstehen lernen. Habt ihr jetzt noch Fragen?«

»Ja«, fiepte Malteni, die eigentlich nie etwas sagte. »Was heißt ›spirituell‹, Mama?«

Samira überlegte ein Weilchen. »Spiritualität bedeutet, sich immer dessen bewusst zu sein, dass nicht nur alle Hamster, sondern alle Lebewesen – auch die Menschen – aus demselben TAO kommen, und wir deswegen alle verbunden sind. Alle Lebewesen sind unterschiedliche Tropfen des gleichen kosmischen Stroms.«

Nachdem Samira geendet hatte, herrschte feierliches Schweigen. Es war ein besonderer Moment: Die Vorhänge unserer kleinen, abgeschotteten Familienwelt hatten sich geöffnet und den Blick freigegeben auf die geheimnisvolle Weite einer bedeutsamen Zukunft. Ich spürte, wie das TAO warm durch meinen Körper strömte und war tief ergriffen. Damals versprach ich mir selbst in die Pfote, alle Punkte des *Goldenen Hamsterwissens* zu beherzigen und vor allem die Aufgabe zu finden, die mir und damit dem TAO entsprach.

Die Begeisterung über mein kommendes wunderbares Leben und die Feierlichkeit dieser Minuten hielten allerdings nicht lange an – genau genommen so lange, bis ich mich angesichts Sahins ungeschützt vor mir liegenden Oberschenkels nicht mehr beherrschen konnte und herzhaft in selbigen biss. Natürlich fing er sofort an, zu heulen. Das war der Startschuss für die anderen. Malteni suchte sich ein schönes Schlafplätzchen, Rosanna und Roger fingen an, miteinander zu kämpfen, und ich begann mit unschuldigem Blick mein Fell zu putzen. Unsere Mutter, die wie gesagt schon viele Würfe kleiner Hamster großgezogen hatte, seufzte ergeben und legte sich erst einmal hin, um sich von ihrer anstrengenden Rede zu erholen.

Zwei wichtige Gespräche

In der darauffolgenden Nacht säuberte ich gerade selbstvergessen mein Fell, als meine Mutter das Wort an mich richtete:

»Ich habe mit dir zu reden, Louis. Es gefällt mir nicht, wie du deinen Bruder behandelst, dass du ihn ständig beißt und schubst. Es ist nicht gerade sehr ehrenvoll, einen Schwächeren zu quälen.«

»Welchen Bruder?«, fragte ich, um Zeit zu gewinnen.

»Du weißt, wen ich meine!«

»Aber ich handele nach dem Naturgesetz, Mama. Der Stärkere setzt sich durch, so soll es sein.«

»Wo hast du das denn her?«

Zugegebenermaßen hatte ich das bei einer Unterhaltung zwischen den Ratten aufgeschnappt, die im Käfig neben uns wohnten. Sie waren ziemlich klug und unterhielten sich oft über interessante Dinge. Die Philosophie vom Recht des Stärkeren hatte insbesondere ein schwarzes Rattenmännchen vertreten, das ein Anhänger der darwinschen Evolutionstheorie war. Als Fan von Arnold Schwarzenegger hatte er sich »Terminator« genannt. Von seinen ausufernden Reden hatte mir insbesondere die Sache mit dem »Recht des Stärkeren« ausnehmend gut gefallen, weil ich nämlich zufällig der Stärkste in unserem Wurf war. Ich schwieg.

»Es ist tatsächlich ein Teil des Naturgesetzes«, fuhr Samira fort, »aber ein Teil, der nur in Notzeiten zum Tragen kommt, wenn es um das Überleben der Art geht. Das ist jetzt nicht der Fall. Wir haben genug Futter und Milch für alle. Kein Grund also, nicht auch Sahin seinen Teil zu gönnen und ihn in Ruhe trinken zu lassen. Ihr seid Geschwister und solltet euch gegenseitig helfen.«

»Aber er nervt so, weil er immer nur heult.«

»Er weint viel, weil es im Moment seine einzige Möglichkeit ist, sich durchzusetzen und zu dem zu kommen, was er braucht. Sahin ist ein Spätentwickler und zurzeit noch der körperlich Schwächste von euch. Aber er hat einen guten Charakter und ist klug.«

Mir war völlig schleierhaft, wo meine Mutter an meinem ständig herumgreinenden Bruder Anzeichen von Klugheit zu entdecken glaubte. Aber ich hielt besser mein Mäulchen, um sie nicht weiter zu verärgern.

»Auch du bist klug und wissbegierig, Louis, und dazu noch stark. Und du weißt das auch. Aber setze deine Gaben konstruktiv ein, und sei nicht eingebildet deswegen.«

»Wieso eingebildet?«, fragte ich leicht empört.

»Nun, es putzt keiner von uns sein Fell so lange und so oft wie du, und keiner wirft so gerne mit Fremdwörtern um sich.« Samira lächelte.

»Aber du hast uns doch beigebracht, wie wichtig die Fellpflege ist und dass wir uns immer weiterbilden sollen«, antwortete ich, jetzt richtig wütend.

»Gut, ich habe keine Zeit, lange mit dir herumzudiskutieren (das sagte sie immer, wenn sie nicht weiterwusste), sondern möchte dir etwas mit auf den Weg geben. Beschäftige deinen Geist, wenn du schon – wie fast alle von uns – in einem Käfig leben musst. Versuche, etwas von dem oder den Menschen zu lernen, bei dem oder denen du wohnen wirst.«

»Kann man denn von denen etwas lernen, Mama? Die Ratten haben gesagt, die Menschen leben gegen das Naturgesetz. Das ist doch dumm. Und außerdem versklaven sie uns. Was will man schon von seinen Sklavenhaltern lernen?«

»Da hast du einerseits recht, Louis, und doch ... gerade weil sich der Mensch vom Naturgesetz entfernt hat, musste er seinen Intellekt ausbauen. Er hat Fähigkeiten entwickelt und Erkenntnisse gewonnen, die wir nicht haben. In dieser Hinsicht können wir von ihm lernen, wenn auch viele Dinge nicht sinnvoll oder gar zerstörerisch sind, mit denen er sich befasst.

Ich wünsche dir einen Besitzer oder eine Besitzerin, der oder die sich mit interessanten und inspirierenden Themen beschäftigt, damit du daran teilhaben kannst und dein Geist etwas zu tun hat. Dann kannst du dich weiterentwickeln und wirst als ein höheres Tier wiedergeboren, das mehr Möglichkeiten hat in seinem Leben.«

»Aber ein Hamster ist doch auch schon ein ziemlich hoch entwickeltes Tier, oder?«, fragte ich voller Überzeugung.

»Ja, vor allem so ein kluger kleiner Bursche wie du«, erwiderte meine Mutter und strich mir liebevoll mit der Pfote über mein linkes Ohr.

»Warum ist das eigentlich so, dass wir schon seit so vielen Hamstergenerationen von den Menschen eingesperrt werden?«

»Vielleicht ist es unsere Aufgabe, den Menschen an seinen tierischen Ursprung zu erinnern. Ich weiß es nicht. Es ist unser Schicksal, das wir annehmen müssen. Vielleicht sollen wir uns damit auseinandersetzen, was Freiheit und Unfreiheit eigentlich genau bedeuten. Du wirst noch sehen, dass es bei den Menschen viel schlimmere Arten von Unfreiheit gibt. Wir müssen meist in Käfigen leben, aber die Menschen haben auch ihre Käfige. Sie sind schlimmer als unsere, weil sie unsichtbar sind und deswegen viel tückischer.«

Mich interessierte das Schicksal der Menschen nicht – es geschah ihnen nur recht. Wer andere einkerkert, hat unsichtbare Käfige mehr als verdient!

Nach diesem Zweiergespräch mit meiner Mutter, die ich aufgrund meiner nervenden Geschwister selten für mich hatte, legte ich erst mal eine kleine Fresspause ein, um neben der Nahrung auch ihre Worte zu verdauen. Ich war mir nicht sicher, ob ich alles verstanden hatte, aber ich bewahrte ihre Worte in meinem Herzen. Damals ahnte ich noch nicht, dass es eines unserer letzten Gespräche gewesen sein sollte …

Doch zunächst einmal hielt diese Nacht noch eine weitere wichtige Botschaft für mich bereit. Nur wenig später kletterte ich auf meinen Lieblingsplatz, die Aussichtsplattform. Es handelte sich dabei um die Astgabel des abgesägten Buchenstückes in unserem Käfig. Oben lag Malteni und schlief. Ich konnte sie schnell – unter Androhung von Prügeln – überzeugen, dass es sich hier um meinen Platz handelte, an dem sie sich widerrechtlich aufhielt. Kurz kamen mir die Worte meiner Mutter in den Sinn, aber sie hatte ja über Sahin gesprochen und Malteni mit keiner Silbe erwähnt. Was für den einen galt, musste für die andere noch lange nicht gelten! Also hatte ich alles richtig gemacht und nahm zufrieden meinen angestammten Platz ein. Ich liebte ihn vor allem deswegen, weil man von hier aus einen schönen Blick über das nächtliche Treiben in der Tierhandlung hatte.

Insbesondere die Ratten konnte man genau beobachten. Sie hatten sich meist etwas Interessantes zu erzählen oder veranstalteten waghalsige Spiele. Ich meine damit in erster Linie den Terminator und seinen Freund Lollypop, die beiden Halbstarken. Es gab noch eine weitere Ratte in ihrem Käfig, die ich bisher nie beachtet hatte, weil sie nur in einer Ecke lag und schlief – jedenfalls wenn ich hineinsah. Sie war grau, fast weiß, und sah abgezehrt und alt aus. Obwohl sie augenscheinlich nichts tat, außer herumzuliegen, war mir nicht entgangen, dass die beiden Halbstarken, die sonst vor nichts und niemandem Respekt zeigten, sie mit größter Ehrerbietung behandelten. Einmal hatte ich beobachtet, wie Lollypop ihr nach der Fütterung unaufgefordert die besten Nahrungsstücke zusammensuchte und vor die Schnauze legte. Das hatte mich sehr beeindruckt, sodass ich meine Mutter nach der grauhaarigen Ratte fragte.

»Oh«, sagte diese. »Du meinst Methusalem? Er ist sehr alt und lebt schon seit ewigen Zeiten hier in der Tierhandlung, länger als jedes andere Tier. Keiner der Händler hat ihn verkauft, weil er aufgrund seiner Autorität auch unter den rauflustigsten jungen Ratten immer für Ruhe und Anstand sorgt. Fast alle Ratten sind klug, aber Methusalem ist weise. Er hat die Gabe, tief in die Seelen der Tiere und manchmal auch in die Zukunft zu sehen. Früher haben sich viele von ihm beraten lassen, aber seit einem halben Jahr spricht er kaum noch.«

Nach diesen Informationen fand ich Methusalem eine Zeit lang deutlich interessanter, aber da er weiterhin nahezu bewegungslos in seiner Ecke lag, hatte sich mein Interesse schnell wieder verflüchtigt.

So richtete ich auch in dieser Nacht meinen Blick auf Terminator und Lollypop, die eine Art Rattenpoker spielten und sich alle fünf Minuten prügelten, weil sie über die Regelauslegung unterschiedlicher Ansicht waren.

Während ich versuchte, die Regeln des Rattenpokers zu durchschauen, hatte ich auf einmal das deutliche Gefühl, beobachtet zu werden. Unwillkürlich fiel mein Blick auf Methusalem, und ich erschrak heftig. Statt wie sonst halb auf der Seite liegend zu schlafen, saß er aufrecht in seiner Käfigecke und sah mich an. Besser gesagt, er blickte mit merkwürdig milchigen Augen durch mich hindurch in eine unendliche Ferne. Mir wurde bewusst, dass er blind war, und trotzdem fühlte ich mich auf eine eigentümliche Weise von ihm gesehen. Dann begann er zu sprechen.

»Ich grüße dich, Louis«, sagte er.

»Guten Tag, Methusalem«, antwortete ich unsicher, obwohl ich sonst nicht gerade schüchtern war.

Der Rattengroßvater schwieg. Gerade als ich dachte, dass das alles gewesen war, sprach er weiter: »Du wirst weite Wege gehen und große Entfernungen überwinden müssen, um deine Aufgabe zu erkennen, obwohl sie immer in dir und bei dir ist.«

Wieder folgte eine längere Pause. »Aber dann kannst du ein Botschafter des TAO werden.«

»Was heißt das, ein Botschafter des TAO werden?«, platzte ich heraus.

Methusalem antwortete nicht. Die starke Energie, die von ihm ausgegangen war, schien sich zu verflüchtigen. Er schloss seine Augen und legte sich so hin, wie er immer dalag. Ich war sehr aufgeregt: Die weise alte Ratte hatte zu mir gesprochen und mir eine große Zukunft prophezeit! In Windeseile kletterte ich den Buchenast hinunter und suchte meine Mutter, die allerdings leider, wie fast immer, mit meinen überflüssigen Geschwistern beschäftigt war: In diesem Fall kümmerte sie sich um Rosanna, die sich bei ihren ständigen Kämpfen mit Roger leicht an der Pfote verletzt hatte. Mehr noch als Rosanna bedurfte Roger, der untröstlich darüber war, dass er seiner geliebten Schwester wehgetan hatte, des mütterlichen Zuspruchs. Als sie endlich mit ihrem Kinderkram versorgt waren, fiel ich über meine Mutter her und erzählte ihr von Methusalem. Sie war gebührend beeindruckt.

»Das ist sehr ungewöhnlich und bedeutsam, weil Methusalem fast überhaupt nicht mehr spricht. Merk dir seine Worte gut.«

»Aber ich habe nicht alles verstanden. Vor allem weiß ich nicht, was ein Botschafter des TAO tun soll.«

»Da gibt es viele Möglichkeiten – du musst deine finden. In irgendeiner Form sollst du anscheinend dein Hamster-Ego überschreiten und für das eintreten, was uns alle verbindet.«

Mein Hamster-Ego überschreiten? Das war so ziemlich das Letzte, was ich wollte. Gerade auf die Welt gekommen, wollte ich mich erst einmal ordentlich ausleben. Sollte mir das irgendwann keinen Spaß mehr machen – was nicht so recht vorstellbar war –, konnte man ja immer noch über Überschreitungen und dergleichen nachdenken.

Fürs Erste war ich offen gestanden etwas enttäuscht über Methusalems undurchsichtige Prophezeiungen und die nicht minder nebulösen Erklärungen meiner Mutter. Ich hätte eine konkretere Aufgabe vorgezogen, z. B. der Entdecker einer neuen wohlschmeckenden Körnersorte zu werden, die für immer alle Hungersnöte unter den Hamstern beenden würde. Gehörte das in den Zuständigkeitsbereich eines TAO-Botschafters? Wer konnte das schon wissen. Und vielleicht hatte aus Methusalem ja auch nicht die Weisheit des Alters, sondern die beginnende Demenz gesprochen?!

Also beschloss ich, mir seine Worte zwar zu merken, ihnen aber nicht zu viel Gewicht beizumessen. Das war dann auch der letzte Entschluss dieser denkwürdigen Nacht. Kurze Zeit später rollte ich mich in unserem Hamsterhäuschen zusammen und schlief den Schlaf der Gerechten, denn jemand, der große Taten vollbringen und weite Wege gehen soll, muss ausreichend schlafen und vor allem: viel fressen!

Rogers Tod

Dass ich besonders viel Futter brauchte, um für meine kommenden, verantwortungsvollen Aufgaben gerüstet zu sein, war meinen nichtsnutzigen Geschwistern natürlich wieder einmal nicht zu vermitteln. Im Gegenteil! Am nächsten Tag erzählte Rosanna kichernd, sie habe gehört, dass taoistische Botschafter sich durch Mitgefühl und Opferbereitschaft auszeichneten und im Zweifelsfall der leidenden Kreatur, sprich ihren hungrigen Geschwistern, das gesamte Futter überlassen würden. Weiß der Teufel, wo sie diesen Quatsch wieder aufgeschnappt hatte! Ich strafte sie durch Nichtachtung und konzentrierte mich weiter darauf, den größten Teil eines Kohlrabistückchens abzubeißen und in meine Backentaschen zu stopfen.

Nachdem mir das mehr oder weniger gut gelungen war und ich leicht beschwert Richtung Käfigecke marschierte, fiel auf einmal ein Schatten über mich. Instinktiv rannte ich los in Richtung unseres schützenden Häuschens, aber es war zu spät. Von oben griff mich eine behandschuhte Menschenhand. Ich schrie empört, biss und wehrte mich, aber ich hatte keine Chance. Mit meinen Brüdern Sahin und Roger fand ich mich in einem kleineren Glasterrarium wieder, das in einer anderen Ecke der Zoohandlung stand. Sahin weinte erstaunlicherweise nicht, dafür aber Roger, weil er fast augenblicklich seine Schwester Rosanna vermisste, mit der er sich sein ganzes kurzes Leben lang herumgebalgt hatte. Wir versuchten, ihn zu trösten, obwohl uns selbst schwer ums Herz war, ahnten wir doch, dass wir unsere Schwestern und unsere Mutter nicht wiedersehen würden. Aber während wir noch verzagt in einer Ecke unserer neuen Behausung hockten, hörten wir Samiras Stimme in uns:

»Seid nicht traurig, meine Kleinen. Auch in der Natur hätten wir uns bald getrennt. Ihr geht jetzt in euer Erwachsenenleben. Wir können weiterhin miteinander reden und in Verbindung bleiben.«

Nach der Botschaft meiner Mutter über das Hamster-Net beruhigte ich mich schnell, insbesondere als ich im Terrarium ein Stück Banane fand, eines meiner Lieblingsfressen. Das war wahrscheinlich ein Versuch des Menschen, sich für seine verbrecherische Handlung – Kindesentführung mit Mutterentzug – zu entschuldigen. Nun, ich für mein Teil verzieh ihm nicht und fraß die Banane trotzdem mit großem Appetit. Voller Großmut ließ ich sogar meinen beiden angeschlagenen Brüdern, der eine trauernd, der andere auch trauernd und noch dazu spätentwickelt, ein Stück übrig.

In dieser Dreierkonstellation verbrachten wir fast zwei Wochen. Es war nun tagsüber deutlich unruhiger, weil viel mehr Menschen kamen und Tiere mitnahmen. So wurden wir auch unfreiwillig Zeugen davon, wie unsere Schwestern Malteni und Rosanna von dem Besitzer des Geschäftes, der mir schon immer herzlich unsympathisch gewesen war, in empörend kleine Pappschachteln gestopft und an irgendwelche Menschen verkauft wurden. Das löste bei Roger einen weiteren Traueranfall aus, und wir mussten uns um ihn kümmern. Zudem waren wir völlig übermüdet, denn tagsüber, wenn Hamster eigentlich schlafen wollen, wurden wir jetzt immer ins Schaufenster der Tierhandlung gesetzt, wo kreischende Kinder gegen die Scheiben klopften und unsere Ruhe störten.

Und dann kam der Tag, der mein Schicksal bestimmen und mir auch sonst einige denkwürdige Erlebnisse bescheren sollte. Es war besonders unruhig; ständig kamen und gingen Leute. Eine eigenartige Spannung lag in der Luft. Schließlich hörte ich die misstönende Stimme des Ladenbesitzers:

»Martin, bring die Hamster und Ratten nach hinten. Beeil dich, wir haben noch einiges zu tun, und ich will hier um 14.00 Uhr raus sein. Ich muss noch einen Baum kaufen.«

Das war ungewöhnlich früh, denn normalerweise mussten wir bis zum Abend hinter dem Schaufenster bleiben. Martin, der Gehilfe, tat wie ihm geheißen: Er griff unser Terrarium und ein weiteres, in dem einige junge Hamsterdamen aus einer anderen Familie untergebracht waren, und beeilte sich. Dabei rutschte er aus, schrie auf und ließ die Terrarien fallen, die auf den Bodenfliesen zerschellten. Ich wurde herausgeschleudert, knallte gegen ein Holzregal und fiel auf den Boden. Für ein paar Sekunden blieb ich benommen liegen, dann rappelte ich mich hoch. Augenscheinlich hatte ich keine ernsthaften Verletzungen davongetragen, aber neben mir hörte ich ein jämmerliches Fiepen. Mein Bruder Roger lag inmitten der Glasscherben des Terrariums. Eine hatte sich in seine Schulter gebohrt; er blutete stark.

»Oh Gott«, rief ich erschrocken, »warte, ich helfe dir. Ich ziehe die Scherbe heraus.«

Im Hintergrund hörte man die Stimme des Ladenbesitzers, der Martin beschimpfte. Seine Tirade endete mit den Worten: »Du dämlicher Idiot, sieh dir die Sauerei an. Ausgerechnet heute! Und da ist auch noch ein verletzter Hamster, der ist nicht mehr zu retten. Nimm die Schaufel und schlag ihn ganz tot. Dann such die anderen, und mach sauber.«

»Lauf weg, Louis«, flüsterte Roger angestrengt, »es ist zu spät für mich. Lauf wenigstens du weg, bring dich in Sicherheit.«

Schon näherten sich Schritte, und instinktiv drückte ich mich unter eine Kiste. Dann hörte ich ein schreckliches klatschendes Geräusch, auf das eine nicht weniger schreckliche Stille folgte; das Fiepen war verstummt. Voller Entsetzen wich ich zurück, hinter weitere Kisten, bis zur Wand. Dort bedeckte ich die Augen mit der Pfote und versuchte, mich zu beruhigen: Sie hatten Roger umgebracht! Trauer durchströmte mein Hamsterherz, und ich spürte schmerzlich, dass ich meinen nichtsnutzigen Bruder doch irgendwie geliebt hatte.

Nach wenigen Minuten hörte ich ein Rascheln, und Sahin tauchte auf. Auch er war natürlich verstört, aber insgesamt erstaunlich sortiert, und begann bald, unser beider Situation zu analysieren. Im Hintergrund hörten wir Martin fluchen.

»Er wird uns zwar erst mal nicht finden, aber was haben wir für Möglichkeiten? Raus können wir nicht, weil es draußen viel zu kalt für uns ist – das haben jedenfalls die Ratten gesagt, und die wissen meistens über alles Bescheid. Also müssen wir hier drin bleiben und versuchen, uns im Lagerraum zu verstecken. Futter liegt ja genug herum.«

»Ich bleibe nicht bei diesen Mördern, ich laufe weg.«

»Du spinnst, Louis. Draußen wirst du sofort erfrieren!«

»Ist mir egal, ich versuche es. Freiheit oder Tod!« Manchmal hatte ich einen leichten Hang zum Pathos. Dann fielen mir Methusalems Worte ein.

»Außerdem muss ich in meinem Leben große Distanzen überwinden, damit ich ein Botschafter des TAO werden kann«, setzte ich hinzu.

Sahin betrachtete mich leicht befremdet. Wahrscheinlich nahm er an, dass der Sturz doch ein paar Schäden bei mir hinterlassen hatte. Aber mir war nicht nach weiteren Erklärungen. Sahin zuckte die Schultern und verschwand erst mal in Richtung Futtersäcke, um sich dort etwas zu stärken.

Fortpflanzung und Flucht

Ich konnte mich nicht lange mit meinen Fluchtplänen beschäftigen, denn kurze Zeit später trippelte eine mir unbekannte junge Hamsterdame um die Kistenecke. Sie stammte anscheinend aus dem anderen zerbrochenen Käfig. Ihre Tasthaare zitterten noch leicht vor Schreck, doch sonst schien sie unverletzt zu sein. Sofort war mein männlicher Beschützerinstinkt geweckt.

»Hallo, schöne Frau«, sagte ich welthamsterlich. »Mein Name ist Louis. Hast du den Sturz gut überstanden? Kann ich dir irgendwie helfen?«

»Hallo Louis, ich bin Fidelia. Eigentlich suche ich meine Schwester Mopsi, aber ich freue mich, dass ich nach diesem schrecklichen Unfall überhaupt einen Mithamster treffe, mit dem ich reden kann. Dieser Sturz steckt mir noch in den Knochen, obwohl mir nichts weiter passiert ist.«

»Du brauchst keine Angst mehr zu haben, ich bin ja da«, verkündete ich und betrachtete wohlgefällig ihr karamellfarbenes, glänzendes Fell und ihre schönen dunklen Augen, die allerdings noch einen leicht panischen Ausdruck zeigten.

»Wenn du möchtest, kannst du dich etwas an mich lehnen – Körperkontakt hilft bei Angstgefühlen«, bot ich ihr großmütig, aber nicht ganz uneigennützig an. »Das ist eine Erkenntnis aus der Psychologie«, setzte ich noch hinzu, wie ich es bei den Ratten aufgeschnappt hatte.

»Oh, Louis, du bist so nett und auch so gebildet, obwohl du noch so jung aussiehst«, hauchte Fidelia und kuschelte sich tatsächlich an mich. Es war ein sehr angenehmes Gefühl. Wir redeten ein bisschen über unsere Familien, die Erlebnisse unseres jungen Lebens und natürlich über den Unfall, dem wir unser Treffen zu verdanken hatten. Fidelia war nach dem Aufprall auf den Boden anscheinend einige Minuten etwas benommen gewesen, sodass sie Rogers gewaltsames Ende nicht mitbekommen hatte. Natürlich erzählte ich ihr auch nichts davon. Das hätte sie nur weiter verstört.

Außerdem beschäftigten mich andere Dinge. Merkwürdige, mir bisher unbekannte Gefühle breiteten sich in mir aus und erzeugten vornehmlich in meiner hinteren Körperhälfte ein ebenso merkwürdiges Drängen.

»Was wollt ihr?«, wandte ich mich etwas hilflos an meine Instinkte.

»Wir wollen uns paaren, du Idiot«, antworteten sie. (Die Instinkte drücken sich gemäß ihrer Natur gerne direkt aus.) Nun gut, darauf hätte ich vielleicht wirklich allein kommen können, aber bisher waren Paarungsaktivitäten eben noch nicht Bestandteil meines Verhaltensrepertoires.

Versuchshalber meldete sich die Stimme meines Gewissens, die sich erkundigte, ob so kurz nach dem Tod meines Bruders Paarungsgelüste angemessen wären. Aber sie gab schnell wieder Ruhe, war ihr doch auch bewusst, dass gerade der Tod an das Leben gemahnt. Mein Bruder wäre beruhigt, wenn er wüsste, dass die Hamsterfortpflanzung weitergeht – vielleicht weiß er es ja auch.

Während ich also mit meinen Instinkten beschäftigt war, setzte ich das Gespräch mit Fidelia fort. Ich erzählte ihr auch, dass ich vorhätte, zu fliehen.

»Das ist natürlich äußerst gefährlich, weil es draußen sehr kalt sein soll und ich vielleicht erfrieren werde.« Ich machte eine kleine Kunstpause. Damals ahnte ich noch nicht, wie nah ich damit der Wahrheit kam. »Aber ich nehme dieses Risiko auf mich, denn mir geht meine Freiheit über alles. Freiheit oder Tod!« Mit dramatischem Blick sah ich in imaginäre Fernen, während das Drängen in meinem Hinterleib sich verstärkte. Nervös trippelte ich hin und her.

Fidelia bewunderte ausgiebig meinen Mut und bedauerte natürlich, dass sie mich dann nicht mehr sehen würde. Jetzt war die Gelegenheit zum entscheidenden Vorstoß gekommen.

»Möchtest du vielleicht ein sehr persönliches Andenken von mir behalten?«, fragte ich und sah ihr tief in die Augen.

»Gerne«, sagte sie arglos. »Was denn?«

»Ich dachte da an sechs bis acht süße Miniaturausgaben von mir.«

Fidelia verstand schnell und begann leicht verschämt zu kichern. »Also wirklich, Louis ... Sind wir denn nicht noch zu jung? Können wir uns überhaupt schon paaren?«

»In außergewöhnlichen Situationen wie dieser ist man zu außergewöhnlichen Taten fähig – lass es uns einfach probieren«, lockte ich. Als Zeichen der Zustimmung drehte Fidelia mir augenblicklich ihr entzückendes Hinterteil zu.

Ich ließ mich nicht zweimal auffordern und bestieg sie. So verlor ich bereits in jungen Jahren (oder besser gesagt Wochen) meine Unschuld – ziemlich früh, selbst für einen per se frühreifen Hamster.

Das Probieren war äußerst erfolgreich, und weil es auch viel Spaß machte, wiederholten wir es gleich mehrere Male. Als ich dann doch eine Pause einlegen musste, empfand ich tiefe Befriedigung. Sie war nicht nur körperlicher, sondern auch seelischer Natur, hatte ich doch schon zu frühestmöglicher Gelegenheit eine wesentliche Hamsteraufgabe erfüllt: mich fortzupflanzen. Ich war mir sicher, dass aus der Kombination unserer Gene schöne, starke und kluge kleine Hamster entstehen würden. Das erfüllte mich mit Stolz.

In meine erfreulichen Zukunftsvisionen hinein ertönte die Stimme des Ladenbesitzers, der Martin die Instruktion gab, seine erfolglose Hamstersuche aufzugeben und stattdessen die Futtersäcke vom Lieferwagen zu laden. Martin gehorchte und öffnete die hintere Tür, die hinaus auf den Hof führte. Ein Schwall kalter Luft wehte hinein, und ich begann zu ahnen, dass meine Flucht kein angenehmer Ausflug werden würde. Aber ich konnte nicht mehr zurück. Wie würde ich sonst vor Sahin und vor allem vor Fidelia dastehen? Der Vater ihrer zukünftigen Kinder ein Feigling?! Das durfte nicht sein.

Und so wandte ich mich ernst an meine Gefährtin: »Die Stunde des Abschieds ist gekommen. Ich muss die gute Gelegenheit nutzen, solange die Tür offen ist. Dir wünsche ich ein wunderbares Leben, und sorge gut für unsere Kinder!«

»Ich werde ihnen erzählen, dass ihr Vater ein Held ist«, hauchte Fidelia. Ich nickte würdevoll. Wir stupsten uns zum Abschied kurz mit den Schnauzen an, dann bewegte ich mich im Schutz diverser Kisten vorsichtig auf die Tür zu.

Dort suchte ich mir hinter einer ausrangierten Plastikwanne eine gute Startposition und richtete meine Aufmerksamkeit auf Martin, der in regelmäßigen Abständen durch die Tür nach draußen verschwand. Nach ungefähr drei Minuten kehrte er mit zwei Futtersäcken beladen zurück. Als er das nächste Mal auf den Hof ging, spurtete ich mit angelegten Ohren los durch die Tür und draußen an der Hauswand entlang bis unter einen Bretterstapel. In einiger Entfernung marschierte Martin gerade zurück ins Haus. Ich rannte weiter.

Die wunderbare Rettung

Ich lief und lief. Es war wunderbar! Alle Sorgen und Begrenzungen lösten sich auf in der kraftvollen Bewegung des Laufens. Nachdem ich eine Straße überquert hatte, trabte ich durch Gärten mit großen Rasenflächen und genoss das Gefühl der Grenzenlosigkeit und Freiheit.

»Egal wie alles enden wird – allein wegen dieses Gefühls war es das Ganze wert!«, dachte ich und spürte fast im gleichen Moment die ersten Vorboten der Kälte. Mein Fell war dicht und hielt mich warm, aber die Pfoten waren ungeschützt und fühlten sich an wie Eisklumpen. Ich ignorierte die beginnenden Schmerzen und lief weiter, durchquerte mehrere Vorgärten und erreichte den Bürgersteig einer kleinen Seitenstraße. Nur selten kamen mir Menschen entgegen, und wenn, versteckte ich mich. Wobei das wahrscheinlich überflüssig war, denn die Menschen wirkten gehetzt und schienen mit sich selbst beschäftigt zu sein. Sie starrten vor sich hin und hasteten ihren Zielen entgegen. Viele trugen Pakete und einige sogar kleine Bäume.

Es begann zu dämmern und wurde immer kälter. »Ich muss etwas fressen«, sagte ich mir, setzte mich unter einen Busch und holte die restlichen vier Vorratskörner aus meinen Backentaschen. Nachdem ich andächtig den letzten Sonnenblumenkern verspeist hatte, lief ich wieder los. Aber die paar Körner hatten mir nicht genug Energie gegeben, und das Laufen fiel immer schwerer. Die Kälte fraß sich tiefer in meinen Körper, und zu allem Übel hatte ich mir meine linke Pfote an einem spitzen Stein verletzt. Mühsam humpelte ich auf drei Beinen weiter, bis es nicht mehr ging. Ich konnte nicht mehr und sah mich um. Das Haus neben mir zog mich an; aus seinem Wohnzimmer drang ein warmer Lichtschein. Er fiel über eine Terrasse, auf der ein vergessener Wollhandschuh lag.

»Das ist ein schöner Platz«, sagte ich mir, krabbelte mit letzter Kraft den Weg zur Terrasse hinauf und rollte mich auf dem Handschuh zusammen. Zunächst schien er etwas

Wärme zu spenden, aber dann kroch die Kälte langsam in mir hoch und lähmte meine Muskeln.

Es war Zeit, den Tatsachen ins Auge zu sehen: All die Abenteuer und Taten, die in der Zukunft lockten, würde ich nicht mehr erleben. Das löste zwar eine tiefe Trauer in mir aus, aber ich lehnte mich nicht auf, denn ein Hamster macht nicht so viel Theater um seinen Tod. Wenn er kommt, nimmt er ihn an.

Ich nutzte die mir noch verbleibende Zeit, um mich via Hamster-Net von meiner Familie und von Fidelia zu verabschieden.

Fidelia war traurig, aber nicht untröstlich, denn wir hatten ja zum Glück gemeinsamen Nachwuchs produziert, um den sie sich kümmern konnte. Sie versprach, unseren Kindern ihren so jung und tragisch verstorbenen Vater immer als leuchtendes Vorbild vor Augen zu halten.

Als Nächstes wandte ich mich an den letzten mir noch verbliebenen Bruder: »Du hattest recht, Sahin, ich werde erfrieren. Aber ich bereue es trotzdem nicht, weggelaufen zu sein. Ich habe diese wundervollen Momente der Freiheit erlebt und werde als freier Hamster sterben. Tut mir leid, alter Junge, dass ich dich nicht immer nett behandelt habe. Hoffentlich nimmst du es mir nicht übel. Ich wünsche dir ein gutes und langes Leben.«

Sahin war bestürzt: »Ich nehme dir nichts übel, im Gegenteil. Du hast mich gezwungen, zu lernen, dass man sich wehren muss.« Dann erzählte er noch, dass er sich eine gut getarnte und komfortable Wohnhöhle im Vorratslager der Tierhandlung gebaut hatte, wo Futter in Massen herumlag und er sich soweit wohlfühlte. Außerdem hatte er die Schwester von Fidelia, Mopsi, getroffen und arbeitete seitdem mit ihr ebenfalls am Fortbestand der Hamsterpopulation.

»Auf Wiedersehen, lieber Bruder. Hab einen guten Übergang«, schloss er.

Samira schien recht gehabt zu haben mit ihrer Einschätzung von Sahins Klugheit. Er würde als einziger männlicher Nachkomme unseres Wurfes überleben.

Als ich mit meiner Mutter sprach, stieg doch ein kleiner Anflug von Bitterkeit in mir hoch: »Ich verstehe jetzt zwar, was Methusalem meinte, denn ich habe tatsächlich große Distanzen zurückgelegt und werde schneller als gedacht mein Selbst wieder verlassen und ins große TAO zurückkehren – aber wozu das alles? Was hat mein Leben für einen Sinn gehabt? Es hört auf, bevor es richtig begonnen hat.«

Meine Mutter seufzte schwer. »Ein Sinn ist immer da, doch wir können ihn nicht immer erkennen. Sei nicht verbittert, auch wenn du dahin gehen musst, wohin du jetzt noch nicht willst. Du hast dich fortgepflanzt und dich damit zu einem unsterblichen Teil des großen Hamstervolkes gemacht. Geh in Frieden, mein lieber Sohn. Du wirst immer in meinem Herzen bleiben.«

Ihre Worte erinnerten mich wieder an meine noch ungeborenen Kinder, die meine Gene weitertragen würden, und tatsächlich senkte sich Frieden über mich. Gleichzeitig fühlte ich, wie die Kälte sich in meinem kleinen Körper ausbreitete. Ich war bereit, zu gehen, und spürte, wie ich langsam in den Schlaf hinüberglitt, in den Schlaf, der nie mehr enden würde.

Kurz bevor ich mein Bewusstsein verlor, raschelte es irgendwo in der Nähe. Ich dämmerte weiter, doch mit einem Mal drang aus einer wattigen Ferne eine Stimme an mein Ohr: »Mach die Augen auf, Louis.«

Ich gehorchte und erblickte vor mir ein Stück zerrupftes, grauschwarzes Fell, das zu einer Katze gehörte, wie mein langsam nach oben wandernder Blick mir verriet. Die Katze hatte ein zerfetztes linkes Ohr und schielte etwas. Wie ich später feststellen sollte, hinkte sie zudem. In meinem jetzigen Zustand wäre allerdings auch eine dreibeinige Katze spielend mit mir fertig geworden. So sollte mir also kein friedlicher Erfrierungstod vergönnt sein, stattdessen würde ich in Kürze zwischen den Zähnen dieses Ungeheuers enden.

»Wenigstens wird es schnell gehen«, dachte ich, senkte ergeben den Kopf und wartete auf den tödlichen Biss, der allerdings ausblieb.

Stattdessen ertönte die Stimme erneut. Sie hatte einen autoritären Unterton: »Du sollst die Augen auflassen, habe ich gesagt. Wenn du einschläfst, ist es vorbei mit dir. Aber deine Zeit ist noch nicht gekommen.«

Leichte Empörung durchflutete mich und vertrieb etwas von der nebligen Mattigkeit.

»Wie redest du eigentlich mit mir? Wer bist du überhaupt!? Und wieso frisst du mich nicht?«, fragte ich böse.

Die Katze schien zu lächeln. »Tut mir leid, Louis, dass ich dich etwas angeblafft habe. Aber du standst schon auf der Schwelle zum Jenseits, und da gehörst du noch nicht hin. Zu deiner letzten Frage: Ich fresse dich aus verschiedenen Gründen nicht. Zum einen habe ich heute schon ein ausgiebiges Festmahl genossen, und zum anderen wird heute Weihnachten gefeiert, das Fest der Liebe.«

»Ja, das habe ich schon gemerkt«, sagte ich mit bitterem Unterton in der Stimme. »Die Menschen haben heute Morgen meinen Bruder Roger erschlagen.«

»Oh, wie schrecklich.« Die Katze schien ehrlich bestürzt zu sein und ließ bekümmert ihren Kopf hängen. »Manche Menschen sind wirklich ziemlich durcheinander. Sie feiern Weihnachten, weil sie sich freuen, dass vor langer Zeit ein gewisser Jesus, der Sohn Gottes, geboren wurde, den sie damals aber auch umgebracht haben. Das verstehe, wer will. Aber was rede ich hier, du erfrierst ja gleich!« Vorsichtig tippte sie mich mit der Pfote an, und weil ich schon nahezu steif gefroren war, kippte ich einfach zur Seite.

»Du liebe Güte«, sagte die Katze beunruhigt. »Das ist ja schon fortgeschrittenes Stadium. Ich werde dich jetzt wärmen. Du brauchst keine Angst zu haben, ich tue dir nichts.«

Nach diesen Worten legte sie sich tatsächlich halbkreisförmig um mich herum. Ich spürte ihr struppiges Fell an meiner Seite, und nach kurzer Zeit strömte wundervolle Wärme in meinen Körper und durch ihn hindurch. Die Katze schnurrte. Mit dem Erwachen meiner Lebensgeister wurde mir auch schnell die Absurdität dieser Situation bewusst. Ein halbtoter Hamster wird von einer schnurrenden Katze ins Leben zurückgewärmt – wo gab es denn so etwas!?

»Was soll das alles?«, erkundigte ich mich. »Was hier passiert, ist doch völlig gegen alle Naturgesetze.«

Die Katze kicherte belustigt. »Du scheinst dich erholt zu haben. Was deine Ausführungen zum Naturgesetz anbelangt, so hast du zwar recht, aber jedes Gesetz hat auch seine Ausnahmen, sonst wäre das Leben zu langweilig. Oder wäre es dir lieber, jetzt kleingekaut in meinem Magen zu liegen, umspült von Verdauungssäften?«

Ich überdachte kurz diese Alternative und kam zu dem Schluss, dass kleinere Ausnahmen vom Naturgesetz vielleicht doch tolerabel waren.

»Wie geht es jetzt weiter, nachdem du mich gerettet hast? Und wie heißt du überhaupt?«

»Ich heiße Jesús Martínez, aber du darfst mich einfach Jesus nennen – wie der Sohn Gottes, von dem ich dir erzählt habe. Und, wie der Lateiner zu sagen pflegt: *Nomen est omen*. Wenn ich schon Jesus heiße, dann will ich an meinem Ehrentag natürlich auch ein verlorenes Schaf retten. Zur Not darf es auch ein Hamster sein, da bin ich flexibel. Das ist im Übrigen der Hauptgrund, warum ich dich nicht fresse.« Jesus kicherte wieder.

Kein Zweifel, der Kater hatte entschieden einen an der Waffel. Später, nachdem ich mich mit Psychopathologie befasst haben würde, hätte ich eine differenziertere Diagnose stellen können, wie z. B. »Narzisstische Persönlichkeitsstörung mit paranoiden Anteilen«. Aber als Arbeitshypothese genügte meine eher undifferenzierte Einschätzung erst einmal. Obwohl bei leicht Durchgeknallten Vorsicht geboten ist, konnte ich mir eine weitere Frage nicht verkneifen:

»Du hast doch gesagt, dass Jesus dann von den Menschen umgebracht wurde …?«

»Ja, aber man kann aus der Geschichte lernen und muss nicht die gleichen Fehler noch einmal machen. Ich lege mich z. B. nicht mit der herrschenden Kirche an, sondern wirke eher still im Verborgenen, was aber genauso effektiv ist.«

»Alles klar«, sagte ich, was eindeutig eine Lüge war, und kam auf die Gegenwart zurück: »Was passiert jetzt?«

»Ich bin gekommen, um dir noch mal eine Wahlmöglichkeit zu eröffnen: Hier wohnt eine gute Menschenfrau namens Conny.« Jesus zeigte auf das Wohnzimmer, aus dem der warme Lichtschein drang. »In Kürze wird sie ihre Terrassentür öffnen, um zu lüften. Du kannst dann zu ihr hineinschlüpfen. Sie liebt Tiere und wird dich gut behandeln.«

»Sie wird mich in einen Käfig sperren, und ich werde meine Freiheit verlieren.«

»Vielleicht tut sie das, aber sie wird dir auch Auslauf gewähren. Die Frau hatte mal eine Schildkröte, und selbst die bekam immer Auslauf, obwohl sie gar nicht so scharf darauf war, sich zu bewegen. Im Sommer durfte sie im ganzen Garten herumwandern. Auch wirkte sie ziemlich hochmütig und hatte meist keine Lust, sich mit mir zu unterhalten, wenn ich mal vorbeikam. Du scheinst etwas kommunikativer zu sein, sogar in tiefgefrorenem Zustand.« Jesus schnurrte. »Wir hätten bestimmt Spaß zusammen.«

Ich war mir da nicht so sicher. »Und du wirst mich auch nicht fressen, wenn das Fest der Liebe vorbei ist?«

»Katerehrenwort«, sagte Jesus und hob die Pfote zum Schwur.

»Und was ist die andere Möglichkeit?«

»Nun ja, dass du deinen ursprünglichen Plan ausführst, hier auf der Terrasse zu erfrieren.«

»Gibt es vielleicht noch eine dritte? Z. B., dass du mich zu frei lebenden Hamstern in einer klimatisch ansprechenden Gegend bringst?«

»Nein«, antwortete Jesus freundlich, aber bestimmt. Und zur gleichen Zeit wurde, wie von ihm prophezeit, die Terrassentür von innen geöffnet.

»Na gut«, sagte ich ohne große Begeisterung, »dann gehe ich rein. Vielen Dank, dass du mich vor dem Erfrieren gerettet hast.«

»Ich danke dir, dass du mir die Gelegenheit für meine gute Weihnachtstat gegeben hast«, erwiderte der Kater galant und erhob sich.

Ich schüttelte den Kopf. Jesus war ohne Zweifel eine sehr aus der Art geschlagene Katze, aber wahrscheinlich war es besser, das für mich zu behalten. »Auf Wiedersehen«, sagte ich stattdessen und bewegte mich steifbeinig auf die Terrassentür zu.

... Und ich fand einen Raum in der Herberge

Als ich sie erreicht hatte, verharrte ich ein Weilchen und sondierte die Lage. In unmittelbarer Nähe war die Luft rein, d.h., kein Mensch war zu riechen, und so schob ich mich vorsichtig um die Ecke und dann weiter an der Wand entlang. In dem Zimmer war es nicht nur wundervoll warm, sondern es roch auch gut nach Baum, genau genommen nach einer großen Tanne, die erstaunlicherweise mitten im Zimmer stand. Ich kroch unter die Tanne, hinter einen Bogen zerrissenen Geschenkpapiers. Hier wärmte ich mich erst mal weiter auf. Als mit der Wärme auch meine Lebensgeister zurückgekehrt waren, sah ich mich um.

Auf dem Sofa saßen ein Mann und zwei Frauen; sie betrachteten zwei Menschenkinder, der eine etwa zwei, der andere circa elf Jahre alt. Der Kleine spielte glücklich mit einem großen, roten Auto, der Große blätterte in einem Buch, auf dem Fußballspieler abgebildet waren.

Ich begann, mein Fell zu putzen, das voller Katzenhaare war, und raschelte dabei ein wenig mit dem Geschenkpapier. Der Blick des Älteren fiel auf mich, und ein Strahlen überzog sein Gesicht: »Hey, Mama, Papa, ihr habt mir« – und mit einem Blick auf seinen kleinen Bruder – »äh, der Weihnachtsmann hat mir ja einen Hamster mitgebracht!!!«

Ich sah auf – direkt in die fassungslos aufgerissenen Augen der Erwachsenen.

»Was ist los?«, fragte ich ärgerlich. »Es ist unhöflich, einen so anzuglotzen. Habt ihr noch nie einen Hamster gesehen?«

Eigentlich wusste ich ja, dass die Menschen uns nicht verstehen, und da machten diese Exemplare keine Ausnahme. Sie guckten weiterhin reichlich desorientiert.

»Äh, ja nun ... der Weihnachtsmann«, sagte der Vater gerade, was immer er auch damit ausdrücken wollte. Die Mutter hatte sich am schnellsten gesammelt und erklärte ihren Söhnen, dass der Weihnachtsmann den Hamster für Conny, offensichtlich die zweite Frau in der Runde, mitgebracht habe.

»So, so«, murmelte diese so leise vor sich hin, dass die Kinder sie nicht hören konnten, »aber eigentlich habe ich mir gar keinen gewünscht.«

»Dann gehe ich eben wieder«, sagte ich beleidigt.

»Hamster sind nämlich keine guten Spielkameraden für Kinder«, fuhr die Mutter inzwischen fort, »weil sie tagsüber schlafen und erst aufstehen, wenn ihr ins Bett geht. Und wenn ihr sie tagsüber wach macht, werden sie krank.«

Ich pflichtete ihr bei; zumindest sie schien doch eine sehr verständige und hamsterkundige Frau zu sein. Doch das Gesicht ihres älteren Sohnes verdüsterte sich. Die Mutter seufzte.

»Du hast in zwei Monaten Geburtstag, Tim. Wenn es dann immer noch dein größter Wunsch ist, ein Tier zu haben, bekommst du ein Meerschweinchen oder nein, zwei, denn die brauchen ja Gesellschaft.«

»Versprichst du mir das, Mama?«

»Ja, das verspreche ich«, sagte die Mutter nach einem

Blick auf ihren Mann. Der schien etwas sagen zu wollen, unterließ es dann aber.

»Hamster«, schaltete sich der Kleine in das Gespräch ein und zeigte begeistert mit dem Finger auf mich, »hat Hunger.« Und er holte entschlossen aus seinem Mund ein Stück aufgeweichten Spekulatiuskeks und krabbelte in meine Richtung.

Sein Vater, der sich inzwischen auch wieder einigermaßen gefangen hatte, erwischte ihn am Hemd.

»Das ist lieb von dir, Simon, aber Keks darf er nicht fressen. Wir geben ihm gleich eine schöne Möhre und ein paar Haferflocken.«

»Das ist mal eine richtig gute Idee. Ich sterbe vor Hunger. Möhre und Haferflocken wären wunderbar.« Meine Stimmung heiterte sich deutlich auf.

»Wir setzen ihn fürs Erste in den Karton, in dem der neue Fernseher war. Tim, kannst du den mal holen?«, schaltete sich Conny ein.

Tim tat wie ihm geheißen. »Ich versuche mal, ihn hochzuheben. Meint ihr, das klappt?«, fragte er und näherte sich mir vorsichtig.

»Na klar klappt das, ich will ja mein Fressen haben«, sagte ich zu ihm, und so saß ich binnen Kurzem in dem Fernsehkarton auf einem ausrangierten, weichen Pullover von Tim. Man gab mir noch eine alte Wollsocke zum Nestbau, vor allem aber Möhre, Haferflocken und sogar ein Stück Knäckebrot. Glücklich schlug ich mir den Magen voll, umringt von meiner Gastfamilie, deren Beziehungen untereinander ich noch nicht ganz durchschaute.

Erst am nächsten Tag sollte ich erfahren, dass der Mann der Bruder meiner künftigen Mitbewohnerin Conny war, der mit seiner Frau und seinen zwei Söhnen den Weihnachtsabend bei Conny verbracht hatte. Zunächst hatte ich selbstverständlich angenommen, es handele sich um eine Familie, bestehend aus einem Menschenmännchen, seinen zwei Weibchen und ihren Kindern. Aber so etwas gibt es wohl nicht, weil, wie ich später lernte, zumindest in diesen Breitengraden das Menschenmännchen nur ein Weibchen haben darf.

Doch an meinem Ankunftsabend interessierten mich die genauen Familienverhältnisse nicht besonders. Ich war glücklich, satt und warm auf meiner Wollsocke liegen zu können.

»Wie wollen wir ihn nennen?«, fragte Connys Bruder.

»Hamster«, krähte Simon.

»Christmas Superstar«, schlug Tim vor, der in der Schule gerade mit Englisch angefangen hatte.

»Wenn er bei Conny bleibt, hat sie das Namensgebungsrecht«, sagte die Mutter.

»Ich heiße Louis«, verkündete ich mit vollem Mäulchen.

Conny betrachtete mich nachdenklich. »Ich finde, Louis würde zu ihm passen«, sagte sie schließlich, und ich grunzte zufrieden.

»Seht mal, Kinder, was das für ein schöner Hamster ist. Ganz ungewöhnlich schön: so ein dichtes, glänzendes Fell und so ein kluges Gesicht«, fuhr sie fort.

»Du scheinst doch etwas von Hamstern zu verstehen«,

sagte ich geschmeichelt zu ihr. Conny wurde mir gleich viel sympathischer, und ich begann sofort, mein Fell zu putzen, damit es noch mehr glänzte. Aber fast augenblicklich senkte sich Müdigkeit über mich, und so rollte ich mich befriedigt in der Wollsocke zusammen. Ein undeutliches Miau von draußen war das Letzte, was wie von weit her in mein Bewusstsein drang. Jesus sollte ich übrigens nie wiedersehen.

Der Kampf um meine Freiheit und andere Differenzen mit Conny

Ich verschlief die Nacht und den darauffolgenden Tag und stand erst gegen Abend wieder auf. Erfreut nahm ich zur Kenntnis, dass das Frühstück bereitet war: Haferflocken und ein Stück Gurke. Während ich futterte, tauchte das Gesicht meiner neuen Mitbewohnerin Conny, die ich in Zukunft der Einfachheit halber nur noch »meine MB« nennen werde, über dem Kartonrand auf. Außer meinen Kaugeräuschen herrschte Ruhe; Connys Bruder und seine Familie waren gefahren.

»Guten Abend, Schlafmütze«, begrüßte sie mich etwas respektlos. »Dir scheint es ja gut zu gehen. Ich habe mir schon Sorgen gemacht, weil du so lange geschlafen hast. Aber wahrscheinlich hast du einiges hinter dir. Schade, dass du das nicht erzählen kannst.«

»Natürlich kann ich das erzählen. Du bist nur leider

nicht in der Lage, es zu verstehen«, erwiderte ich mit vollem Mäulchen.

So begann also unser gemeinsames Zusammenleben. Der Anfang war symptomatisch für die nächste Zeit: Conny war gutwillig, aber sie verstand mich meistens nicht und bestätigte damit Punkt 6 des *Goldenen Hamsterwissens*. Die folgenden Wochen, in denen ich mir hamstergerechte Lebensbedingungen erkämpfen musste, wurden hart für mich.

Am nächsten Tag erschienen zunächst ihre hamsterkundigen Freunde Simon und Uli, die inzwischen auf Schlangenhaltung umgestiegen waren. Grund genug, ihnen mit Misstrauen zu begegnen. Das Misstrauen erwies sich als berechtigt, denn sie brachten einen Käfig mit, der viel zu klein war und mir auf Anhieb missfiel.

Nachdem sie mich dort einquartiert hatten, kletterte ich augenblicklich fauchend und knurrend die Gitterstäbe hoch und biss mit ganzem Körpereinsatz immer wieder hinein. Simon und Uli beobachteten das aufmerksam.

»Na, das ist ja ein kleiner Choleriker. An dem wirst du bestimmt noch viel Freude haben!«, sagte Uli mit prophetischer Miene und wiegte bedächtig sein hamsterkundiges Haupt.

Im Käfig war auch ein Laufrad installiert. Ich ignorierte es, denn es war unter meiner Würde, wie ein aufgezogener Affe auf der Stelle zu laufen. Stattdessen verbrachte ich meine wache Zeit weiterhin damit, stundenlang in die Gitterstäbe zu beißen. Natürlich brachte das gar nichts, das hatte ich schon nach ein paar Stunden mitbekommen. Ich wollte damit lediglich Conny begreiflich machen, dass ich hier heraus wollte, denn ich hatte beschlossen, mein Käfigdasein nicht kampflos hinzunehmen. War ich etwa aus der Tierhandlung geflohen und hatte mich in Lebensgefahr gebracht, um jetzt in einem engen Käfig mein Dasein zu fristen? Niemals! An diesem schicksalhaften Weihnachtstag hatte ich das berauschende Gefühl der Freiheit geschmeckt, und das wollte ich wiederhaben. Dies sollte mein erstes Ziel werden, für das ich mich gemäß Punkt 3 des *Goldenen Hamsterwissens* mit all meiner Kraft einsetzen würde.

Als mir nach zwei Wochen Haft und Stäbenagen schon das Kiefergelenk schmerzte, hatte Conny ein Einsehen und setzte mich für eine Stunde in den Flur, wo ich laufen sollte. Das war ohne Zweifel ein Schritt in die richtige Richtung.

Für mein ausgeprägtes Laufbedürfnis erwies sich der Flur allerdings als zu klein. Sobald ich losgerannt war, stieß ich schon auf die nächste Wand. Um meiner MB deutlich zu machen, dass ich mehr Raum brauchte, fing ich an, in den Flurecken die Tapeten anzunagen und nach jedem Freilauf einen Haufen feiner Tapetenschnipsel zurückzulassen. Conny schimpfte mit mir, was ich mannhaft ertrug – ohne von meiner Tätigkeit abzulassen, versteht sich.

Ob sie mich nun endlich verstanden hatte oder einfach nur die Tapeten ihres Flurs schützen wollte, jedenfalls setzte sie mich eines schönen Abends versuchshalber ins Wohnzimmer, das mir wegen seiner Größe sofort gefiel. Natürlich war ich erst sehr vorsichtig, wie es in unbekanntem Gebiet ja auch angebracht ist, wo hinter jedem Sessel ein Raubtier lauern kann. Ich zog mich unter das Sofa zurück und sondierte von da aus das Terrain. Erst nachdem sich herausgestellt hatte, dass das Wohnzimmer wolf- und schlangenfrei war, begann ich befreit zu laufen. Endlich! Und so drehte ich stundenlang meine Runden, denn der Hamster ist ein Marathonläufer und rennt aus reiner Lebensfreude

Selbst Conny sah mir meine Freude an, und in einer einsichtigen und tierfreundlichen Minute beschloss sie, meine Käfigtür (fast) immer offen zu lassen. Seitdem schlief ich tagsüber in meinem Häuschen im Käfig, und abends, nach dem Aufwachen, kletterte ich hinaus und rannte durch das Wohnzimmer. Dies war sicherlich im Rahmen der gegebenen Möglichkeiten das größtmögliche Maß an Freiheit, dass ich erringen konnte.

Nun erlebten Conny und ich auch zum ersten Mal harmonische und entspannte Momente miteinander, wenn sie in ihrem Lesesessel saß, während ich meine Runden drehte. Dann blickte sie häufig von ihrem Buch auf und folgte mir lächelnd mit den Augen. Unschwer nachzuvollziehen, dass es ein schöner Anblick sein muss, einem dynamischen, kraftvollen Hamster bei seinem Lauftraining zuzusehen. Und selbst hatte ich auch gerne ein bisschen Publikum, vorausgesetzt, es blieb auf gebührendem Abstand.

Trotz ihrer Begriffsstutzigkeit will ich mich nicht nur über Conny beschweren. Das Futter, das ich von ihr bekam, war schmackhaft und abwechslungsreich. Leider tat sie es nicht einfach in den Käfig und verzog sich, sondern legte es meist auf ihre Hand, und ich musste es dort einsammeln. Sie nannte es »zähmen« – eine höchst überflüssige Übung. Ich hatte nämlich ziemlich schnell begriffen, dass sie mir nichts Böses wollte. Warum sollte sie mich sonst füttern? Aber das hieß ja nicht, dass ich begeistert über den Körperkontakt mit ihr sein musste. Sie dagegen schien ganz versessen darauf zu sein; später versuchte sie auch, mich auf die Hand zu nehmen und zu streicheln. Ich fand das meist aufdringlich und entzog mich dem durch Weglaufen.

Allerdings habe ich sie nie gebissen. Davor hatte uns unsere Mutter gewarnt. Sie hatte Schreckensgeschichten von Hamstern erzählt, die ihre Mitbewohner konsequent bissen, um ihnen klarzumachen, dass sie keinen näheren Kontakt wünschten, und die daraufhin schlecht behandelt und schlimmstenfalls sogar nicht mehr gefüttert wurden. Solch ein furchtbares Schicksal wollte ich natürlich nicht erleiden.

Eine kurze Zeit lang entwickelte ich schreckliche Fantasien von ganz anderer Art: Ich hatte nämlich mitbekommen, dass meine MB nicht nur Müsli, sondern manchmal auch Tiere aß. Zunächst beruhigte ich mich damit, dass sie sich auf große Tiere zu beschränken schien, wie Gulasch vom Rind oder Lammsteak. Aber dann musste ich eines Tages beobachten, wie sie Teile eines Hühnchens vertilgte und zwei Tage später sogar einen Fisch. Die Beutetiere wurden immer kleiner, und ein Hering ist nur unwesentlich größer als ein Hamster! Einige Tage lang hatte ich Albträume davon, dass meiner MB Müsli und Heringe ausgingen und sie mit knurrendem Magen durch die Wohnung streifte. Und wenn dann ihr Blick an ihrem kleinen, appetitlichen Hamster hängen bliebe?! Beim Finale des Albtraums sah ich mich aufgespießt an einem langen Stock über einem Grill rösten …

Nachdem ich das zweimal geträumt hatte und entsetzt fiepend aufgewacht war, wandte ich mich über das Hamster-Net an meine Mutter. Die war natürlich längst darüber informiert, dass ihr Sohn vom Tod verschont geblieben war. Obwohl sie gerade wieder einen neuen Wurf Junge zu versorgen hatte, nahm sie sich die Zeit, mich zu beruhigen. Sie erklärte mir, dass der Mensch die Tiere in mehrere Gruppen einteilt: eine Gruppe isst er, eine Gruppe muss für ihn arbeiten und eine Gruppe hält er, um sich mit ihnen anzufreunden. Da die Tiere im letzten Fall nicht gefragt werden, handelt es sich um eine Zwangsfreundschaft, also eigentlich um getarnte Sklaverei. Aber natürlich hat diese Gruppe im Vergleich zu den anderen immer noch das beste Los gezogen. Wie meine Mutter weiter ausführte, gehörten wir klar und eindeutig zur dritten Gruppe. Es sei kein Fall überliefert, in dem ein Mensch einen Hamster gegessen hätte. Mir ging es deutlich besser nach ihren Worten; ganz überzeugt war ich aber noch nicht.

Wenige Tage später trat der befürchtete Fall aus meinem Traum ein: Meine MB hatte vergessen, einzukaufen, und tigerte abends hungrig durch die Wohnung. Ich war gerade aufgestanden, verhielt mich sicherheitshalber mucksmäuschenstill und beobachtete sie genau: Zu keiner Zeit schien sie darüber nachzudenken, wie ich in geschmorter Form und gut gewürzt wohl schmecken würde. Im Gegenteil, obwohl sie selbst nichts mehr hatte, gab sie mir trotzdem mein Futter, was ich ihr hoch anrechnete.

»Du kannst dir auch ein Schälchen davon nehmen; sehr anders als dein Müsli wird es nicht schmecken«, bot ich ihr großmütig an. »Es ist natürlich nur eine Leihgabe. Wenn du das nächste Mal einkaufen gehst, musst du es wieder auffüllen«, ergänzte ich noch sicherheitshalber.

Ob sie mich nun verstanden hatte oder nicht, jedenfalls kaute sie tatsächlich einige meiner Sonnenblumenkerne. Sie schien nicht begeistert zu sein, während ich ihr mit blutendem Herzen zusah, denn zufällig gehören Sonnenblumenkerne zu meinen Lieblingskörnern. Aber natürlich war es die weitaus bessere Alternative: Lieber ein paar Körner opfern, als selbst am Spieß rösten ...

Zum Glück tauchten Ängste dieser Art seitdem nicht mehr auf.

Nach den anfänglichen Irritationen verlief mein Leben zunächst etwas ruhiger. Ich versuchte, meiner MB möglichst aus dem Wege zu gehen.

Damals war ich der unumstößlichen Ansicht, dass Hamster und Mensch einfach nicht zusammenpassen. Das große TAO hat es so eingerichtet, dass sich die beiden Spezies in ihrem Tagesablauf nur kurzzeitig begegnen. So etwas musste ja einen tieferen Sinn haben. Conny schien etwas betrübt über meine distanzierte Haltung zu sein, zeigte aber Verständnis.

»Ein Hamster ist eben ein Einzelgänger und legt Wert auf seine Autonomie«, pflegte sie zu sagen.

Conny war von Beruf Diplom-Psychologin und gab vor, sich in solchen charakterlichen Fragen auszukennen. Drei Tage in der Woche arbeitete sie in einer psychotherapeutischen Gemeinschaftspraxis und sprach dort mit Menschen, die in irgendwelchen schlimmen Problemen feststeckten. Von mir aus hätte sie jeden Tag gehen können, weil es dann in der Wohnung schön ruhig blieb.

Ansonsten lebte sie wie ich als Einzelgängerin. Allerdings hatte sie mehrere Freunde und Freundinnen, die oft zu unpassender Schlafenszeit in mein Wohnzimmer einbrachen. Mit ihnen führte sie gerne ausufernde Gespräche, denen ich aufmerksam lauschte.

Denn ob mein Leben bei Conny nun Durchgangsstation oder Ziel auf meiner Reise war, in jedem Fall würde ich versuchen, zu lernen, was ich lernen konnte, wie meine Mutter es mir damals geraten hatte. Und so eignete ich mir im Laufe der Zeit nicht nur profunde Kenntnisse über Psychologie, sondern auch über Reisen, andere Kulturen und Bewusstseinsentwicklung an. Das waren nämlich die Themen, mit denen Conny und ihre FreundInnen sich befassten – und zufällig entsprachen sie genau meinen geistigen Interessen.

Wobei das wahrscheinlich gar kein Zufall war, sondern

Ausdruck des Resonanzgesetzes: Menschen und Hamster mit ähnlichen Interessen ziehen sich an. Eine sinnvolle Einrichtung, denn was sollte ein Hamster, der sich z. B. mit Brückenbau oder Softwareentwicklung beschäftigen will, bei Conny?! Er würde sich nicht nur zu Tode langweilen, sondern aufgrund der Minderbegabung meiner MB in Bezug auf alles, was mit Computern zu tun hat, wahrscheinlich schnell verzweifeln.

Lousianna

In den ersten vier Wochen nach meiner Übersiedlung zu Conny war ich fast nur mit meiner MB und der Verbesserung meiner Lebensbedingungen beschäftigt. Natürlich hatte ich mich bei meiner Mutter und bei meinen Geschwistern gemeldet, die sich freuten, dass der Heldentod noch einmal an mir vorbeigegangen war. Nun funkte ich aber endlich auch Fidelia mit klopfendem Herzen über das Hamster-Net an. Die Tragezeit des Hamsterweibchens beträgt nur 16 Tage, also mussten die Kleinen längst auf der Welt sein.

Erst kam keine Antwort, aber beim zweiten Versuch klappte es. Ihre Stimme klang allerdings genervt und hektisch.

»Hallo Fidelia, meine Schöne, hier ist Louis.«

»???«

»Du wirst dich ja wohl noch an mich erinnern!«

»Ja schon, aber ich dachte, du wärst den Heldentod gestorben.«

»Ähm, ja, ich stand kurz davor, aber glückliche Umstände in Gestalt einer Katze haben mich davor bewahrt.«

Wieder kam ein kurzes Schweigen. »Schön, was immer das auch heißen mag. Was willst du?«

Ich war konsterniert. Irgendwie hatte ich Fidelia ganz anders in Erinnerung: sanfter, liebevoller und interessierter an mir.

»Man könnte meinen, du bist gar nicht erfreut, dass ich mich melde«, sagte ich beleidigt.

»Eigentlich ist es ja vom Naturgesetz auch nicht vorgesehen, dass sich Paarungspartner später noch einmal melden, und im Moment fehlt mir tatsächlich die Zeit für nettes Geplauder«, erwiderte Fidelia mit der gleichen genervten Stimme. »Hier wuseln acht kleine Zwerge herum, die die ganze Nacht entweder Blödsinn machen oder trinken wollen. Ich habe keine ruhige Minute mehr. Jetzt prügeln sich Mohar und Sugar schon wieder! Hört sofort auf!«

Ich war begeistert. »Meine Kinder! Sind alle gesund und munter? Wie viele Jungs und wie viele Mädchen? Können sie schon sprechen? Sehen sie mir ähnlich, und hast du ihnen schon von mir erzählt?«

Fidelia stöhnte. »Du stellst Fragen! Keines deiner Kinder interessiert sich für dich, denen geht es nur um ihr Trinken. Es sind fünf Mädchen und drei Jungs, alle gesund und nach meinem Geschmack viel zu munter. So, und jetzt muss ich hier weitermachen. Auf Wiederhören.«

Fidelia schien die Mutterschaft nicht zu bekommen, sie wirkte überfordert. Sollte sie sich doch freuen, dass wir so lebhafte Kinder hatten – ein deutliches Zeichen für ihre Intelligenz und Neugier; Eigenschaften, die nicht zuletzt auf die väterlichen Gene zurückzuführen waren. Ich machte mir Sorgen um ihre geistige Entwicklung. Wenn Fidelia schon mit den basalen Dingen wie Säugen und Ordnunghalten überfordert war, würde sie sich bestimmt nicht genug um ihre Förderung kümmern.

Versunken in meine Gedanken, hätte ich fast die leise Stimme überhört, die Kontakt zu mir aufzunehmen versuchte. Sie klang ein bisschen wie die von Fidelia, aber irgendwie auch anders, jünger.

»Hallo, hier ist Lousianna«, piepste das zarte Stimmchen.

»Hallo, hier ist Louis. Wer bist du, Lousianna, und was kann ich für dich tun?«

»Ich bin deine Tochter, und deswegen möchte ich lieber Papa als Louis zu dir sagen. Darf ich das?«

Ich war wie vom Donner gerührt und brauchte eine Weile, bis ich wieder zu mir kam. »Aber natürlich, mein Kind. Warum sprichst du mit mir? Das ist ja eigentlich vom Naturgesetz gar nicht vorgesehen.«

»Naturgesetz, Naturgesetz«, sagte meine kleine Tochter verächtlich. »Willst du mir jetzt etwa sagen, dass ich mich an das Naturgesetz halten soll?! Ich dachte, du bist ein Rebell, der sich nicht um Vorschriften schert, der sogar aus der Zoohandlung ausgebrochen ist. Alle Tiere erzählen davon.«

»Ja, nein, genau ... ich bin nur so überrascht.«

»Ich habe gehört, wie du mit Mama über uns gesprochen

hast, und da hatte ich die Idee, mich selbst zu melden. Aber jetzt kommt es mir so vor, als ob du dich gar nicht freust.« Ihr Stimmchen zitterte leicht.

»Natürlich freue ich mich: so sehr, dass ich einfach ein bisschen durcheinander bin«, beeilte ich mich zu versichern. Wie klang das denn? Lousianna musste ihren Vater für einen Trottel halten.

»Theo sagt, dass es viel besser ist, wenn Kinder auch ihren Vater kennen, denn dann werden ihnen zwei Weltsichten vermittelt und nicht nur eine. Und das wiederum tut ihrer geistigen Entwicklung gut. Das sei jedenfalls die Ansicht der Psychologen, meint Theo. Was ist ›Psychologie‹, Papa?«

»Das ist die Lehre vom Erleben und Verhalten, mein Kind. Und wer ist Theo?«

»Theo ist ein junges Rattenmännchen, das im Käfig nebenan wohnt. Er ist ziemlich klug und kennt sich gut mit Psychologie aus.«

»Es ist schön, dass du so wissbegierig bist. Aber wenn du Fragen zur Psychologie hast, solltest du dich besser an mich wenden. Wer weiß, wo Theo seine Weisheiten aufgeschnappt hat. Ich dagegen wohne bei einer Menschenfrau, die von Beruf Psychologin ist.«

»Aha. Wie kommt das eigentlich?«

»Äh, wie kommt was?«

»Dass du mit einer Psychologin zusammenlebst. Die Tiere haben erzählt, dass du im Schnee den Heldentod gestorben bist.«

Hatten wir das Thema heute nicht schon mal? »Mich hat eine Katze gerettet, was übrigens auch gegen das Naturgesetz war. Von daher hast du recht: Manchmal kann es ganz hilfreich sein, das Naturgesetz zu übertreten. Aber nur in Ausnahmefällen.«

»Und woran erkennt man die?«

Da hatten wir den Salat! »Äh, im Zweifelsfall sollte man immer auf sein Gefühl hören.«

»Aha. Auf jeden Fall ist es cool, dass dich eine Katze gerettet hat. Das musst du mir demnächst genauer erzählen. Jetzt will ich aber erst mal zu Mama. Ich habe Durst. Meine blöden Brüder haben sie schon wieder ganz ausgesaugt.«

»Ich weiß nicht, ob ›ausgesaugt‹ der richtige Ausdruck für deine Mutter ist. Und mit deinen Brüdern solltest du dich vertragen, sie wollen ja auch so groß und stark werden wie du.«

»Hast du dich früher mit deinen Brüdern gut vertragen, Papa?«

Ich dachte an Sahin. »Nun ja, wir haben uns manchmal auch geprügelt, wenn ich ehrlich bin. Mach's gut, Lousianna. Ich freue mich schon auf unser nächstes Gespräch.«

»Ich auch, Papa. Du kannst in Zukunft Lucy zu mir sagen. Das dürfen sonst nur Mama und mein Lieblingsbruder Mohar. Tschüss.«

Die Verbindung brach ab. Ich starrte in die Dunkelheit, während in meiner Brust heftige Gefühle tobten. Zum ersten Mal in meinem Leben war ich verunsichert. Wer hätte gedacht, dass Kinder so viel fragen! Aber daran zeigte sich natürlich auch die Wissbegierde und die Neugier eines klugen, kleinen Geistes. Hatte ich die richtigen Antworten gegeben?

Fidelia jedenfalls war nicht dieser Ansicht. Sie meldete sich kurze Zeit später und machte mir Vorhaltungen, weil ich den Kindern angeblich Unsinn erzählte. Lucy berichtete jedem, der es hören wollte, dass ihr Vater gesagt habe, man könne das Naturgesetz ruhig übertreten.

»Vielleicht ist dir nicht ganz klar, dass für die Kleinen das Naturgesetz erst mal durch mich verkörpert wird«, fuhr sie fort. »Eigentlich hättest du ihr auch gleich sagen können: ›Hört nicht auf eure Mutter!‹ Wenn so dein Beitrag zur Erziehung aussieht, halt dich besser wieder ganz raus.«

Ich hatte weder die Möglichkeit, mich zu verteidigen, noch mit ihr über gemeinsame Erziehungsrichtlinien zu diskutieren, weil sie sofort wieder säugen musste. Obwohl mich ihre Gereiztheit etwas schmerzte, überwogen am Ende Freude und Stolz: Ich hatte eine pfiffige kleine Tochter und sieben weitere gesunde Hamsterkinder!

Die menschliche Konfliktstruktur im Allgemeinen und im Besonderen

Beglückt über meine Familie, wandte ich mich wieder der Menschenbeobachtung zu. Nachdem ich das Reden und Treiben von Conny und ihren Freunden ein Weilchen verfolgt hatte, wurde mir klar, dass die Menschen noch seltsamer sind, als ich es mir sowieso schon gedacht hatte.

Am allerseltsamsten ist zweifellos ihre Uneinigkeit mit sich selbst. Durch ihr ständiges Denken und Zweifeln werden sie permanent von Konflikten gebeutelt – im Gegensatz zum Tier, das seine klar verspürten Impulse unverzüglich in Handlungen umsetzt und so immer mit sich in Einklang bleibt.

Das konnte man z. B. am Tagesbeginn meiner MB beobachten.

Es begann damit, dass der Wecker klingelte, und sie meinte, aufstehen zu müssen, obwohl sie eigentlich lieber liegen bleiben wollte. Dann folgte der Frühstückswahlkonflikt – gesundes Müsli oder leckeres Nutellabrötchen – der nach erfolgreicher Bewältigung in den Kleidungswahlkonflikt mündete. In Letzteren versuchte sie mich auch manchmal einzubeziehen, wenn ich noch wach war. Dann tanzte sie vor mir herum und fragte mich, ob sie ihre blaue Jeans zum apricotfarbenen Top anziehen sollte, oder ob die schwarze Leinenhose dazu nicht doch besser aussähe.

Ich empfahl ihr dann regelmäßig, die Hose ganz wegzulassen, weil das zum einen natürlicher sei, und sie sich zum anderen den komplizierten Entscheidungsprozess sparen würde. Natürlich verstand sie mich nicht, und deswegen erfolgten ständig Neuauflagen des Kleidungswahlkonfliktes. War sie endlich glücklich angezogen, wurde ab und zu noch der »Keine-Lust-zur-Arbeit-Konflikt« ausgetragen, bevor sie endlich das Haus verließ und ihr ambivalentes Leben woanders fortsetzte.

Es wunderte mich daher keineswegs, dass der Mensch als

einziges Wesen im Tierreich die Berufsgruppe der Psychotherapeuten hervorgebracht hat, der ja auch Conny angehörte. Soweit ich es verstanden habe, sind sie als Fachleute für bösartig entgleiste Konflikte zuständig, die von ihren menschlichen Produzenten nicht mehr allein bewältigt werden können.

Bei meiner MB fragte ich mich allerdings, wie sie anderen helfen konnte, wenn sie selbst ständig von solch albernen Fragen gebeutelt war. Die Antwort darauf war vermutlich mal wieder die einfache Regel, dass unter den Blinden der Einäugige König ist.

Den Fachdiskussionen, die Conny mit ihrer Freundin Carina führte, entnahm ich, dass ihr hochkompliziertes Beziehungsleben den Menschen die besten Möglichkeiten bietet, ihre Konfliktstruktur auszuleben. Nach einigen Wochen bot sich mir die Gelegenheit, dies direkt am lebenden Objekt zu beobachten:

Meine MB war nämlich entschlossen, ihr Singledasein aufzugeben und sich mit einem Menschen-Männchen zusammenzutun. Oder, genauer gesagt, sie war halb entschlossen: Der andere Teil von ihr wollte anscheinend weiter Single bleiben. Ich musste mir lange Gespräche mit ihren Freundinnen anhören, in denen die Vorteile und Nachteile der jeweiligen Lebensform miteinander verglichen wurden. Interessanterweise plädierten ihre Single-Freundinnen dafür, sich unbedingt ein Männchen zu suchen, »weil zu zweit einfach alles schöner ist«. Die liierten Freundinnen dagegen rieten ihr, es sich gut zu überlegen, ob sie »das angenehme Single-Leben mit der wundervollen Freiheit« wirklich aufgeben wollte. Diese Gespräche bestärkten Conny also in ihrer Ambivalenz. Ich bekam manchmal schon vom Zuhören Kopfschmerzen. Schließlich fasste meine MB ihre neugewonnenen Erkenntnisse in folgendem Resümee zusammen: »Man kann nicht alles haben – das Leben ist keine Wollmilchsau.«

Ich dachte über diesen Satz nach, ohne ihn wirklich zu verstehen. Was hatten Wollmilchsäue mit den Paarungsschwierigkeiten der Menschen zu tun? Wie auch immer, untypischerweise sah auch ich ihr Vorhaben mit gemischten Gefühlen. Einerseits gönnte ich ihr großmütig etwas Spaß, andererseits befürchtete ich Vernachlässigung. Wenn sie nur noch ihr Männchen im Kopf hatte, bestand die Gefahr, dass sie meine regelmäßige Fütterung vergaß.

Soweit ich es überblicken konnte, schwirrten drei ernst zu nehmende Bewerber-Männchen um sie herum: Rainer, Peter und Sven. Sven war nach kurzer Zeit wegen mangelndem Verständnis für die Psychologie aus dem Rennen. Ich plädierte klar für Rainer, der ein Tierfreund zu sein schien.

»Lass bloß die Finger von Peter, der ist nichts für dich«, sagte ich ihr daher prophetisch. »Ein Mann, der keine Hamster mag, taugt nichts.«

Peter hatte mich nämlich nur abschätzig betrachtet, als mich meine MB bei seinem ersten Besuch vorgestellt hatte und mich danach keines Blickes mehr gewürdigt. Wahrscheinlich war er eifersüchtig, weil er zu Recht annahm, dass ihm das Herz meiner MB – solange ich lebte – niemals ganz gehören würde.

Meine mahnenden Worte ignorierend, entschied sich Conny natürlich doch für Peter.

Trotz meiner Abneigung ihm gegenüber blieb mein Forschergeist wach, und ich sah interessiert seinem Werbungs- und Balzverhalten zu. Der Forscher kann sich seine Objekte halt nicht immer aussuchen. Peter schleppte oft Blumen an, die meine MB unter Entzückungsbekundungen in Vasen steckte und ein paar Tage später in den Biomüll. Die Menschen haben seltsame Rituale.

Besonders interessierte mich natürlich ihr Paarungsverhalten. Schon mehrere Besuchsabende waren verstrichen, ohne dass Peter in dieser Hinsicht aktiv geworden wäre.

»Was bist du nur für ein Mann«, sagte ich daher bei seinem fünften Besuch verächtlich zu ihm. »Ein Hamster hätte schon längst einen Stall voller Kinder gezeugt.«

Ich konnte mir ja nicht vorstellen, dass ausgerechnet er mich verstanden haben sollte, aber jedenfalls zeigte er an diesem Abend endlich deutliche Eroberungsabsichten. Ständig klebte er an Conny und umarmte sie, was ihr nicht unangenehm zu sein schien. Sollte es heute so weit sein? Ich packte mir schnell einen kleinen Snack aus Kohlrabistückchen und einigen Körnern in meine Backentaschen und bezog dann Posten am Sesselbein, das mir Sichtschutz gab und gleichzeitig freien Blick auf das Sofa ermöglichte. Auf dem lagen nämlich Conny und Peter und gingen der merkwürdigen menschlichen Sitte des »Knutschens« nach.

Dann musste ich die leidvolle Erfahrung machen, dass die Haupttätigkeit des Forschers in geduldigem Beobachten und Warten besteht. Das war letztlich auch der ausschlaggebende Grund, im Weiteren auf eine solche Karriere zu verzichten, denn ein wacher Hamster ist immer in Aktion und Bewegung.

Auf dem Sofa ging es nicht voran. Zwar hatten sie sich einiger ihrer künstlichen Felle entledigt, aber nach meinem kundigen Blick ihre Fortpflanzungsorgane dabei noch nicht freigelegt. Ich gähnte und begann dann zum zweiten Mal an diesem Abend mein Fell zu putzen. Danach futterte ich mehr aus Langeweile als aus Appetit ein Stück Kohlrabi. Auf dem Sofa kam es indessen zu etwas hektischeren Bewegungen und dann – fiel Peter herunter! Erschreckt sprang ich beiseite. Conny lag noch auf dem Sofa und kicherte albern.

»Zu eng hier, Schatz – lass uns nach nebenan gehen.«

Nebenan lag das Schlafzimmer, in das ich nicht hinein konnte.

»Auf keinen Fall«, sagte ich deshalb.

»Ja, komm«, sagte Schatz, wie nicht anders zu erwarten. Er rappelte sich hoch, ohne mich zu bemerken. Dafür entdeckte mich meine MB. Sie schüttelte leicht den Kopf.

»Louis, du kleiner Spanner.«

»Ich bin ein Forscher und kein Spanner, was immer das auch sein mag«, entgegnete ich. Aber keiner der beiden beachtete mich weiter. Halb bekleidet stolperten sie hinaus. Peter hinkte leicht.

»Hast du dir wehgetan, Schatz?«, flötete meine MB.

»Hauptsache, sein Fortpflanzungsorgan ist noch intakt«, sagte ich böse. Voller Frust zog ich mich unter das verwaiste Sofa zurück und lauschte den Geräuschen aus dem Schlafzimmer. Zur Strafe für das unkooperative Verhalten der Versuchsobjekte nagte ich später einige Teppichfransen ab, was mir strengstens untersagt war.

Doch selbst der malträtierte Teppich konnte die gute Laune meiner MB am nächsten Tag nicht trüben. Mit versonnenem Lächeln reichte sie mir ein Stück Banane.

»Warte ab«, sagte ich, gnädig die Banane entgegennehmend, »und denk an meine Worte: Er ist nicht der Richtige für dich.«

Natürlich sollte ich recht behalten. Nach vier Wochen ungetrübten Honeymoons kam Conny eines Abends weinend ins Wohnzimmer. Sie wollte mich hochnehmen, und weil sie so traurig war, ließ ich es mir ausnahmsweise gefallen. Still saß ich auf ihrer Hand und nahm es hin, dass sie weiter vor sich hin jammernd ihre verrotzte Nase in mein schön geputztes Fell drückte und sie darin hin und her rieb. Ein paar zusätzliche Tränen rundeten das Geschmiere ab. Währenddessen erzählte sie mir reichlich zusammenhangslos, dass Peter keine so enge Beziehung wollte und sich zurückgezogen hatte.

»Er scheint irgendwelche Bindungsängste zu haben«, schluchzte sie.

Trotz meiner damals noch geringen psychologischen Bildung wunderte es mich nicht, dass die Dinge so gekommen waren.

»Du warst dir doch selbst nicht sicher, ob du eine längere Beziehung willst. Kein Wunder, dass du einen ähnlichen Wackelkandidaten getroffen hast – ihr habt euch gegenseitig angezogen.«

Komisch, dass sie nicht selbst darauf gekommen war. Schließlich war sie Psychologin, und zudem beschäftigte sie sich gerade ausführlich mit dem Resonanzgesetz. Darin wird beschrieben, dass man dem, was in einem ist und was man ausstrahlt, auch im Außen begegnet. Oder anders formuliert: Man sendet auf einer bestimmten Frequenz und kann nur auf Botschaften, Ereignisse und Menschen treffen, die der Schwingung der Eigenfrequenz entsprechen.

Aber bei den eigenen Angelegenheiten schienen die Menschen etwas blind zu sein, und Psychologinnen bildeten da keine Ausnahme.

»Du solltest dir das nicht so zu Herzen nehmen und dir einfach einen neuen Partner suchen«, versuchte ich sie aufzumuntern. »So würde es jedenfalls ein Hamster tun. Ich plädiere für Rainer, denn der mag mich auch.«

Conny ging auf meinen gut gemeinten Vorschlag nicht ein. Stattdessen erzählte sie mir abschließend, dass alle Männer abgrundtief schlecht seien – sie, die bei anderen immer allergisch auf Verallgemeinerungen reagierte!

Außerdem hatte sie ganz offensichtlich nicht bedacht, dass ich auch ein Mann war, sogar ein sehr gut ausgestatteter, wenn Sie verstehen, was ich meine. Ganz klar ein Fall von mangelnder Perspektivenübernahme.

Aber weil es ihr so schlecht ging, nahm ich es ihr nicht übel und blieb geduldig sitzen, bis sie mein schönes Fell endgültig verklebt hatte. Danach musste ich mich eine halbe Stunde lang putzen, um mich wieder in einen repräsentablen Zustand zu bringen.

Dies als Beispiel für die Konfliktstruktur des Menschen, der immer mit einem Teil seiner selbst im Kampf liegt. Blieb die Frage, was die psychologische Motivation dieser seltsamen Verhaltensweise war. Dazu habe ich eine überzeugende Theorie entwickelt: Der Mensch konstruiert Konflikte, weil er so lange – zu lange – lebt und sich beschäftigen muss. Wenn Sie sich mal bewusst machen, dass die Lebenszeit des Hamsters nur eineinhalb bis drei Jahre beträgt und er in dieser Zeit alles Relevante zufriedenstellend erledigen, sich u. a. hundertfach fortpflanzen muss, werden Sie mir beipflichten.

Kein Wunder, dass sich die meisten Menschen langweilen und wenig mit ihrer vielen Zeit anzufangen wissen. Immerhin haben sie diese unschlagbare Methode entwickelt, um sich zu beschäftigen: Konfliktproduktion mit eingebauter Unendlichkeitsschleife, denn jede scheinbare Lösung lässt sich ja auch wieder anzweifeln.

Dazu passt auch gut – fällt mir gerade so ein –, dass der Mensch seinen Hamstern Laufräder in die Käfige stellt. Das ist sozusagen ein Sinnbild seiner eigenen Bewältigungsform: das permanente Drehen in der Problemmühle, ohne wirklich weiterzukommen.

Ich war sehr angetan von meinen Erkenntnissen. Ohne Zweifel schien ich für das Gebiet der psychologischen Forschung einiges Talent mitzubringen.

Und so überlegte ich in dieser ersten Zeit meines Zusammenlebens mit Conny, ob es dem Willen des TAO entsprach, Menschenforscher zu werden und kluge Vorlesungen über vergleichende Hamster- und Menschenpsychologie zu halten. Die Vorstellung gefiel mir durchaus.

Vor meinem geistigen Auge entstand das Bild einer Hamsteruniversität mit mir als landesweit bekanntem Dozenten. In meiner Fantasie pilgerten die jungen Hamsterstudenten und vor allem -studentinnen von weither herbei und drängten sich im größten Vorlesungssaal zusammen, der trotzdem die Massen nicht aufnehmen konnte. Sie hingen an meinen Lippen, und nach der Vorlesung kamen viele nach vorne, um eine persönliche Widmung in mein neuestes Buch zu erbitten, das Kritiker als »wissenschaftliche Sensation« bezeichneten … So träumte ich mit offenen Augen von einer glanzvollen Zukunft, bis sich irgendwann die Stimme der Realität ungefragt zu Wort meldete.

»Hör mal, Louis«, sagte sie. »Soweit mir bekannt ist, gibt es noch gar keine Hamsteruniversitäten.«

Da hatte sie leider recht. Wie in den meisten Dingen war ich meiner Zeit wieder weit voraus.

Zudem stand zu befürchten, dass sich die meisten Hamster gar nicht für meine Themen begeistern konnten, denn der Normalhamster interessiert sich für Nestbautechnik, vergleichende Körnerkunde und Vorratshaltung, und das war es. Die wenigsten hatten so ausgeprägte geistige Interessen wie ich.

Diese Beobachtung gab mir, nebenbei bemerkt, Anlass zu der Annahme, dass ich hochbegabt sein könnte. Ja, so etwas kommt auch bei Hamstern vor. Unzweifelhaft lassen sich bei mir eindeutige Indizien finden: Ich pflege hamsteruntypische Interessen, habe einen ungewöhnlich reichen Wortschatz und eine hohe sprachliche Ausdrucksfähigkeit.

Vor meinem geistigen Auge sehe ich Ihr mildes Lächeln. Leider ist es das traurige Schicksal der Hochbegabten, dass sie von Normal- und Minderbegabten einfach nicht verstanden werden. Eine Diskussion ist erfahrungsgemäß zwecklos, deswegen gehe ich gleich zum nächsten Kapitel über.

Ich wünsche mir einen Freund

Obwohl ich mich im Großen und Ganzen in meinem Wohnzimmer wohlfühlte, spürte ich immer öfter eine diffuse Sehnsucht.

»Ja«, sagte mein Hamsterherz zu mir, »dir fehlt ein Freund. Deine MB ist nett, aber sie versteht dich nicht, und die Hamster, mit denen du über das Net chattest, sind eben nur virtuell anwesend.«

Ich war nicht überzeugt. »Aber ich bin doch ein Einzelgänger«, antwortete ich meinem Herzen.

»In der freien Wildbahn hättest du diesen Wunsch auch nicht, weil du mit deinem Überleben beschäftigt wärst«, antwortete das Herz geduldig. »Da du dich in deinem Wohnzimmer aber eher auf geistige Interessen verlegt hast, brauchst du einen Freund, mit dem du dich austauschen kannst.«

Die Worte des Herzens trafen tief in mir auf Zustimmung, doch wo sollte in diesem Wohnzimmer ein Freund herkommen?!

Und vor allem: Wer sollte das sein? Wenn er oder sie mich wirklich verstehen sollte, müsste er oder sie auch ein Hamster sein. Aber das ging nicht, denn ein Weibchen würde ich begatten, und dann hätten wir bei der Fruchtbarkeit meiner Art innerhalb kürzester Zeit Hunderte von Hamstern, die um das Wohnzimmerrevier kämpften. Es gäbe Mord und Totschlag – und sicher keine Freundschaft. Vor allem: Irgendwann würden meine Nachkommen stärker sein als ich, sodass ich mir mit dieser Variante mein eigenes Grab schaufeln würde.

Aus ähnlichen Erwägungen schied ein Hamstermännchen aus, denn auch mit ihm würde ich um Revier und Futter kämpfen. Einer würde auf der Strecke bleiben, und selbst wenn ich der Sieger wäre, würde der halbtote Rivale nie mein Freund werden.

Ein Mensch kam natürlich aus den bekannten Gründen auch nicht infrage. Vielleicht ein anderes Nagetier? Aber wo sollte es wohnen? Allein bei dem Gedanken daran, dass sich was auch immer für ein Tier in meinem Wohnzimmer breitmachen und dauerhaft niederlassen sollte, sträubten sich mir die Nackenhaare.

Nachdem ich schon Kopfschmerzen vom vielen Grübeln bekommen hatte, was für einen Hamster sehr untypisch und gar nicht gut ist, gab ich auf. Messerscharf hatte ich erkannt, dass es sich hier um ein Problem handelte, das ich nur mithilfe des TAO lösen konnte. Ich würde mir einen Freund wünschen und die Wunscherfüllung dem TAO überlassen.

Da das TAO, wie ich mir so vorstellte, völlig damit beschäftigt war, als alles umfassender Lebensfluss vor sich hin zu strömen, schien es mir sinnvoll zu sein, meinem Wunsch einen gewissen Nachdruck zu verleihen.

Laut meiner MB, die sich gerade mit diesen Themen befasste, machte man das, indem man seinen Wunsch deutlich beschrieb. Dann sollte man sich energetisch ganz mit ihm verbinden und auf ihn ausrichten, nach dem Grundsatz: Es verwirklichen sich die Dinge, auf die wir unsere konzentrierte Aufmerksamkeit richten – vorausgesetzt, sie entsprechen dem Fluss des TAO.

Einige Tage zuvor hatte Daniel, ein Freund meiner MB, erzählt, dass sogar die Quantenphysiker zu ähnlichen Schlüssen gekommen seien: Subatomare Elemente, die nichts Festes sind, sondern in Wellenform existieren, haben die Tendenz, sich in Teilchen umzuwandeln, wenn man sie beobachtet und ihnen Aufmerksamkeit schenkt.

Nun ja, das klang etwas kompliziert für meinen Geschmack. Ich hielt mich lieber ans TAO und überließ die Quantenphysik den Menschen.

Bei Conny und ihren Freundinnen konnte ich beobachten, dass ihre Wünsche nicht immer befriedigend erfüllt wurden. Das lag natürlich an der ambivalenten Grundstruktur des Menschen, die es ihm unmöglich macht, sich auf einen Wunsch klar und eindeutig zu konzentrieren. Meist wünscht er sich gleichzeitig zwei gegensätzliche Dinge, weiß nicht, was er will, oder bezweifelt die Erfüllung des Gewünschten so intensiv, dass er eine völlig unklare und widersprüchliche Botschaft aussendet – energetischen Wellensalat, sozusagen. Das TAO kann die Botschaft nicht identifizieren und muss nach dem Zufallsprinzip entscheiden, was es dem Menschen zukommen lässt, und das ist meist das Falsche – aus Sicht des Menschen.

Als Hamster mit klaren, eindeutigen Impulsen sah ich keine derartigen Probleme auf mich zukommen. Und so machte ich mich in der folgenden Nacht daran, meinen Wunsch, d. h. meinen zukünftigen Freund, so präzise wie möglich zu charakterisieren. Da ich nicht schreiben konnte, überlegte ich mir für jeden Unterpunkt ein Symbol, das ich mit meiner Pfote in die Käfigstreu buddelte. Nach ein paar Anfangsschwierigkeiten ging mir die Liste flott von der Pfote. Ich schrieb:

Ich wünsche mir den idealen Freund für mich. Er soll folgende Eigenschaften haben:

- gut zuhören können, sensibel und an meiner Meinung interessiert sein,
- klug und wissbegierig sein,
- Interesse für Psychologie, Menschenkunde, Nestbautechnik und Bewusstseinsentwicklung mitbringen. (Und wenn er auch noch was für vergleichende Körnerkunde übrig hätte, wäre das ganz toll!)

Außerdem sollte er:
- voll und ganz hinter dem Hamstertum stehen, es schätzen und lieben von ganzem Herzen,
- grundsätzlich eine ähnliche Meinung über die Menschen haben wie ich,
- mich zwar regelmäßig besuchen, sich aber nicht ständig in meinem Wohnzimmer aufhalten,
- mich achten und mögen und es zu schätzen wissen, dass er einen so tollen Hamsterfreund hat,
- alles fressen außer Körnern und Hamsterfleisch.

Ich war sehr zufrieden mit meiner Liste; sie enthielt alle wesentlichen Punkte. Jetzt musste ich den Wunsch durch Aufmerksamkeitsfokussierung noch energetisch verstärken. Das erledigte ich, indem ich jede Nacht voller Vorfreude meine Wunschliste aufs Neue schrieb.

Bei der Umsetzung half mir in gewisser Weise meine MB, die bei ihrer abendlichen Käfigreinigung die Liste immer wieder zerstörte. Nebenbei wunderte sie sich über die komischen »Muster«, wie sie sich ausdrückte. Nach einer Woche hatte ich auf diese Art meine Wunschliste verinnerlicht und meine sowieso schon vorhandene vertrauensvolle Grundhaltung verstärkt. Danach brauchte ich nur noch kurz an meinen Wunsch zu denken, und sofort überflutete mich ein freudiges Gefühl von Erwartung, das die kraftvolle energetische Schöpfungsschwingung erzeugte und verstärkte.

Die Menschen müssen meist weitere mentale Übungen machen, die auf die Eliminierung oder zumindest Reduzierung ihrer reich gesäten Zweifel abzielen, welche den Wunsch unklar machen oder schlimmstenfalls sogar in sein Gegenteil verkehren. Der Hamster dagegen kennt keine Zweifel, er vertraut der Kraft des TAO. Und so verbrachte ich meine Nächte voller Vorfreude auf den Freund, der da eines Tages kommen würde.

Begegnung mit Sisypha und den Schlangen

Es ist wichtig, Dankbarkeit zu zeigen, wenn Ereignisse eintreffen, die zwar in Richtung des Gewünschten gehen, aber noch nicht ganz passend oder ausreichend sind. Also, wenn Sie sich z. B. eine Million Euro gewünscht haben und finden auf der Straße zehn Cent, dann freuen Sie sich und danken dem TAO für seine Bemühungen, Ihnen das Gewünschte zu bescheren. Dankbarkeit verstärkt zum einen die positive Schwingung, die man ausstrahlt.

Und zum anderen stellte ich mir vor, dass sich auch das TAO über ein bisschen Anerkennung freut. Ein Teil von mir wusste natürlich, dass das nicht stimmen konnte, weil das TAO ja kein von mir abgetrenntes Lebewesen und wahrscheinlich nicht auf Dankbarkeit und dergleichen angewiesen ist. Ich hatte einfach eine Hilfsvorstellung kreiert, die zwar nicht zutraf, aber mir das unvorstellbare TAO vorstellbarer machte.

Ähnlich wie dem Millionen-Bestseller ging es mir auch. Drei Wochen nach Beginn meiner Übung traf ich unter der Heizung auf eine Ameise, die einen trockenen Brotkrümel schleppte. Ich betrachtete sie prüfend hinsichtlich ihrer Freundschaftseignung.

Ein paar Dinge schienen zu passen: Die Ameise wohnte nicht im Wohnzimmer, denn ich hatte sie noch nie gesehen, und sie strebte offensichtlich der Ritze unter der Terrassentür zu. Ob sie Hamsterfleisch fraß, wusste ich nicht, doch in keinem Fall hatte sie aufgrund des eindeutigen Kräfteverhältnisses eine Chance, an meines zu kommen. Allerdings hatte sie sich widerrechtlich etwas von meinem getrockneten Brot angeeignet, und es stand zu befürchten, dass sie auch Körner fraß. Aber wegen ihrer geringen Raubkapazitäten beschloss ich, großmütig darüber hinwegzusehen.

»Hallo, ich bin Louis«, stellte ich mich vor. »Und wie heißt du?«

»Sisypha«, war die knappe Antwort.

»Wie geht's dir so, Sisypha?«, erkundigte ich mich höflich.

»Wie soll's mir schon gehen, wenn ich etwas tragen muss, das ungefähr genauso schwer ist wie ich!?«, kam die weniger höfliche Antwort zurück.

»Dann lass es doch liegen, oder beiß ein Stück ab, das nicht so schwer ist.«

»Dann bringe ich ja weniger Vorräte in unseren Bau und zu unserer Königin. Das ist gegen die Grundsätze des Ameisentums. Und wieso stehst du hier herum und stellst komische Fragen? Hast du nichts zu tun?«

»Ich beschäftige mich überwiegend mit geistigen Dingen wie Psychologie, Menschenforschung und Bewusstseinstraining.«

Die Ameise sah mich unter ihrer schweren Last hervor an, als ob sie mich nicht alle beieinander hätte. »Ah ja. Du bist ein männlicher Hamster, nicht wahr? Das scheint wie bei uns zu sein; da tun die Männchen auch nichts. Na dann: viel Spaß bei deinen geistigen Aktivitäten. Ich muss weiter.«

Ich kam aufgrund unserer kurzen Unterhaltung zu dem Ergebnis, dass Sisypha wegen ihrer Ignoranz gegenüber meinen Interessen eindeutig nicht der ersehnte Freund – oder in diesem Fall die ersehnte Freundin – sein konnte.

»Aber immerhin«, sagte ich anerkennend zum TAO, »ist es toll, dass überhaupt irgendein anderes Tier in diesem Wohnzimmer aufgetaucht ist. Es passte noch nicht ganz als Freund, aber es geht schon in die richtige Richtung. Prima, prima, nur weiter so.«

Kurze Zeit später teilte mir Conny mit, dass sie in einigen Tagen in Urlaub fahren und ich während ihrer Abwesenheit von Simon und Uli versorgt werden würde, die zwei männliche Kornnattern beherbergten. Zunächst war ich besorgt und hatte sogar etwas Angst, denn schließlich bin ich als Hamster ein potenzielles Beutetier vieler Schlangenarten. Dann aber erwog ich die Möglichkeit, dass eine der Schlangen oder gar beide sich als die von mir gewünschten Freunde entpuppen könnten. Das wäre zwar gegen das Naturgesetz, aber zweifelsohne war das TAO größer als das Naturgesetz. Und Schlangen sollen ja sehr klug sein und würden von daher gut zu mir passen.

Gespannt wartete ich also auf Connys Abfahrtstag, an dem sie mich in meinem Käfig zu Simon und Uli brachte. Während sie mich noch einmal streichelte und lange Abschiedsreden hielt, warf ich einen ersten Blick auf meine neuen Mitbewohner, die Kornnattern, die mit gelangweiltem Gesichtsausdruck vor sich hin züngelten. Die Hoffnung starb diesmal nicht zuletzt, sondern gleich, denn die Schlangen waren mir auf den ersten Blick zutiefst unsympathisch. Sie hörten auf die aufgeblasenen Namen Parzifal und Galahad und waren Gott sei Dank in einem Terrarium eingesperrt, das im Wohnzimmer stand. Mein Käfig wurde im Flur untergebracht, aber da es keine Wohnzimmertür gab, hatten wir ungehinderte Sicht aufeinander.

Während die hamster- und schlangenkundigen Freunde am ersten Abend meiner Übersiedlung fernsahen, entwickelte sich eine kurze, unerfreuliche Unterhaltung mit den

Schlangen. An mir lag das nicht; ich stellte mich höflich vor und teilte den Schlangen mit, dass ich nur vorübergehend zu Besuch weilte. Sie nahmen das desinteressiert zur Kenntnis. Ich versuchte die Stimmung ein bisschen anzuheben.

»Ihr habt ja ein schönes und großes Terrarium.«

Keine Antwort. Ganz offensichtlich hatten sie keine Lust auf Smalltalk, deswegen kam ich ohne weitere Umschweife zu meinem zweiten großen Thema neben der Suche nach einem Freund:

»Was seht ihr eigentlich als eure Aufgabe im Leben an?«

Auch wenn sie mir unsympathisch waren, schadete es ja nichts, sein Wissen darüber zu erweitern, wie Tiere einer anderen Spezies mit den wichtigen Lebensfragen umgingen.

Parzifal sah mich unfreundlich an. »Leicht sprunghaft im Denken, was Kleiner? Bei unserer Aufgabe können wir das Angenehme mit dem Nützlichen verbinden: Wir arbeiten an der Dezimierung der Mäuse, indem wir möglichst viele von ihnen verspeisen.«

Ich war empört, denn Mäuse gehören mit zur Nagerfamilie, und deswegen fühlte ich mich ihnen sehr verbunden. »Mäusemord kann man ja wohl kaum eine Aufgabe nennen. Das ist eine verwerfliche Tat.«

»Mäuse sind Schädlinge, und wir sind gemeinsam mit anderen Tieren dafür verantwortlich, ihre Zahl in Grenzen zu halten«, erwiderte Parzifal kalt. »Wenn wir das nicht täten, würdest du bald Hunger leiden, weil sie dir alle Körner wegfräßen.«

»Meine Körner gibt mir meine MB; da kommen keine raubgierigen Mäuse ran. Außerdem kann man Bevölkerungsdezimierung auch anders herbeiführen, z. B. durch Familienplanung.« Mir als Hamster lag Familienplanung zwar völlig fern, dennoch war es im Vergleich zum Gefressenwerden immer noch die bessere Alternative.

Die Schlangen brachen in hämisches Gelächter aus. »Familienplanung. Hat man so was schon mal gehört? Mäuse haben kein Interesse an Familienplanung, worüber wir durchaus froh sind.«

»Damit habt ihr euch verraten«, sagte ich wütend. »Schädlinge dezimieren ist nur eine vorgeschobene Aufgabe. In Wirklichkeit geht es euch nur um euer blutrünstiges Fressvergnügen. Dabei könntet ihr genauso gut Vegetarier werden und auf Körner umsteigen.«

»Körner!« Parzifal spuckte das Wort geradezu aus. »Es reicht völlig, wenn du dich so geschmacksverirrt ernährst. Wahrscheinlich ist das auch die Ursache für dein nervendes Gerede.«

Jetzt war ich richtig außer mir. »Ignorante Mörder«, beschimpfte ich die Schlangen, aber sie reagierten nicht mehr. Sie schienen den Fokus ihrer Aufmerksamkeit verschoben zu haben. Galahad, der bisher geschwiegen hatte, begann mich auf eine unangenehme Weise zu taxieren.

»Vielleicht hat dieser Louis insofern recht, als dass wir unsere Speisekarte ein bisschen erweitern sollten. Statt ewig diese aufgetauten Mäuse könnten wir ja z. B. mal einen gut im Futter stehenden Hamster verspeisen – ich sehe da grade einen.« Und wieder brachen sie in ihr unangenehmes Gelächter aus. »Sei froh, dass du in deinem Käfig sitzt und wir im Terrarium, sonst würdest du Bekanntschaft mit unserem Verdauungstrakt machen.«

»Seid ihr besser froh, sonst würdet ihr euch schnell mit abgezogener Haut wiederfinden«, antwortete ich, wobei ich mir nicht ganz sicher war, ob bei einem Kampf tatsächlich dieses Ergebnis zu erwarten wäre. »Fressen würde ich euch allerdings nicht – wer will sich schon vergiften.«

Die Schlangen antworteten nicht, sondern begannen sich über die mutmaßliche Konsistenz meines Fleisches auszutauschen und darüber, ob ich nicht zu haarig sei beim Runterwürgen. Mir sträubten sich die Nackenhaare, aber ich tat, als hörte ich gar nicht zu. Danach ignorierten wir uns bis auf Weiteres.

Obwohl Simon und Uli sehr nett zu mir waren und mir sogar einen neuen Klettersteig bauten, war ich wegen der Schlangen immer ein wenig angespannt. Besonders unangenehm fand ich es, wenn sie gefüttert wurden, was zum Glück höchstens zweimal in der Woche passierte. Sie bekamen aus dem Kühlschrank entnommene, aufgetaute Mäuse. Ich empfand solidarisches Mitleid für sie und Empörung über ihr trauriges Schicksal.

Gegen Ende meines Aufenthaltes passierte es sogar einmal, dass die Mäuse unplanmäßig ausgingen. Es folgte ein lautstarkes Beratschlagen meiner Pfleger, was angesichts dieser Sachlage zu tun sei. Ich verkroch mich so tief ich konnte in meinem Häuschen und verhielt mich ganz still.

Mein Stresspegel stieg auf ungesunde Höhen. Simon und Uli mochten mich, aber mehr noch liebten sie ihre Schlangen. Was wäre, wenn sie auf die barbarische Idee verfielen, mich dem Gewürm zum Fraß vorzuwerfen? Ich zitterte so sehr, dass mein Häuschen vibrierte. Doch der Kelch ging noch einmal an mir vorbei; die Schlangen mussten hungern.

Und nicht nur das – am vorletzten Abend meines Aufenthaltes wurde mir Genugtuung zuteil. Simon und Uli bekamen Besuch von zwei Freundinnen, von denen eine im Laufe des etwas alkoholisch angereicherten Abends eine Geschichte erzählte:

Der Vater des Neffen eines ihrer Bekannten – oder so ähnlich – hatte auch eine Schlange, allerdings keine Kornnatter, sondern eine, die lebende Mäuse zu fressen bekam. (Ich war empört!) Und so setzten sie der Schlange also eine dicke, noch lebende Maus ins Terrarium. Aber die Schlange hatte keinen rechten Hunger oder machte gerade eine Diät; jedenfalls kümmerte sie sich nicht weiter um die Maus. So lebten Schlange und Maus zwei Tage und Nächte in friedlicher Koexistenz, wobei es nur eine Frage der Zeit zu sein schien, wann die Maus verspeist werden würde. Doch als der Besitzer am dritten Tag in sein Terrarium guckte, lag da die Schlange mit abgebissenem Kopf, und die Maus spielte zufrieden in der anderen Ecke.

»Unglaublich!!!«

»Doch, die Geschichte ist wahr, hundertprozentig!«

»Und was passierte dann? Hat sich der Mann eine neue Schlange gekauft?«

Die Erzählerin machte eine kleine Spannungspause. »Nein, ihr werdet es nicht glauben, aber er hat gesagt, einer Maus, die so tapfer und erfolgreich um ihr Überleben gekämpft hat, gebührt Achtung, und so lebt die Maus jetzt wie ein König in dem ehemaligen Schlangenterrarium.«

Wie Sie sich denken können, gefiel mir die Geschichte ausnehmend gut. Es war sogar eine der besten Geschichten, die ich jemals gehört hatte. Ich stolzierte hinter meinem Gitter auf und ab, warf den Schlangen herausfordernde Blicke zu und zeigte ihnen die Stinkekralle.

»Na, was sagt ihr dazu, ihr erbärmliches Kriechgewürm«, rief ich zu ihnen hinüber. »So würde es euch auch ergehen, wenn man mich einmal in euer komisches Terrarium setzen würde.«

Die beiden Schlangenmänner taten so, als hätten sie nichts gehört, aber ich sah mit großer Zufriedenheit, dass sie sich ärgerten.

Apropos Männer. Kurz bevor mich meine MB wieder zurückholte, wurde ich noch Zeuge einer denkwürdigen Unterhaltung. Es begann damit, dass Simon eine Zeit lang die Schlangen beobachtete, was er öfter machte, obwohl ich nicht verstand, was es da Interessantes zu sehen gab. Meist hingen sie nur faul unter ihrer Wärmelampe herum. Diesmal gab er aber einen Laut der Überraschung von sich und rief Uli.

»Was meinst du, was die hier machen?«
»Weiß nicht, sieht komisch aus.«
»Ich würde sagen, die vögeln.«
»Ja, gibt es denn auch schwule Schlangen?!«

Diese interessante biologische Frage ließ sich vorerst nicht beantworten: Galahad entpuppte sich als Weibchen. Die beiden schlangenkundigen Menschenherren hatten sich statt zwei Schlangenmännchen ein Paar andrehen lassen, das nun seiner biologischen Pflicht nachgekommen war. Beim nächsten Urlaub würde ich somit wahrscheinlich zwischen zehn Schlangen hausen müssen, aber damit beschäftigte ich mich noch nicht.

Stattdessen dankte ich dem TAO wieder einmal dafür, dass es mir die Möglichkeit eröffnet hatte, andere Tiere kennenzulernen, auch wenn sie noch nicht so freundschaftsgeeignet waren. Ich hoffte, das TAO würde sich über meine Anerkennung freuen, sich jetzt mal so richtig ins Zeug legen und mir einen ganz tollen Freund präsentieren.

Das passierte tatsächlich, obwohl ich meinen wunderbaren Freund nicht gleich als solchen erkannte. Die konkrete Wunscherfüllung sieht meistens nämlich ganz anders aus, als man sich das so vorstellt.

Freundschaft mit Stops trotz kontroverser Ansichten

Alles begann an einem heißen Sommerabend, an dem Conny ganz aufgeregt ins Zimmer gestürzt kam und wie ein Wasserfall auf mich einredete, obwohl ich noch gar nicht richtig wach war. Ihrem wirren Gerede entnahm ich mit Mühe, dass ihre Freundin Elvira aus Italien, wo sie für ein halbes Jahr an einem psychologischen Forschungsprojekt an der Universität mitgearbeitet hatte, nach Köln zurückkehren würde. Besagte Elvira wollte schon in einer Woche zum Kaffee vorbeikommen. Ferner erfuhr ich, dass Elvira »Besitzerin« eines Bernhardiners war, vor dem ich aber keine Angst zu haben bräuchte, weil der »eine Seele von Hund« sei, was immer das auch heißen mochte. Sicherheitshalber würde sie, Conny, trotzdem beim ersten Besuch die Tür meines Käfigs verschließen. Das fand ich auch besser, denn wer weiß, welch mordlüsterne Triebe sich in dem »seelenvollen« Hund verbargen.

So saß ich also am Besuchsnachmittag halb in und halb vor meinem Häuschen – ich hatte außer von ferne in der Zoohandlung noch nie einen Hund gesehen – und harrte gespannt der Wesen, die da kamen. Sie kamen in Gestalt von Elvira, einer zierlichen, kleinen, lebhaften Person und einem wild hechelnden und nicht sehr wohlriechenden, wuscheligen Riesenvieh. (Entschuldige Stops, aber so war mein erster Eindruck.)

»Platz, Stops«, sagte Elvira, und der große Hund ließ sich stöhnend auf den Teppich fallen, wo er weiterhechelte.

»Stops – was ist das denn für ein beknackter Name?«, entfuhr es mir.

Der große Hund hob belustigt ein Augenlid und schaute zu meinem Käfig hinüber. »Und was bist du für ein unhöflicher kleiner Bursche? Als Gastgeber sagt man doch wohl erst mal ›Guten Tag‹ und fängt nicht an, am Namen des Gastes herumzumeckern. Im Übrigen kannst du aber auch gerne Stephanus von Hohenlohe-Waldenfels zu mir sagen, denn das ist mein richtiger Name. Mein Frauchen und meine Freunde nennen mich aber Stops.«

Ich kam leicht beschämt aus meinem Häuschen hervor. »Hallo Stops, tut mir leid, ich bin manchmal etwas impulsiv. Stephanus von Waldendings ist tatsächlich nicht unbedingt besser. Mein Name ist Louis, und ich bin übrigens für einen Goldhamster ein ziemlich großer Bursche. – Und was ist ein ›Frauchen‹?«

»Hallo Louis, jetzt sehe ich auch, dass du tatsächlich ein großer Goldhamster bist. – Aber wieso fragst du, was ein Frauchen ist? Du hast doch auch eins.«

»Ach, meinst du meine MB? Ausdrücke wie ›Frauchen‹ oder ›Besitzerin‹ lehne ich ab. Ich bin ein freier Hamster.«

»Ah ja«, sagte Stops mit etwas nachsichtigem Gesichtsausdruck. »Wie verträgt sich denn deine Freiheit mit deinem Dasein hier im Käfig und im Wohnzimmer?«

Und schon waren wir mitten in einer intensiven Diskussion über den Freiheitsbegriff. Ich versuchte, ihm meine Auffassung über innere und äußere Freiheit gemäß dem *Goldenen Hamsterwissen* zu erklären, und er versuchte, mir nahezubringen, dass Liebe zu seinem Frauchen und Freiheit sich nicht ausschließen müssen – was ich nicht so sah.

Bei dieser ersten Begegnung zeigten sich schon die wesentlichen Züge unserer Beziehung, nämlich erstens, dass wir uns immer viel zu erzählen hatten und zweitens, dass wir meist unterschiedlicher Meinung waren.

Nach den ersten zwei Besuchen wurde mein Käfig geöffnet, während Conny und Elvira den sicherheitshalber angeleinten Hund scharf beobachteten.

»Ganz brav, Stops. Nicht den Hamster fressen!«, sagte Elvira mahnend.

Stops warf sich auf den Boden, wedelte mit dem Schwanz und versuchte auch sonst, so harmlos wie möglich auszusehen. Ich kam hinter dem Fernsehschrank hervor, um die Szene besser beobachten zu können.

»Das sieht gut aus. Und sieh mal, Louis kommt auch schon raus und hat keine Angst«, kommentierte sein hundekundiges Frauchen und wandte sich beruhigt Conny zu. Aber sie hatte einen verhängnisvollen Satz gesagt.

»Sag mal, fressen Hunde denn normalerweise Hamster?«, fragte ich empört.

»Ähm, nun ja, Hamster sind nicht gerade die Hauptbeute von Hunden, aber es soll wohl schon mal in Einzelfällen – also eigentlich mehr aus Versehen – vorgekommen sein«, druckste Stops herum. Er schien mir etwas verlegen zu sein.

»So einen habe ich nicht bestellt. Ich wollte keinen, der Hamster frisst. Ich gebe ihn wieder zurück«, sagte ich böse.

»Wie bitte?«

»Ach nichts, ich habe mit dem großen TAO gesprochen. Mit dir spreche ich überhaupt nicht mehr, du Hamstermörder!«

»Also Louis, jetzt mach mal halblang. Ich persönlich habe noch nie einen Hamster gefressen und werde es auch nie tun, nachdem ich dich kennengelernt habe. Und ich werde alle Hunde, die ich kenne, darauf hinweisen, dass Hamster nicht zum Fressen da sind. Großes Bernhardinerehrenwort.«

»Das kannst du dir so vornehmen, aber wenn der Fresstrieb durchbricht, könnte es dir ja trotzdem mal passieren«, zweifelte ich.

»Liebe und Zuneigung sind größer als der Fresstrieb«, sagte Stops und sah mich mit treuen braunen Augen so ehrlich und hingebungsvoll an, dass ich ihn einfach wieder gernhaben musste.

»Na gut, dann will ich es mit ihm versuchen«, sagte ich zum TAO. Ich bin eben einer der großmütigsten Hamster unter der Sonne.

Wegen unseres nicht unerheblichen Größenunterschiedes konnten wir nicht zusammen spielen, denn das wäre für mich lebensgefährlich geworden. Also beschränkte sich unsere Freundschaft auf den rein geistigen Austausch, was aber kein Manko war, denn wir hatten immer etwas zu diskutieren. Insbesondere was unsere Einschätzung des Menschen anbelangte, vertraten wir völlig gegensätzliche Ansichten.

So hörten wir eines Tages Elvira und Conny zu, die sich gerade über ihre Urlaubspläne unterhielten.

»Arno« – das war Elviras Freund – »und ich waren jetzt vier Jahre an der französischen Atlantikküste. Es war immer schön, und Arno würde dieses Jahr auch wieder dahin fahren. Ich hätte aber auch Lust, mal etwas ganz anderes zu sehen. Vielleicht mal in die Berge … Aber dann vermisse ich bestimmt das Meer.« Elvira seufzte gequält.

»Du liebe Güte«, sagte ich. »Sobald der Mensch den Mund aufmacht, kommt ein Konflikt heraus. Mit seinem Denkapparat produziert er nur Probleme.«

»Wenn man so intelligent ist wie der Mensch, muss man wahrscheinlich in so viele verschiedene Richtungen denken, dass Konflikte und Widersprüche unvermeidlich sind«, entgegnete Stops. »Da kann schon mal etwas Sand ins geistige Getriebe kommen. Auf der anderen Seite ist es aber gerade die große Stärke des Menschen, dass er immer mehr Wege sieht als nur einen. Durch sein ganzes Gedenke hat er ja auch viele tolle Dinge erfunden wie Autos, Computer oder« – er warf mir einen Blick zu – »Getreidemühlen.«

»Autos machen unsere Luft kaputt, das habe ich neulich im Fernsehen gesehen.«

»Ja, dann muss er eben weiterdenken und neue Autos konstruieren, die das nicht tun. Ich bin sicher, ihm fällt etwas ein«, sagte Stops, unerschütterlich in seinem Glauben an die Menschen.

»Der Mann im Fernsehen, der ja schließlich auch ein

Mensch ist, war sich da gar nicht so sicher. Außerdem erfinden nur die wenigsten neue Sachen. Soviel ich weiß, hat meine MB noch nie in ihrem Leben etwas erfunden. Sie kommt ja nicht einmal damit klar, was andere erfunden haben. Ständig versteht sie irgendetwas an ihrem Laptop nicht und muss ihren computerkundigen Freund Daniel anrufen, der es ihr dann erklärt.«

Stops kicherte. »Dafür kann dein Frau…, äh, deine MB andere Dinge. Sie hilft Menschen, die mit ihrem Leben nicht mehr klarkommen. Das ist bestimmt auch schwierig.«

»Ha«, trumpfte ich auf, »und warum kommen sie nicht mehr damit klar? Weil sie von ihren Konflikten gebeutelt werden, die sie nicht lösen können und die sie lebensunfähig machen. Weil sie nicht wissen, ob sie ihren Partner lieben oder hassen, ob sie ihre Arbeit fortsetzen oder was anderes machen sollen. Sie können ja noch nicht mal entscheiden, ob sie Spaghetti oder Salat essen wollen. Problemgeschüttelt quälen sie sich durchs Leben.«

Stolz auf meine brilliante Wortwahl und Klarsicht genehmigte ich mir einen Sonnenblumenkern.

»Wo viel Licht ist, ist auch viel Schatten«, entgegnete Stops ungerührt. »Du kannst nicht in Abrede stellen, dass der Mensch die Welt nach seinen Vorstellungen gestaltet hat. Natürlich hat er dabei auch Irrwege beschritten. Und natürlich hat seine Höherentwicklung auch ihren Preis, aber insgesamt ist er ein evolutionäres Erfolgsmodell.«

»Ein Erfolgsmodell?! Ich glaube nicht, dass der Mensch

dabei ist, sich höherzuentwickeln, sondern dass er degeneriert. Ich will ja nicht nur auf seiner Konfliktstruktur und seinen daraus resultierenden Handlungsproblemen herumreiten. Es kommen viele andere Dinge hinzu!« Ich stärkte mich mit einem weiteren Sonnenblumenkern, bevor ich zum ultimativen Gegenargument ausholte.

»Siehst du es vielleicht als ein Zeichen von besonderer Hochentwicklung an, wenn man seine natürlichen Haare verliert und sich mit künstlichen Fellen behängen muss? Meine MB trägt meist drei solcher Felle, genannt Hemd, Bluse und Jacke, allein auf ihrem Oberkörper übereinander, friert trotzdem ständig und jammert deswegen. Man bräuchte den Menschen nur ihre künstlichen Felle wegzunehmen, und sie würden alle elend zugrunde gehen.

Doch am schlimmsten ist es um die Fortpflanzung bestellt. Während ein gesundes Hamsterweibchen mehrmals im Jahr locker und ohne viel Theater sechs bis zehn Junge wirft und sich schon allein dadurch als wahrhaftes Erfolgsmodell präsentiert, muss sich die Menschenfrau furchtbar quälen beim Gebären. Ich habe das neulich mal im Fernsehen gesehen und es kaum ausgehalten. Stundenlang windet sie sich vor Schmerzen, bis sie mit letzter Kraft ein einziges Junges aus sich herauspresst. Völlig unverständlich, wie es auf diese Art zur menschlichen Überbevölkerung gekommen ist.

Die Schmerzen und die lange Geburtszeit sollen jedenfalls dadurch zustande kommen, dass sich durch das aufrechte Gehen das Becken der Menschen verengt hat. Die

Kinder oder, besser gesagt, das Kind passt also kaum noch hindurch. Ich denke, wenn diese Entwicklung fortschreitet und das Becken noch ein wenig enger wird, wird sich das Problem der menschlichen Überbevölkerung ganz von selbst erledigen ...«

»Wie ich schon sagte, jede Entwicklung hat ihren Preis«, entgegnete Stops unbeeindruckt. »Soweit ich weiß, passen wegen des größer gewordenen Gehirns und Kopfes die Menschenjungen nicht mehr durch das Becken des Weibchens.«

»Zu viel Intelligenz führt also zu Unfruchtbarkeit«, konstatierte ich.

»Es ist ja nicht schlecht, dass die Menschen nur ein Junges pro Wurf bekommen, weil die Welt sowieso überbevölkert ist. Dass sie sich so stark vermehren konnten, zeigt allerdings wiederum, dass sie die überlegene Spezies sind«, konterte Stops.

Und so ging es endlos weiter ...

Über die Liebe als Lebensaufgabe

Laut meiner MB ist die Fähigkeit zur Perspektivenvielfalt ein Zeichen von Intelligenz und geistiger Beweglichkeit.

Stops strapazierte meine diesbezügliche Fähigkeit in hohem Maße, denn er bewunderte den Menschen nicht nur, sondern liebte ihn sogar. Am meisten liebte er natürlich sein Frauchen. Von daher war er sich über seine Aufgabe und Bestimmung auch völlig im Klaren:

»Statt Kritik brauchen die Menschen unsere Unterstützung. Meine Aufgabe im Leben ist es, mein Frauchen zu lieben, es zu beschützen und dafür zu sorgen, dass es ihm gut geht, soweit das in meiner Macht steht. Das ist das Wichtigste für mich. Und meiner Ansicht nach ist es auch der Sinn deines Daseins als Hamster, dein Frau ... äh, deine MB zu lieben und ihr Freude zu bereiten«, predigte er weiter.

Nichts lag mir ferner. »Meine Aufgabe liegt darin, meine vielfältigen Fähigkeiten und Begabungen möglichst umfassend zum Ausdruck zu bringen und nicht darin, mich um irgendeines anderen Wohl zu kümmern. Wenn jeder für sich selbst sorgt, ist doch für alle gesorgt. Ein Hamster ist ein Einzelgänger und konzentriert sich auf seine Selbstverwirklichung.«

»Selbstverwirklichung!«, schnaufte Stops verächtlich. »Neumodisches Gerede! Du verwirklichst dich am besten in der Hingabe an diejenigen, die du liebst.«

»Das möchte ich bezweifeln«, konterte ich. Jetzt bot sich die Möglichkeit, mit meinem neu erworbenen Wissen aus dem Kurs *Buddhismus für Hamster* zu glänzen, den ich vor zwei Wochen im Net erfolgreich absolviert hatte. »Auch der Buddhismus sagt, dass du an nichts anhaften sollst. Und Liebe ist ohne Zweifel eine Art von Anhaftung.«

»Es gibt verschiedene Arten von Liebe«, erklärte der Liebesexperte. »Die besitzergreifende, die den anderen für sich haben will, und damit tatsächlich eine Art von Anhaftung ist, aber auch die bedingungslose, die nur das Wohl des anderen im Sinn hat. Im Übrigen – bevor man Anhaftung überwinden kann, muss man überhaupt erst mal angehaftet haben. Ein netter aber leider fehlgeschlagener Versuch von dir, deine Bindungsprobleme als fortgeschrittene Nicht-Anhaftung zu deklarieren.

Außerdem, wenn du schon mit Buddhismus anfängst: Sagt der Buddhismus nicht auch, dass du gar kein Selbst hast?! Dann brauchst du auch keins zu verwirklichen, oder?«

Dazu fiel mir auf die Schnelle nichts ein. Augenscheinlich hatte ich mir mit meinen Buddhismus-Anfängerkenntnissen ein Eigentor geschossen. Aber es sollte noch schlimmer kommen, denn Stops setzte noch einen drauf: »Du und dein Selbst, ihr besteht nur aus Leere – das sagt nicht nur der Buddhismus, sondern auch die Quantenphysik.«

Mit Quantenphysik kannte ich mich nicht aus, aber die Vorstellung mein Selbst sei nur Leere, missfiel mir natürlich sehr. »Ich bin aber ein Jemand und kein leerer Geist!«

Stops betrachtete mich liebevoll. »Einigen wir uns quantenphysikalisch darauf, dass du eine flaumige Möglichkeitswolke von Elektronen bist, die sich dank unserer freundlichen Aufmerksamkeit immer wieder zu einem kleinen renitenten Hamster transformiert.«

Das war zu viel! Ich brach die Diskussion ab und zog mich in mein Häuschen zurück. Dort grübelte ich – wie schon einige Male zuvor – darüber nach, ob das TAO sich vielleicht doch vertan hatte bei der Wunscherfüllung. Vielleicht hatte es sich beim Abgleich unserer Schwingungsfrequenzen verrechnet, was ja schon mal vorkommen kann. Aber immer wenn ich mir ein Leben ohne Stops vorstellte, meldete sich mein Hamsterherz und legte sein Veto ein.

Stops war nicht nur ein liebenswerter, sondern auch ein kluger und gebildeter Hund. Nur wenn er sich richtig in sein Lieblingsthema, die Liebe, hineinsteigerte, kamen mir Zweifel. Dann hinterließ er eher den Eindruck stark verminderter Zurechnungsfähigkeit.

»Wie gerne würde ich meinem Frauchen meine Liebe beweisen«, sagte er oft. »Mit einem bösen Mann kämpfen, der sie im Park überfällt, oder sie aus dem Schnee ausbuddeln, wenn sie von einer Lawine verschüttet wird.«

»Soweit ich weiß, leben wir im Flachland, wo es nur selten schneit«, unterbrach ich ihn. »Wo soll hier eine Lawine herkommen?«

Aber Stops redete einfach weiter: »... tagelang würde ich sie suchen, nicht fressen und nicht schlafen. Wenn ich sie dann endlich gefunden und ausgegraben hätte und sie in warme Decken gehüllt am Feuer säße, würde ich mich mit blutigen Pfoten vor sie werfen und sterben ...«

Er hatte mit einem seltsam fiebrig glänzenden Blick gesprochen und ich ihm mit zunehmender Besorgnis zugehört. Spätestens jetzt begann ich, mir ernsthaft Gedanken um seinen Geisteszustand zu machen.

»Das ist ja zweifelsohne sehr edel von dir, dass du so viel Einsatz für dein Frauchen zeigen würdest, wenngleich ich finde, dass du dich ein wenig zu viel engagierst. Aber warum willst du dabei nicht fressen?! Wer ständig andere rettet, verbraucht doch viel Energie und muss auch öfter mal einen Happen zu sich nehmen. Und vor allem: Warum willst du am Ende sterben?!«

»Weil es nichts Schöneres gibt, als für den zu sterben, den man liebt. Das ist die höchste Form der Hingabe«, antwortete Stops.

»Aber wenn du dann stirbst, nachdem du sie mühsam gerettet hast, kannst du das wundervolle Zusammensein mit ihr ja gar nicht mehr genießen. Und außerdem wäre dein Frauchen traurig und hätte wahrscheinlich Schuldgefühle, wenn du wegen ihrer Rettung in die ewigen Jagdgründe eingingest«, gab ich zu Bedenken.

Stops schien wieder etwas zu sich zu kommen. »Da hast du natürlich recht, Louis«, sagte er zu meiner Erleichterung. »Ich wollte nur meinen Wunsch nach bedingungsloser Hingabe zum Ausdruck bringen. Aber natürlich lebe ich gerne weiter mit meinem Frauchen – und natürlich auch mit dir!«

Zum Glück war der fiebrige Glanz aus seinen Augen gewichen. Stops schien jetzt etwas verlegen zu sein und schob mir ein Stück Hundekuchen zu. Den fresse ich nämlich auch gerne, und wenn Sie mich fragen, ist es für mich der größte Beweis von Zuneigung, wenn mir jemand etwas von seinem Fressen abgibt. Dafür verzichte ich gerne darauf, aus irgendwelchen imaginären Lawinen ausgebuddelt zu werden, und auch darauf, dass mein Retter mit blutigen Pfoten vor mir verendet.

Aber weil ich sah, dass es so ein großer Wunsch von Stops war, Elvira seine Liebe zu beweisen, wünschte ich ihm meinerseits von ganzem Hamsterherzen, dass ein böser Triebtäter sie überfallen und er sich in einem Kampf auf Leben und Tod als tapferer Retter profilieren könnte. Diese Variante erschien mir aus den schon genannten Gründen wahrscheinlicher als die Lawinenmöglichkeit. Aber obwohl sein Frauchen immer abends bei Dunkelheit mit ihm im Park spazieren ging, wo ja, wie man weiß, auch das Jagdgebiet der Triebtäter ist, passierte nichts. Vielleicht war Elvira schon zu alt und nicht mehr attraktiv für Triebtäter? (Diese Hypothese behielt ich natürlich für mich, denn sonst wäre Stops wieder böse geworden.) Wie auch immer, auf jeden Fall hatte ich nach einiger Zeit die Befürchtung, dass Stops selbst vielleicht mittlerweile zu alt für heroische Kämpfe war, und gab den Wunsch nach dem Triebtäter wieder auf.

Unsere unterschiedlichen Haltungen in dieser Frage lagen in unserer Sozialisation als Rudeltier bzw. Einzelgänger begründet, wie ich aus diversen Foren im Hamster-Net erfahren hatte. Als Vertreter der letzteren Spezies war ich immer wieder entsetzt, mitansehen zu müssen, wie weit Stops sich in allem, bis hin zu seinen körperlichen Grundbedürfnissen, am Wohl seines Frauchens ausrichtete. Wenn er z. B. Pipi machen musste, kniff er die Beine zusammen und hielt aus, nur um Elvira nicht in ihrem Gespräch zu stören. Meine Ermutigungen, der Natur im wahrsten Sinne des Wortes »freien Lauf« zu lassen, lehnte er geradezu empört ab, wobei er zunehmend unglücklich aussah.

Ich war erschüttert. Vor meinem inneren Auge sah ich eine boomende Industrie für Hundeinkontinenzmittel, Tierärzte und von Windeln ummantelte Hunde mit Blasenschwäche. Allein diese kleine Szene zeigt schon, dass es nicht gut sein kann, seine eigenen Bedürfnisse zu sehr den Interessen anderer unterzuordnen.

Merke: Zu viel selbstaufopfernde Liebe führt zu Blasenschwäche – und wer will die schon?

Ich dagegen ließ dem Drängen der Verdauung freien Lauf, was mir allwöchentlich Ärger mit meiner MB einbrachte, wenn sie das Wohnzimmer sauber machte. Ihr schien die Putzerei keinen Spaß zu bereiten, denn ich musste mir fast immer lange Vorträge und sogar Beschimpfungen anhören: Warum ich meine Hinterlassenschaften im ganzen Wohnzimmer verteilen müsse, meine Geschäfte nicht ausschließlich im Käfig erledigen könne, wieso ich überhaupt so viel kacken müsse usw. usw.

Lange hörte ich mir diese Tiraden an, bis ich irgendwann zurückgiftete: »Wegen mir brauchst du das Wohnzimmer bestimmt nicht sauber zu machen. Ruhe am Samstagmorgen wäre mir viel lieber, denn schließlich hat auch ein Hamster Anspruch auf ein Wochenende. Und wenn die Kacke liegen bleiben würde, wie es normal wäre, würde sie den Boden düngen, und dann könnten auf dem unfruchtbaren Laminatboden schöne Pflanzen wachsen. Das würde diesen künstlichen Raum in eine wunderbar grüne Oase verwandeln.« Denn das Wohnzimmer war zwar erfreulich groß, aber ansonsten nicht nach Hamsterbedürfnissen eingerichtet. Oder finden Sie etwa, dass Laminatboden, Sessel, Sofa und Fernsehschrank einen artgerechten Lebensraum für einen Hamster darstellen?

Hätte meine MB aus Liebe zu mir das Wohnzimmer in eine heimische, syrische Steppenlandschaft mit viel Sand, ein paar Pflanzen und schönen Felsenhöhlen umgestaltet, hätte ich mir sicherlich mehr Zuneigung für sie abringen können.

Solange ich meine spezifische Lebensaufgabe noch nicht gefunden hatte, vertrat ich Stops gegenüber die Ansicht, dass es meine wichtige Hamsterpflicht war, Vorräte im Dienste der Selbst- und damit der Arterhaltung anzulegen. Damit bezog ich mich auf Punkt 7 des *Goldenen Hamsterwissens*. Stops zeigte sich enttäuscht über diese Einstellung.

»Du bekommst jeden Tag zuverlässig frisches Futter von deiner MB, und wenn sie wegfährt, kümmert sie sich darum, dass dich jemand anderes versorgt. Das ist bisher immer so gewesen, also kannst du dich darauf verlassen. Deine Vorratshaltung ist überflüssig und zeugt von mangelndem Vertrauen in deine MB.«

Ich war empört über sein fehlendes Verständnis. Es stimmte zwar, dass ich bisher jeden Tag von Conny mein Futter bekommen hatte, aber was hieß das schon? Morgen konnte es anders sein. Wer gab mir die Garantie, dass sie nicht über Nacht von der galoppierenden Altersdemenz befallen wurde und von einer Minute auf die andere vergaß, dass sie einen kleinen Mitbewohner hatte, der gefüttert werden musste?

»Nun gut«, sagte Stops dazu, »wenn du schon deiner MB nicht vertraust, solltest du doch wenigstens im Vertrauen auf das TAO leben. Es wird dir alles geben, was du brauchst. Hattest du mir nicht etwas zur Nicht-Anhaftung erzählt?! Mir scheint, dass du doch ungebührlich stark an deinen Futtervorräten anhaftest.«

Ich bereute mittlerweile, das Wort »Nicht-Anhaftung« gebraucht zu haben. Davon abgesehen hatte der Hund natürlich Unrecht. Denn das TAO sagt ja nicht, wir sollen die Pfoten in den Schoß legen, das Mäulchen aufsperren und warten, dass uns die Erdnüsse in selbiges fliegen. Vielmehr gilt es, seinen Impulsen zu folgen und nach ihnen zu handeln, und die stärksten Impulse eines Hamsters sind nun einmal, Futter zu suchen und Vorräte anzulegen.

Andere Autoritäten, wie z. B. die Bibel, tuten zwar ins gleiche Horn wie Stops: »Sehet die Vögel unter dem Himmel an: Sie säen nicht, sie ernten nicht, sie sammeln nicht in die Scheunen; und euer himmlischer Vater nährt sie doch ...«, aber das überzeugte mich nicht.

Wer immer dieser »himmlische Vater« auch war, auf jeden Fall war ihm und seinen Versprechungen zu misstrauen. Denn was hat er getan, als vor vielen Jahren große Hungersnöte Hunderte und Tausende von Hamstern hinwegrafften, wie uns unsere Mutter erzählt hatte? Vielleicht fühlte er sich ja auch für Hamster nicht zuständig und kümmerte sich ausschließlich um den Himmel, in dem die besagten Vöglein herumflattern – wobei es nach meinem Wissen auch unter ihnen schon Hungersnöte gegeben haben soll.

Wie auch immer, der kluge Hamster nimmt diese Dinge besser selbst in die Pfote oder, besser gesagt, die Körner in die Backentasche und sorgt vor.

Nachdem ich Stops das soweit erläutert hatte, lächelte er freundlich. »Du bist eben ein Hamster«, sagte er in nachsichtigem Ton.

Dem konnte ich vorbehaltlos zustimmen, und damit war unsere Diskussion erst einmal beendet.

Vom Leben einer Ameise

Neben meinem Freund Stops hatte ich noch ein weiteres Objekt, an dem ich Perspektivenvielfalt üben konnte, und das war Sisypha. Die Ameise blieb mir nämlich erhalten. Aufgrund der guten Körnersammelgründe in meinem Wohnzimmer kam sie fast täglich, wobei man sie wegen ihrer Winzigkeit leicht hätte übersehen können. Man konnte sie aber gut indirekt lokalisieren, denn immer, wenn eines meiner Körner plötzlich lebendig zu werden schien und sich zielsicher in Richtung Balkontür bewegte, steckte Sisypha dahinter oder, besser gesagt, darunter.

Ab und zu plauderten wir ein wenig, während sie ein Korn zur Türritze schleppte. Sie schien sich an die Ablenkung zu gewöhnen und wurde etwas zugänglicher, obwohl sie nach meinem Geschmack immer noch viel zu viel schuftete.

So erfuhr ich nach und nach, dass sie Arbeiterin in der Brigade 15 F war, zuständig für den Bereich Nahrungssuche. Ihre Aufgabe war es, möglichst viel Futter heranzuschaffen. Dafür gab es strenge Vorgaben, deren Einhaltung von der Brigadeleiterin überwacht wurde. In der Regel arbeiteten die Ameisen im Team, aber Sisypha hatte wegen ihrer besonderen Ausdauer einen Sonderstatus und durfte deswegen allein umherschweifen: Sie war sozusagen »Special Agent zur Erschließung neuer Fressgründe« im Auftrag ihrer Majestät. Das konnte man ganz wörtlich nehmen, denn im Leben dieser Ameisen schien sich alles um das Wohlergehen ihrer Königin zu drehen.

»Hast du denn auch mal Freizeit, Sisypha?«, erkundigte ich mich. »Oder hetzt du von einer Aufgabe zur anderen?«

»Was heißt das, ›Freizeit‹?«, fragte sie zurück. »Ich kenne das Wort nicht. Leben heißt arbeiten und meine Aufgabe möglichst effektiv erfüllen. Das Motto einer jeden Ameise heißt: Ich arbeite, also bin ich. Genau genommen habe ich nicht eine Aufgabe, sondern ich bin meine Aufgabe.«

»Und woher weißt du, was deine Aufgabe ist und damit, wer du selbst bist?«, erkundigte ich mich interessiert.

Sisypha warf mir einen ihrer abschätzigen Blicke zu. »Woher wohl?! Von meiner Brigadeführerin Linax natürlich. Sie teilt mir eine oder mehrere Aufgaben zu, und die erfülle ich.«

»Aber das ist ja keine Aufgabe, die tief aus dir aufsteigt und mit der du dich selbst verwirklichst. Du bekommst etwas von außen aufgedrückt – das ist Fremdbestimmung und das Gegenteil von dem, was ich meine.«

Sisypha begann, mit ihren Fühlern herumzuspielen; ein Zeichen dafür, dass sie zunehmend ungeduldig und nervös wurde.

»Für so einen überflüssigen Quatsch wie Selbstverwirklichung haben wir keine Zeit. Damit kann sich vielleicht ein Hamster beschäftigen, der jeden Tag sein Futter vorgesetzt bekommt und keine gemeinschaftlichen Pflichten hat. Ich fühle mich nicht fremdbestimmt, sondern ich weiß, dass die mir übertragene Aufgabe einen Sinn hat, nämlich die, den Ameisenstaat zu erhalten, auszubauen und vor allem unsere Königin so gut wie irgend möglich zu versorgen.

Im Gegensatz zu dir weiß ich, wo mein Platz im Leben ist und was ich zu tun habe. Ich muss nicht den ganzen Tag herumrennen und meine Lebensaufgabe suchen.« Sisypha schwieg, zufrieden mit ihrer für Ameisenverhältnisse langen Rede. Ich dachte darüber nach, dass sie in Anbetracht ihrer Frechheit erstaunlich lange überlebt hatte.

Mein Anflug von Ärger war schnell vorbei, und nach ein

paar Tagen tat sie mir schon wieder leid, als ich sah, wie sie sich mit den Körnern abschleppte.

»Ich denke darüber nach, ob man ihr nicht zu etwas mehr Freizeit verhelfen könnte«, erzählte ich Stops bei seinem nächsten Besuch. Erstaunlicherweise stimmte mir der gutmütige Hund, der für jeden immer nur das Beste wollte, nicht vorbehaltlos zu. Stattdessen wiegte er unschlüssig sein schweres Haupt.

»Im Evolutionsplan ist es nicht vorgesehen, dass Ameisen Freizeit haben. Die Einzelameise als solche scheint keine Bedeutung zu haben, die hat sie nur als Bestandteil ihres Gesamtorganismus, des jeweiligen Ameisenvolkes.«

»Das ist ja noch schlimmer als das Dasein eines Rudeltieres«, sagte ich empört. »Höchste Zeit, dass so eine Ameise mal ein bisschen Bewusstheit für ihre Individualität entwickelt.«

Stops schien dieses Anliegen weiterhin als nicht dringlich zu erachten. Später fiel mir ein, dass sein Desinteresse möglicherweise mit seiner Rudeltier-Gesinnung zu tun haben könnte.

Ich hingegen war beseelt vom Guthamstertum. Außerdem war nicht auszuschließen, dass die Unterstützung von Ameisen bei ihrer Individualitätsentwicklung wichtiger Bestandteil meiner Lebensaufgabe war. Auf jeden Fall begab ich mich direkt auf die Suche nach Sisypha und fand sie neben der Heizung, wo sie gerade versuchte, ein Hirsekorn zu schultern.

»Hör mal«, sagte ich also, »soll ich dir mal verraten, wie du deine Leistung optimieren kannst?«

Sisypha warf mir unter ihrem Korn hervor einen misstrauischen Blick zu. »Du scheinst mir nicht gerade der große Leistungs- und Arbeitsexperte zu sein.«

»Da hast du nicht ganz unrecht, was das praktische Tun anbelangt. Aber die Zeit, die ich dadurch zur Verfügung habe, gibt mir die Möglichkeit, mir ein paar theoretische Gedanken über die Arbeit zu machen. Und hier ist das Ergebnis: Du kannst mehr und effektiver arbeiten, wenn du ein paar Pausen einlegst.«

»Was ist das denn für ein Quatsch? So etwas kann sich nur ein Hamster ausdenken!«

»Zum einen ist das kein Quatsch, sondern eine wissenschaftliche Erkenntnis, und zum anderen habe ich es mir nicht ausgedacht – obwohl das sicherlich keine Qualitätsminderung wäre –, sondern die Menschen haben es herausgefunden. Einige von ihnen laufen Marathon, d.h. 42 km ohne Unterbrechung, wie ich im Fernsehen gesehen habe. Sie laufen also ohne Pause, genau so wie du ständig arbeitest. Das können sie nur, wenn sie dafür trainieren. Und das Wichtigste am Training ist nicht das Training selbst, sondern sind die Regenerationsphasen, weil da der Muskelaufbau stattfindet«, dozierte ich.

Wir hatten fast die Balkontür erreicht.

Sisypha kam durcheinander, und ihre sechs Beine verhedderten sich. Das passierte immer, wenn sie anfing, nachzudenken. Sie ließ das Hirsekorn los, das sie gerade schleppte, und versuchte sich zu enthedderen.

»Da siehst du, was du mit deinem Gerede angerichtet hast«, schnaubte sie wütend.

»Ja, ich habe dich zum Nachdenken gebracht«, gab ich zurück. »Und ich mache dir einen Vorschlag: Ich werde dir jeden Tag ein Korn deiner Wahl – außer Sonnenblumenkernen und Nüssen, die fresse ich nämlich am liebsten – hier vor die Balkontür bringen. Dann hast du dir die Suche und die Schlepperei durch das Zimmer gespart. Und die gewonnene Zeit nutzt du für eine Pause, in der du mal durchatmen und ein bisschen Abstand zu deiner Arbeit bekommen kannst.«

(Dies sollte meine gute Tat für diesen und die folgenden Tage werden. Ich kam mir unglaublich großzügig vor oder, besser gesagt, ich *war* unglaublich großzügig, denn für einen Hamster ist es schon die reine Selbsttranszendenz, etwas von seinem Futter abzugeben. Erleichtert wurde mir mein Großmut dadurch, dass ich jeden Tag mehr als genug bekam und dass Sisypha höchstens ein kleines Korn transportieren konnte – und auch das nur mit Mühe. Dennoch würde mich mein Tun sicherlich für einen Eintrag als Vater Teresa in die Hamsterannalen qualifizieren.)

»Und warum tust du das?«, erkundigte sich Sisypha misstrauisch und entwirrte ihr letztes Bein.

»Das ist Ausdruck meiner hohen spirituellen Entwicklungsstufe«, antwortete ich würdevoll. »Als kommender Botschafter des TAO bin ich mir ständig bewusst, dass wir alle auf einer tieferen – oder höheren – Ebene miteinander verbunden sind.«

»Sehr schön«, sagte die Ameise nach einer kleinen Pause. »Ja gut, dann machen wir es doch so. Morgen hätte ich gerne ein Leinsamenkorn. Ich komme so gegen 18 Uhr. Bis dann.« Und sie schulterte ächzend ihr Hirsekorn und verschwand mit ihm unter der Türritze.

Ich war enttäuscht über ihre profane Reaktion. Eigentlich hätte ich etwas mehr Dankbarkeit und Bewunderung für meine fortgeschrittene Entwicklung erwartet.

Aber die Ameisen sind wahrscheinlich noch nicht so weit, dass sie eine solche Tat gebührend würdigen können.

Und so kam es, dass ich Sisypha fast jeden Tag ein Korn nach Bestellung vor die Balkontür legte. Sie erschien ziemlich zuverlässig zum vereinbarten Zeitpunkt, setzte sich neben ihr Korn und machte ein wenig Pause. Erst gönnte sie sich mit schlechtem Gewissen nur einige Minuten, aber mit der Zeit schien sie sich in ihren Pausen etwas wohler zu fühlen.

»Jetzt habe ich endlich Zeit, mal meinem Hobby nachzugehen«, sagte sie eines Tages, auf der Seite liegend.

»Und das wäre?«, fragte ich, ebenfalls gemütlich in den Teppich gekuschelt.

»Gedichte schreiben«, antwortete Sisypha im selbstverständlichsten Ton der Welt.

Ich zuckte unwillkürlich mit den Pfoten. »Und, äh, hast du schon eins geschrieben?«

»Wieso eins? Mehrere. Was meinst du, was ich hier die ganze Zeit mache in den Pausen, wenn ich nicht gerade mit dir quatsche? Also, ich trage dir mal mein letztes Werk vor. Es heißt *So ist die Welt*:

Ameisen schuften
Blumen duften

Kaninchen rammeln
Zikaden schrammeln

Lurche huschen über Steine
Rehe haben schöne Beine

Der Hund bellt
So ist die Welt.

Ich zuckte wieder leicht mit den Pfoten.

Sisypha sah mich auffordernd an. »Also, wie findest du es?«

»Ähm, nun ja, schon beeindruckend … auf seine Art. Es besticht durch seine kompromisslose Reduktion auf das Wesentliche. Möglicherweise käme deinen Gedichten aber auch eine kleine Prise poetischer Verspieltheit zugute.«

»Die poetische Verspieltheit überlasse ich dir«, befand Sisypha und versank in ihren Gedanken. Vermutlich ersann sie ein neues Gedicht, befürchtete ich.

Und mir fielen Stops' Worte ein, dass die Evolution für Ameisen keine Freizeit vorgesehen hatte. Vielleicht gab es dafür ja einen Grund.

Sisyphas Beförderung

Eines Tages schien Sisypha bedrückt, und zwar nicht nur von der Last ihres von mir wie immer zuverlässig deponierten Kornes, sondern mehr psychisch. (Nebenbei möchte ich Sie darauf aufmerksam machen, dass es schon einer ausgeprägten Sensibilität und empathischen Einfühlungsgabe bedarf, derlei subtile Gemütszustände bei einer Ameise zu registrieren.) Zu der mittlerweile gewohnten Pause musste ich sie geradezu überreden. Erst schwieg sie mit einem finsteren Gesichtsausdruck vor sich hin, doch als ich sie nach ihrem Befinden fragte, brach es geradezu aus ihr heraus:

»Es geht mir richtig schlecht, ich bin traurig und wütend zugleich.«

Das Gute an Sisypha war, dass sie immer Klartext sprach.

»Gestern, als ich aufbrach, war es ja schon ziemlich spät, und ich beeilte mich. Dabei ist mir mein Korn runtergefallen und unglücklicherweise in eine Ritze zwischen den Terrassenfliesen gerollt. Weg war es. Um ein neues zu holen, war es zu spät, also bin ich ohne Beute im Bau angekommen. Linax, die mich sowieso nicht leiden kann, weil ich immer so lange allein unterwegs bin und mich ihrer Kontrolle entziehe, hat sofort die Gelegenheit genutzt, um mich vor versammelter Mannschaft so richtig fertigzumachen. Ich sei viel zu lange weg, sagte sie, was ja daran liegt, dass ich Pausen machen soll ...«

Ich überhörte geflissentlich den angedeuteten Vorwurf

und verkniff mir einen Vortrag darüber, dass jeder für seine Handlungen selbst verantwortlich ist.

»… und dann käme ich auch noch ohne Nahrung zurück, das sei völlig inakzeptabel. Sie hat mich beschimpft und schließlich sogar gebissen. Aber das Schlimmste war, dass meine Kolleginnen alle gegrinst und mich nicht verteidigt haben. Sie sind neidisch auf mich wegen meiner Sonderrechte.«

Ein feines Schluchzen drang an mein Ohr. Augenblicklich war ich hell empört. Wie konnte Linax so herzlos sein und meine Sisypha zum Weinen bringen!

»Weine nicht. Ich spreche mit Stops darüber, und wir werden uns etwas ausdenken, wie wir dir helfen können.«

Sisypha beruhigte sich nur langsam, aber schließlich machte sie sich doch auf den Rückweg, ein bisschen getröstet und schwer bepackt mit einem Krümel Maispellet.

Wie versprochen beredete ich die Sache in der gleichen Nacht mit Stops über das Hamster-Hunde-Net. Auch er war entsetzt.

»Wie kann man denn einer Dame so etwas antun?«, empörte er sich.

»Und dazu kommen die Anfeindungen auch noch von einer anderen Dame«, sekundierte ich. »Frauen können schon sehr hart sein.«

»Was ist das überhaupt für eine Vorgesetzte? Die hat ja wohl noch nie was von Mitarbeitermotivation und -führung gehört«, fuhr Stops fort.

»Sie müsste dringend mal ein paar Fortbildungen besuchen«, pflichtete ich ihm bei, »aber wahrscheinlich gibt es das bei Ameisen noch nicht.« Kurz beschlichen mich einige Zweifel, ob es Fortbildungsveranstaltungen dieser Art bei Hamstern und Hunden gab, aber das stand ja hier nicht zur Debatte.

Wir arbeiteten zügig einen Plan aus, den ich der deprimierten Sisypha am nächsten Tag unterbreitete. Er war wie alle guten Pläne von bestechender Einfachheit. Sisypha sollte Linax' Vorwürfe entkräften und sie zu diesem Zweck einladen, mit ins Wohnzimmer zu kommen, damit diese sich selbst davon überzeugen konnte, dass Sisypha keine Zeit verplemperte. Ich wollte mich hier auf die Lauer legen und die beiden »überfallen«. Das würde Linax sicherlich zu einem Meinungswandel bezüglich der Mission ihrer Untergebenen bringen. Sie würde sehen, wie gefährlich Sisyphas täglicher Einsatz war.

Die Beine der Ameise begannen sich zu verheddern; ein Zeichen dafür, dass sie angestrengt nachdachte.

»Ich finde den Plan gut«, sagte sie schließlich. »Das einzige Problem dabei könnte sein, dass Linax weiß, dass Hamster keine Ameisen fressen.«

»Die wird so in Panik geraten, dass sie gar keine Zeit mehr hat, über so etwas nachzudenken«, knurrte ich. »Außerdem – überschätzt du da ihre Allgemeinbildung nicht ein wenig?«

Nach weiterem Nachdenken, das mit einem besorgniserregenden Gehedder einherging, erklärte sich Sisypha einverstanden. Also bezog ich am nächsten Tag Posten neben dem Tischbein und beobachtete die Köderkörner. Als mir schon die Augen vom langen Hingucken schmerzten, bewegte sich endlich eines von ihnen. Das hieß, Sisypha war allein gekommen; ich war enttäuscht.

»Was ist los?«, fragte ich. »Wo ist dein Boss?«

»Linax hat sich heute selbst einen Tag überstundenfrei genehmigt. Obwohl sie unsere Anträge immer ablehnt«, fügte Sisypha böse hinzu. »Aber sie kommt morgen mit. Ich glaube, sie hat Angst, weil sie weiß, dass du hier wohnst. Aber das kann sie natürlich nicht zugeben, weil das ihre Autorität untergraben würde.«

»Die Angst hat sie zu Recht«, kommentierte ich und kicherte voller Vorfreude.

Am nächsten Abend konnte ich beobachten, wie sich ein Leinsamen- und ein halbes Gerstenkorn in leicht schwankenden Linien durch das Zimmer bewegten. Mit einiger Anstrengung erkannte ich auch die sich darunter abmühenden Ameisen. Aber wer welche war, konnte ich beim besten Willen nicht unterscheiden. Also würde ich beide zum Schein attackieren. Wild fauchend stürzte ich mich auf sie, ließ meine Pfote neben ihnen niedersausen und biss in die Luft, knapp neben die Körner. Das eine Korn reagierte sofort mit Anzeichen von Panik, taumelte hin und her und blieb schließlich liegen. Schräg davor sah ich eine Ameise in rekordverdächtigem Tempo auf die Terrassentür zueilen –

das musste Linax sein. Ich startete einen letzten Angriff auf sie und fegte mit der Pfote knapp hinter ihr über den Boden, bevor sie die rettende Türritze erreicht hatte. Sisypha folgte ihr in deutlich gemächlicherem Tempo und verschwand vorerst auch. Ich verwandelte mich von einer ameisenfressenden Bestie zurück in einen kultivierten Hamster.

»Jeden Tag eine gute Tat«, sagte ich anerkennend zu mir selbst und freute mich, denn diese gute Tat hatte Spaß gemacht.

Am nächsten Tag wartete ich voller Spannung auf Sisyphas Erscheinen. Endlich sah ich sie recht gemächlichen Schrittes auf mich zukommen.

»Und?!«, fragte ich.

»Siehst du nicht das breite Lächeln auf meinem Gesicht?«

»Offen gestanden nicht, dazu bräuchte ich eine Lupe. Nun erzähl schon, wie ist es gelaufen?« Ungeduldig kratzte ich mit der Pfote am Teppich.

Und Sisypha erzählte. Unsere kleine Inszenierung war ein voller Erfolg gewesen: Nach ihrer Rückkehr hatte sie Linax zitternd in der Ecke ihres Aufenthaltsganges liegend angetroffen und ihr lässig erzählt, dass sie solche Verfolgungsjagden öfter erlebte. Manchmal müsse sie sogar vor Menschen oder einem Bernhardiner fliehen, kehre aber, mutig der Todesgefahr trotzend, immer wieder zurück, um zum Wohle ihres Ameisenstaates doch noch ein Korn zu ergattern. Und bisher sei ihr das – unter Einsatz ihres Lebens – auch immer gelungen, bis eben auf dieses eine Mal ... Die anderen Ameisen aus ihrer Brigade zollten ihr

Bewunderung und Respekt. Linax dagegen hatte sich mit ihrer hektischen Flucht blamiert und sah sich genötigt, sich bei Sisypha zu entschuldigen.

»Ich kann jetzt mehr oder weniger machen, was ich will, vor allem so lange unterwegs sein, wie es mir beliebt. Das ist ganz toll. Vielen Dank, Louis. Du und Stops, ihr seid wahre Freunde«, schloss Sisypha ihren Bericht mit einer für ihre Verhältnisse außerordentlichen Sympathiebekundung für uns.

Ich freue mich, doch es sollte noch besser kommen. Als Sisypha am nächsten Tag wieder auftauchte, hatte sie weitere sensationelle Neuigkeiten.

»Stell dir vor, Louis, meine Kolleginnen Tina und Maja haben einen Bericht über den gestrigen Vorfall an die Kommandozentrale weitergegeben, und die hat mich für den höchsten Ameisenorden ›Ritter der Arbeit‹ vorgeschlagen. Außerdem werde ich befördert, d.h., ich habe jetzt den gleichen Rang wie Linax – das wird ihr schwer zu schaffen machen – und bekomme einen eigenen Arbeitstrupp, den ich befehligen werde. Das bedeutet, dass ich meine Arbeitszeit überwiegend mit Führung und Organisation verbringen kann und keine Nahrung mehr anschleppen muss, solange der Trupp sein Soll erfüllt. Und dafür werde ich schon sorgen …«, schloss sie mit leicht grimmigem Unterton, der mich darüber nachdenken ließ, ob sich ihr Führungsstil grundsätzlich von dem von Linax unterscheiden würde. Aber das waren ungelegte Eier; heute war erst einmal ein Tag der Freude, an der ich Stops via Hamster-Hunde-Net auch teilhaben ließ.

Als Stops dann am nächsten Abend mit Elvira zu Besuch kam, brachte er ein Stück Hundekuchen mit, das wir alle mochten und gerecht aufteilten. (Gerecht aufgeteilt hieß in diesem Fall, dass Stops 95 Prozent bekam, ich 4,99 Prozent und Sisypha 0,01 Prozent.) Dann fraßen wir es gemeinschaftlich zur Feier von Sisyphas Beförderung auf.

Sisypha lernt Mitarbeiterinnenmotivation

Meine Befürchtungen bezüglich Sisyphas Führungsstils bewahrheiteten sich. Als ich sie angelegentlich fragte, wie sie mit ihren Mitarbeiterinnen umginge und wie sie sie motiviere, warf sie mir nur einen verständnislosen Blick zu.

»›Motivieren‹? Das ist eines deiner vielen Worte, dass ich nicht kenne. Und was heißt ›umgehen‹? Die Sache ist ganz einfach: Wir bekommen von der Kommandozentrale Süd, der wir unterstellt sind, ein bestimmtes Soll an Nahrungsmitteln vorgegeben, das wir zu beschaffen haben. Das Soll verändert sich qualitativ öfter mal, je nachdem, ob im Moment mehr süße oder mehr herzhafte, mehr weiche oder mehr harte, mehr lagerfähige oder gleich verzehrbare Nahrungsmittel benötigt werden. Nach einem hochkomplizierten Punktesystem, das u. a. aus Hochwertigkeit der Nahrung und dem Grad ihrer Beschaffungsschwierigkeit zusammengesetzt ist, wird das herangetragene Futter berechnet. Das Ergebnis zeigt uns an, ob wir das Soll erreicht haben oder nicht. Und ich als Leiterin meiner Brigade bin gegenüber der Kommandozentrale für die Erfüllung des Solls verantwortlich.« Sisypha begann ihren linken Fühler zu säubern.

»Und wenn ihr es nicht erreicht?«

»Dann werde ich von den Kommandoameisen beschimpft und gebissen. Und wenn ich das Soll dreimal ohne nachvollziehbare Begründung nicht erreicht habe, werde ich nicht nur beschimpft und gebissen, sondern auch degradiert zur normalen Arbeitsameise. Allerdings muss ich dann die erste Woche Doppelschichten arbeiten, zur Strafe dafür, dass ich versagt habe.«

Sisypha erzählte von diesen Unterdrückungs- und Ausbeutungsszenarien ohne große emotionale Beteiligung, so als wären sie das Selbstverständlichste von der Welt.

»Und was machst du dann mit deinen Arbeiterinnen, wenn sie ihr Soll nicht erbringen?«, fragte ich, obwohl ich mir die Antwort schon denken konnte.

»Na, was wohl: Ich beschimpfe und beiße sie, damit sie mehr ackern«, erwiderte Sisypha ungerührt.

»Was mir auffällt an deinem Bericht«, begann ich vorsichtig, »ist ein gewisses Missverhältnis zwischen der komplizierten Berechnung des Solls und dem sehr archaischen Umgang miteinander.«

»Hä? Dein Gerede ist mal wieder ziemlich unverständlich, kompliziert unverständlich sozusagen.«

Nicht zum ersten Mal fiel mir auf, dass Sisypha für ihre

Größe schon fast unverschämt deutlich ihre Meinung kundtat. Wirklich erstaunlich, dass sie so alt geworden war. Weniger nachsichtige und kultivierte Tiere als ich, also ungefähr 90 Prozent aller Exemplare, würden bei solchen Sprüchen einen Happs machen, und aus wäre es mit Sisypha und ihrer frechen Schnauze.

»Ich meine, wenn ihr in der Lage seid, hochkomplizierte Berechnungsmodelle für euer Soll zu entwickeln, wärt ihr sicherlich auch in der Lage, freundlichere Umgangsformen untereinander zu pflegen, mit denen ihr euch wohler fühlt.«

»Klar wären wir das, aber wozu? Wir sind ja nicht dazu da, um uns wohlzufühlen, sondern um zu arbeiten und produktiv zu sein. Dem steht die natürliche Faulheit der Ameise entgegen, und die muss ihr eben ausgetrieben werden.«

Ich gab meine Bemühungen erst einmal auf und wechselte das Thema. Wir führten noch ein anregendes Fachgespräch über die Lagermöglichkeiten von Roggenkörnern in Erdhöhlen, bevor Sisypha wieder zurück musste.

Am nächsten Abend beredete ich das Gehörte mit Stops über das Hamster-Hunde-Net.

»Nicht, dass ich Lust hätte, mich in Ameisen-Dinge einzumischen«, sagte ich, »aber es kann doch wohl nicht sein, dass wir Sisypha von ihrer brutalen Kommandantin befreien, nur damit sie selbst ein ähnliches Terrorregime führt.«

»Hm«, knurrte Stops, »bei den Ameisen scheinen derartige Umgangsformen bis hin zu körperlichen Züchtigungen normal zu sein. Das regt dort keinen auf, und Gewerkschaften scheinen sie, trotz ihrer hohen und differenzierten Organisationsform, auch nicht zu kennen. Gute Behandlung der Mitarbeiter hat bei ihnen keinen eigenen Wert. Die denken funktional, nur auf die Arbeitsleistung bezogen – und genau da müsste man ansetzen. Vielleicht sollten wir Sisypha ein Coaching zu ihrem Führungsverhalten und den Umgang mit ihren Untergebenen anbieten.«

Stops hatte sich nämlich bei seinem Frauchen Elvira, die neben ihrem Unijob als Beraterin und Coach tätig war, einige diesbezügliche Kenntnisse angeeignet.

»Dazu brauche ich aber deine Hilfe«, fuhr er fort. »Du musst übersetzen, denn ich kann mich mit Sisypha kaum direkt verständigen. Wir liegen als Spezies einfach zu weit auseinander.«

Ich war einverstanden, konnte ich doch so einmal einen Coaching-Prozess miterleben und schauen, wie man das macht. Denn schließlich hatte ich meine Aufgabe noch nicht gefunden, und möglicherweise lag sie ja im Beratungsbereich. Mit meiner Intuition und meinen profunden psychologischen Kenntnissen brachte ich sicherlich gute Voraussetzungen mit.

So starteten Stops und ich also unser gemeinsames Coaching-Projekt, das nicht ganz nach den Regeln der Kunst begann, denn Sisypha hatte uns ja keinen Auftrag erteilt; wir schlichen uns sozusagen hinein. Stops erkundigte sich ab und zu mit meiner Hilfe bei Sisypha, wie es denn so laufe mit dem Arbeitstrupp und der Erfüllung des Solls. Zunächst gab es keine Schwierigkeiten, aber eines Tages berichtete sie, dass zwei Ameisen, nämlich Ticana und Somala, ihre Arbeitsleistung nicht erbracht hätten.

»Und wie hast du darauf reagiert?«, fragte Stops.

»Beim ersten Mal habe ich sie vor allen anderen angebrüllt, und ihnen klargemacht, dass, wenn sie so weitermachen, wir alle wegen ihnen unser Soll nicht schaffen werden, und beim zweiten Mal habe ich sie mir einzeln vorgenommen und gebissen«, antwortete Sisypha, zufrieden mit sich selbst.

Ich war empört, aber hielt mein Mäulchen, was mir wie immer nicht leichtfiel. Auch Stops zuckte mit keiner Wimper, wobei das ziemlich egal war, weil Sisypha sein Gesicht sowieso nicht sehen konnte.

»Und haben sich ihre Arbeitsleistungen gebessert?«, erkundigte er sich.

»Nun ja, es geht so. Es ist immer noch nicht wirklich überzeugend; ich werde sie mir wohl nochmal vornehmen müssen.«

»Das ist eine gute Idee«, sagte Stops. »Darf ich dir einen Vorschlag zur Gesprächsführung machen?«

»Ja«, antwortete Sisypha, die sich geschmeichelt fühlte, dass sich der riesenhafte Hund so ernsthaft mit ihren Angelegenheiten befasste.

»Dein Ziel ist es, die Arbeitsproduktivität zu erhöhen – habe ich das richtig verstanden?«

»Ja.«

»Gut, dann schlage ich dir vor, diesmal deine Kolleginnen nicht gleich zu beißen, sondern sie erst einmal zu fragen, was sie daran hindert, ihr Soll zu erfüllen. Wenn du die Gründe kennst, kannst du gezielter Lösungsmöglichkeiten entwickeln.«

»Was soll das schon für Gründe haben? Sie sind eben zu faul und brauchen mehr Feuer unterm Hintern!«

»Das ist zunächst einmal nur deine Vermutung. Mag sein, dass sie zutrifft, dann kannst du ja immer noch zu den altbewährten Sanktionen greifen.

Es kann aber – rein theoretisch – auch noch andere Gründe geben, auf die du mit Beißen und Anschreien nicht erfolgreich Einfluss nehmen kannst.«

»Hm«, sagte Sisypha unentschlossen, »wenn ich meinen Mitarbeiterinnen freundliche Fragen stelle, statt sie zu verprügeln, wie sie es gewohnt sind, verstehen sie die Welt nicht mehr. Wahrscheinlich geben sie mir auch aus Angst, dass sie hinterher erst recht verprügelt werden, gar keine ehrliche Antwort.«

»Guter Gedanke«, lobte Stops. »Diese Angst solltest du ihnen natürlich nehmen. Du musst ihnen versprechen, dass du ihnen nichts tust, egal was sie dir auch erzählen. Anders macht es keinen Sinn.«

»Das tue ich auf keinen Fall, da verliere ich ja meine ganze Autorität, und die Arbeiterinnen haben keine Angst mehr vor mir.«

»Möglicherweise haben sie tatsächlich weniger Angst –

vielleicht kannst du ja die Angst durch etwas anderes ersetzen.«

»Und was sollte das sein!?«

»Was fressen Ameisen gerne?«

»Wie bitte?«

»Was fressen Ameisen gerne?«

»Je nach persönlichem Geschmack fressen sie am liebsten Nussschokolade oder Regenwurmsteak, die Ökos unter ihnen auch Leinsamensaat ... Aber was hat das mit unserem Thema zu tun?«

»Statt Angst zu schüren, könntest du mit Belohnungen arbeiten: Wenn sie ihr Soll für den Monat erfüllt haben, bekommen sie drei Stunden frei und ein Bröckchen Schokolade oder ein Regenwurmsteak oder wonach es ihnen sonst gelüstet. Und wenn sie es übererfüllt haben, zwei Bröckchen Schokolade usw.«

»Aber warum soll ich sie belohnen, wenn sie ihren Job erfüllen? Das ist doch eine Selbstverständlichkeit!« Sisypha wurde ärgerlich.

»Weil sie ihren Job dann lieber und deswegen besser machen werden, und du sie nicht mehr den ganzen Tag anschreien und beißen musst – das ist ja schließlich auch anstrengend für dich. In drei Monaten hast du wahrscheinlich eine chronische Stimmbandentzündung und Schwierigkeiten mit deinem Kiefergelenk. Das kann sehr unangenehm werden«, antwortete Stops geduldig.

»Hm«, meinte Sisypha. Ihre Beine begannen sich zu verheddern; ein gutes Zeichen. Wahrscheinlich dachte sie gerade an den hohen Krankheitsstand der Kommandoameisen, die sich reihenweise wegen ausgerenkten oder abgenutzten Kiefergelenken in Behandlung begeben mussten.

»Gut, es geht also um zwei Dinge: die Gründe für mangelnde Arbeitsleistungen herauszufinden und ein Belohnungssystem auszuarbeiten«, schloss Stops seine Ausführungen.

»Das reicht erst einmal«, meinte er zu mir. »Wir wollen sie ja nicht überfordern.«

»Na gut«, sagte Sisypha mäßig begeistert. »Das mit dem Herausfinden der Gründe gefällt mir nicht besonders. Ich bin kein Fan langer Gespräche, aber ich kann es ja mal versuchen. Und ob ich so ein Belohnungssystem ausarbeiten kann, möchte ich auch bezweifeln. Mathematik ist nicht meine Stärke, aber ich werde darüber nachdenken.«

Sie schien direkt damit angefangen zu haben, denn als sie gehen wollte, verhedderten sich ihre Beine so hoffnungslos, dass sie sofort umfiel und ein verschlungenes Knäuel von Ameisenbeinen in die Luft streckte.

»Na, das fängt ja gut an«, knurrte ich.

Sisypha hat Erfolg

Eine Woche später setzten wir uns wieder zusammen. Sisypha begann ihren Bericht mit einer Bemerkung, die zwar auf ein erfreuliches Ergebnis hindeutete, mir aber trotzdem missfiel.

»Du hast einen sehr klugen Freund«, sagte sie nämlich.

Ich gab ein undefinierbares Grunzen von mir und überlegte, ob ich ihr mitteilen sollte, dass das Coaching auf meine Initiative hin zustande gekommen war. Aber um nicht von der Sachebene abzulenken, die zweifelsohne Priorität hatte, nahm ich mich zurück.

»Was sagt die Ameise?«, fragte Stops.

»Ähm, dass wir ihr sehr weitergeholfen haben.«

»Ja, dann soll sie mal erzählen.«

Und Sisypha legte los: »Also, ich habe mit Ticana und Somala einzeln gesprochen. Es waren zwei sehr unterschiedliche Unterhaltungen. Ticana hatte ziemlich viel Angst, und ich musste dreimal versprechen, ihr nichts zu tun. Dann erzählte sie mir zitternd, dass sie Probleme mit ihren Fühlern habe. Sie könne die eingesammelte Nahrung damit nicht mehr richtig festhalten, und so würden die Teile immer wieder herunterfallen. Das ständige Wiederaufheben würde Zeit und Kraft kosten, und deswegen habe sie trotz aller Bemühungen ihr Soll nicht geschafft. Sie tat mir richtig leid, und ich schämte mich fast ein bisschen dafür, dass ich sie gebissen hatte.«

Sisypha guckte zerknirscht, aber vielleicht bildete ich mir das auch nur ein. Die Mimik einer Ameise zu entschlüsseln, beruht mehr auf Intuition als auf wirklicher Beobachtung.

»Ich habe überlegt, wie man das regeln kann, und eine Lösung gefunden: In Zukunft wird Ticana mit Muscula, unserer stärksten Ameise, zusammenarbeiten. Sie werden gemeinsam Teile transportieren. Muscula hält dann das

Nahrungsstück fest, und beide tragen es. Wir haben das jetzt zwei Tage ausprobiert, und es funktioniert. Du hattest recht, Stops, manchmal gibt es wohl auch andere Gründe für eine niedrige Produktivität als Faulheit.«

Stops war voll des Lobes: »Super, Sisypha! Du hast nicht nur ein sehr gutes Mitarbeitergespräch inklusive Problemanalyse geführt, sondern auch gleich eine Lösung gefunden, die zum Wohle aller Beteiligten ist. Ticana wird dir dankbar sein, dass du dich um ihre Probleme gekümmert hast, und sich richtig in die Arbeit reinhängen! Und wie lief es mit Somala?«

Sisyphas Blick verdüsterte sich. »Das ist eine ganz andere Geschichte«, sagte sie wütend. »Somala hatte deutlich weniger Angst und legte sofort los, nachdem ich ihr Sanktionsfreiheit zugesichert hatte. Nach dem, was sie mir dann so erzählte, habe ich es auch gleich bereut. Am liebsten hätte ich ihr sofort eins auf die Mütze gegeben, aber ich habe mich beherrscht – leichtgefallen ist es mir nicht!«

»Was hat sie denn gesagt?«

»Sie behauptete, dass ihr dieses Nahrung-Suchen und -Einsammeln überhaupt keinen Spaß mache, weil sie es als hirnlos und stupide empfinde. Sie sei auch körperlich nicht mit besonderer Stärke ausgestattet. Stattdessen lägen ihre Fähigkeiten eindeutig mehr auf geistigem Gebiet, deswegen würde sie sich viel lieber mit Philosophie oder Mathematik beschäftigen. Und dann sagte sie doch tatsächlich, dass es nicht ihre Berufung sei, halbvergammeltes Obst und dergleichen durch die Gegend zu schleppen. Hat man so was schon mal gehört? Ihre Berufung! Sie redete fast wie du, Louis. Ich musste mich sehr beherrschen, um ihr nicht mitzuteilen, dass es dagegen meine Berufung ist, abgedrehte Ameisen wie sie auf den rechten Weg zurückzuprügeln.

Stattdessen habe ich ihr gesagt, dass wir uns in einer Woche noch einmal zusammensetzen sollten, weil ich erst mit dir, meinem Supervisor, darüber sprechen wolle. Das Wort ›Supervisor‹ hat sie übrigens sehr beeindruckt.

Aber eigentlich ist die Sache klar: Ich werde ihr sagen, dass es ihre Berufung ist, sich für die Königin den Arsch aufzureißen, an der Stelle, wo sie hingesetzt worden ist. Und wenn sie das nicht kapiert, werde ich ihr solange auf den Kopf hauen, bis das Wort ›Berufung‹ aus dem selbigen herausgefallen ist!«

Sisypha schwieg, leicht erschöpft, aber zufrieden. Ich war einmal mehr empört, aber hielt mich zurück, und auch Stops sagte nichts.

Nach einer Weile fragte die Ameise leicht verunsichert: »Oder siehst du das anders?«

»Ein wenig«, antwortete Stops, »du kannst Somala zwar zwingen, aber sie wird diese Arbeit weiterhin verabscheuen, und je länger sie sie machen muss, desto mehr wird sie sie hassen. Du wirst immer wieder Ärger mit ihr bekommen, weil ihr Widerstand sich ständig aufs Neue äußern wird. Und was sie über die Berufung sagt, ist nicht ganz falsch: Wir können in den Bereichen am meisten leisten, die unseren Fähigkeiten entsprechen und die uns Spaß machen. Unter Zwang tun wir nur das Nötigste, wenn überhaupt.«

Sisypha wollte widersprechen, aber Stops redete weiter: »Denk daran, es geht immer darum, wie du die höchste Arbeitsproduktivität erreichen kannst!

Und unter diesem Gesichtspunkt macht es Sinn, Somala dort einzusetzen, wo sie am meisten Freude und Spaß bei der Arbeit hat. Wenn sie sich für mathematisch begabt hält, könntest du sie doch damit beauftragen, ein genau ausgeklügeltes mehrstufiges Belohnungssystem für euren Trupp zu entwickeln. Dann musst du das nicht tun, sondern kannst in der Zeit weitere Mitarbeiterinnengespräche führen, um die Leistung der anderen zu optimieren – das liegt dir doch. Und du kannst damit testen, ob Somala wirklich mathematisch was drauf hat. Falls das der Fall sein sollte, könntest du sie eurer Kommandozentrale anbieten – zur Berechnung der verschiedenen Sölle. Im Austausch sollen sie dir eine junge kräftige Arbeitsameise geben. So ein Deal hätte auch den Vorteil, dass die Ameisen in der Kommandozentrale dir wohlgesonnen wären, was ja sicherlich viele Vorteile haben könnte …«

»Eigentlich geht man bei einem Coaching nicht so direktiv vor«, wandte er sich an mich, »aber man muss sich an seine Klientin und ihre Umgangsformen anpassen.«

»Auch an ihre geistige Kapazität«, fügte ich hinzu. »Ich glaube, es reicht erst mal.«

Sisyphas Beine begannen nämlich, sich schon wieder bedrohlich zu verheddern. Das bekam sie selbst im Liegen hin. Nachdem sie Ordnung in ihre Laufwerkzeuge gebracht hatte, schien auch ihr Kopf wieder klar zu sein.

»Das klingt ja alles sehr seltsam und ungewohnt, aber ich werde es mal versuchen.«

Und so geschah es.

Man konnte über Sisypha sagen, was man wollte, aber dumm war sie nicht. Und wenn sie in der Lage war, sich vorzustellen, dass ungewohnte Maßnahmen Erfolg brachten, war sie bereit, ihre Grundsätze zu verändern.

Somala erwies sich tatsächlich als mathematisch begabt und wechselte nach drei Wochen in die Planungsabteilung der Kommandozentrale. Nach weiteren vier Wochen dort war sie schon Vizechefin und hatte natürlich immer ein offenes Ohr für die Wünsche von Sisypha, der sie ihren Aufstieg verdankte.

Diese begann, mit all ihren Arbeiterinnen regelmäßige Mitarbeitergespräche zu führen und Profile zu erstellen über Stärken und Schwächen der Einzelnen. Im Gespräch versuchte sie zusammen mit der jeweiligen Kollegin, die für sie optimale Einsatzmöglichkeit zu finden und gemeinsame Zielvereinbarungen zu treffen.

Unter der Anleitung von Stops verbesserte sie deutlich ihre Gesprächsführung. Worte wie »beißen« und »anschreien« fielen nicht mehr, stattdessen bediente sie sich zusehends einer fachterminologischen Ausdrucksweise, wie z. B. »lösungsfokussierte Analyse«.

Nach einiger Zeit schrieb sie in ihrem Trupp einen halbjährlichen *Ameisen Challenger Award* aus, bei dem die Mitarbeiterinnen Ideen zur Optimierung und Motivationsförderung bei der Arbeit einbringen konnten. Den ersten Award gewannen Somala und Muscula mit ihrer Einreichung: »Verbesserung der Hebe- und Tragetechnik im dualen Kleinteam«.

Natürlich blieben Sisyphas ungewöhnliche Führungsmethoden den anderen Ameisen nicht verborgen, vor allem nicht, weil sie damit sehr erfolgreich war: Ihr Trupp kam immer unter die ersten drei aller Arbeitsbrigaden (es waren Hunderte), sowohl was Quantität, als auch was Qualität der Arbeit anbelangte.

Deswegen war es nicht verwunderlich, dass sie schon bald gebeten wurde, ihre ungewöhnlichen Führungsmethoden weiterzuvermitteln. Und so gab Sisypha schließlich Schulungsseminare für die anderen Brigadeleiterinnen, pädagogisch unterstützt von ihrem Hamster-Hunde-Coaching-Team. Wer hätte das vor ein paar Wochen gedacht! Man bot ihr auch den Aufstieg in die Kommandozentrale an, aber das lehnte sie ab:

»Den ganzen Tag mit diesen Zahlen herumzuhantieren, macht mir keinen Spaß. Meine Stärken liegen einfach mehr im direkten Ameisenkontakt.«

Ich hörte das mit Erstaunen. »Sagtest du nicht noch vor kurzer Zeit, dass Gesprächsführung ein rotes Tuch für dich ist?«

»Daran kann ich mich nicht erinnern«, antwortete Sisypha und würdigte mich keines Blickes. »Ich glaube schon, dass ich ein hohes Maß an Kontakt- und Dialogfähigkeit mit in meine anspruchsvolle Führungsaufgabe gebracht habe.«

Nun ja, als Coach musste man wohl damit leben, dass Klienten den Erfolg allein für sich reklamierten und einen nicht gerade mit Anerkennung überschütteten. Davon abgesehen fand ich die Coaching-Tätigkeit sehr anstrengend, weil man immer so geduldig sein musste. Und Geduld ist nun mal nicht die starke Seite eines Hamsters – meine schon gar nicht.

Die Schlangen des Lichts

Nach dem Ameisen-Coaching gönnte ich mir etwas Entspannung: Ich surfte viel im Hamster-Net und trainierte das Extremklettern, was in meinem Fall hieß, in dem Spalt zwischen Wand und Heizung hochzukrabbeln. Nach einigen Fehlversuchen erreichte ich tatsächlich den Gipfel bzw. das obere Heizungsplateau, auf dem ich zufrieden umherstolzierte. Meine MB zeigte sich über meine Klettererfolge weniger erfreut, weil sie immer Angst hatte, ich könnte von der Heizung stürzen. Doch nach einiger Zeit wurde mir das Heizungsspiel zu langweilig. Dann geisterte mir wieder meine geheimnisvolle Aufgabe durch den Sinn, die immer noch im Dunkeln lag.

Eines Tages kam Connys computerkundige und an Bewusstseinsentwicklung interessierte Freundin Sabine zu Besuch. Die beiden Frauen unterhielten sich über eine kleine spirituelle Übung, die beide seit einiger Zeit praktizierten.

Soweit ich es verstand, funktionierte sie so: Immer, wenn sie Menschen trafen, die ihnen auf die Nerven gingen (was anscheinend ziemlich oft vorkam – die spirituellen Damen sollten sich noch einmal mit dem Resonanzgesetz beschäftigen), konzentrierten sie sich innerlich auf den Satz: »Ihr seid alle Kinder des Lichts und versucht, jeder auf seine Art, euer Bestes zu tun.«

Dadurch wurde der Fokus der Aufmerksamkeit auf die guten Anteile in den Mitmenschen gerichtet und auf das Verbindende statt auf das Trennende. Das wiederum ermöglichte, dass die beiden auf die für sie schwierigen Mitmenschen freundlicher und liebevoller zugehen konnten.

Sabine praktizierte die Übung hauptsächlich bei ihren Arbeitskollegen, Conny in der U-Bahn, wo, wie sie sich ausdrückte, »die Wahnsinnigen stündlich zunehmen«. Was tatsächlich nicht sehr liebevoll klingt, wenn Sie mich fragen. Beide berichteten, dass die Methode ganz gut funktionierte und sie ihre potenziell nervenden Mitmenschen nun mit mehr Wärme und Freundlichkeit sehen konnten.

»Neulich ging mir mal wieder Kollege Peter auf den Geist«, erzählte Sabine. »Er hat eine Glatze, die wie poliert aussieht. Ich sagte in Gedanken meinen Licht-Satz und fügte bei ihm hinzu: Und du leuchtest ganz besonders.« Beide brachen in albernes Lachen aus.

Beiläufig warf ich einen Blick auf mein Fell, das wie immer seidig und dicht vor sich hinschimmerte und keinerlei Anzeichen von Glatzenbildung zeigte. Beruhigt fraß ich erst mal eine Haferflocke – wer wollte schon zum Gespött der albernen Damen werden, denen es doch noch etwas an spiritueller Reife zu mangeln schien.

Ich dagegen dachte ernsthaft über die Sache nach. Mal abgesehen davon, dass ich mich spirituell schon für ziemlich fortgeschritten hielt, konnte ein bisschen Training nie schaden – schon gar nicht, wenn man sich auf eine Laufbahn als Botschafter des TAO vorbereitete.

Da ich weder U-Bahn fuhr noch arbeiten ging, fielen einige Übungskandidaten weg. Auch meine MB eignete sich nicht, weil wir im Großen und Ganzen mittlerweile ganz gut miteinander auskamen.

Dann aber fielen mir die Schlangen ein, mit denen mich eine herzliche Abneigung verband – eine echte spirituelle Herausforderung! Und da demnächst bei Conny ein weiterer Urlaub anstand, und damit für mich eine weitere Übersiedlung zu den Schlangen, würde ich ganz wunderbar die Lichtübung praktizieren können ...

Als ich Simon und Uli übergeben wurde, bekam ich erst mal einen Schock: Wie schon erwähnt, hatte sich das eine Männchen als Weibchen entpuppt und war umbenannt worden in Kondwiramur. Das hieß laut Simon »die Liebe Empfangende« und machte insofern Sinn, als dass inzwischen die Frucht dieser Liebe ausgebrütet und in Gestalt acht weiterer überflüssiger Kleinschlangen zu besichtigen war. Nein, das muss ich anders formulieren: Die Schlangen des Lichts waren ihrem göttlichen Fortpflanzungsauftrag nachgekommen und hatten acht Kinderchen in die Welt gesetzt. Die Kleinen bewohnten jeweils eine eigene kleine Aufzuchtbox – wahrscheinlich damit sie von ihren lieben Eltern nicht zum Frühstück verspeist wurden.

Wie auch immer, ich hatte mich auf meine Aufgabe zu konzentrieren. Abends, wenn wir alle wach wurden, pflegte ich gemessenen Schrittes hinter meinem Gitter entlangzuschreiten und folgende Sätze zu sprechen: »Ihr seid alle Schlangen des Lichts, und in euch wohnt ein göttlicher Funke (wenn auch sehr verborgen). Ihr seid wie wir alle auf der Welt, um euer Bestes zu tun.«

Wenn die Schlangen gefüttert wurden, was ja zum Glück nicht so häufig vorkam, war die Übung besonders schwierig für mich, und ich ergänzte sie um einige weitere Sätze:

»Ich weiß zwar nicht, wie ihr es über euch bringt, die Mäuse des Lichts – in denen auch der göttliche Funke wohnt (und wahrscheinlich mehr als in euch!) – zu verspeisen, aber ich will euch nicht bewerten und nicht über euch urteilen.« So praktizierte ich also über eine Woche lang vor mich hin und hatte das Gefühl, dass ich langsam einem Heiligen glich. Ab dem zehnten Tag schien sogar ein kleiner Glorienschein über mir zu schweben. Die Schlangen mochte ich allerdings immer noch nicht wirklich.

Als ich am elften Tag zu meiner Rede ansetzte: »Ihr seid alle Schlangen des Lichts ...«, wurde ich zu meiner Überraschung von einer piepsigen Stimme unterbrochen: »Und du bist ein durchgeknallter Hamster! Meinst du, es macht Spaß, sich dein Gewäsch jeden Tag anzuhören? Wir wissen selbst, dass wir Schlangen des Lichts sind.« Und Roswitha, eines der ungeratenen Schlangenkinder, sah mich mit frechem Blick an.

Mir fiel das Maiskorn, das ich mir nach Beendigung der Übung als Belohnung hatte zuführen wollen, aus der Pfote. Ich war sprachlos, was im Übrigen selten vorkommt. Um Fassung ringend, warf ich den erziehungsbevollmächtigten Elternschlangen einen Blick zu, in der Erwartung, dass sie ihren missratenen Nachwuchs zusammenstauchen würden. Doch sie grinsten nur hämisch – wie übrigens auch der Rest ihrer Sippe.

Möglichst würdevoll drehte ich mich um und verschwand in meinem Häuschen. Während ich mehrere Körner verschlang, um mich zu beruhigen, traf ich den Entschluss, meine Übung einzustellen. Sich für seine spirituellen Entwicklungsbemühungen auch noch beschimpfen zu lassen, sprengte den Rahmen des Erträglichen. Schlangen standen eben noch ganz am Anfang ihrer Entwicklung, wenn denn überhaupt schon irgendein Ansatz zu erkennen war. Aber ich will nicht über sie urteilen; Schlangen können ja nichts dafür, dass sie unterentwickelte Kreaturen sind.

Und so verbrachte ich die restlichen Tage wieder in aufrichtiger und herzlicher Feindschaft mit den Kornnattern, wie es ja auch dem Naturgesetz entsprach, das heutzutage meiner Ansicht nach viel zu wenig beachtet wird.

Manche Siege schmecken schal

Dass es mit der spirituellen Verbundenheit zu den Schlangen nicht so geklappt hatte, betrübte mich keine Sekunde. Viel mehr ging es mir nahe, dass ich nur wenige Tage nach meiner Rückkehr meinem Freund Stops unnötig Kummer bereitete und ihm wehtat. Natürlich hatte ich das nicht bewusst vor; es passierte einfach. Zu meiner Entschuldigung kann ich nur sagen, dass mich Stops an diesem Abend völlig auf der falschen Pfote erwischte.

Ich hatte nämlich gerade ein anstrengendes Fotoshooting hinter mich gebracht, weil meine MB einige Porträtaufnahmen von meinem ausdrucksvollen Gesicht begehrte. Das war verständlich, denn ich war und bin eben ein ungewöhnlich gut aussehender Hamster mit einem besonders dichten und schönen Fell. Ohne Übertreibung könnte man mich den Brad Pitt des Hamstervolkes nennen.

Allerdings gab es Probleme bei der Durchführung, denn als dynamischer Hamster mit Bewegungsdrang blieb ich natürlich keine Sekunde still sitzen, um brav in die Kamera zu gucken. Nach vergeblichen Versuchen, mich »ruhigzustellen«, stopfte mich Conny schließlich, diverse Entschuldigungen murmelnd, mit dem Hinterteil zuerst in ein Kölschglas, um mich so kurzfristig bewegungsunfähig zu machen. Während ich mich in kürzester Zeit aus dem Glas herausarbeitete, knipste der extra zum Fotografieren einbestellte Oliver wild drauflos. Doch der Fotosession war kein Erfolg beschieden, weil ich wieder nicht in die Kamera, sondern nach unten auf das rutschige Glas guckte. So gelang kein Bild von mir an diesem Abend.

Vielleicht war das ja auch besser so. Denn wenn Oliver richtig gute Model-Fotos von mir geschossen hätte, wäre meine MB vielleicht auf die Idee gekommen, sie zum Hamster-Casting einzuschicken. Bestimmt hätte man mich dann in die Sendung »Germany's next Top-Hamster« eingeladen. Und welcher Hamster, der etwas auf sich hält, will schon bei einer solchen Sendung mitmachen!

Sie werden verstehen, dass ich nach den Kölschglas-Übergriffen dieses Abends etwas angesäuert und mit den Nerven am Ende war. Als ich mich gerade bei einem kleinen Apfelsnack regenerierte, erschienen Stops und Elvira. Eigentlich freute ich mich immer über einen Besuch von Stops, aber heute hätte ich lieber meine Ruhe gehabt. Erschwerend kam hinzu, dass Stops eine seiner Liebesbezeugungsanwandlungen hatte.

»Komm her, Louis, lass dich mal ablecken. Du wirst sehen, das tut dir gut.«

Solche Ansinnen hatte er mir schon öfter unterbreitet, und ich hatte sie immer abgelehnt. Wenn ich mir vorstellte, wie mein schönes Fell mit getrockneter Hundespucke zu einer undefinierbaren Masse verklebte, schüttelte es mich. Das war eines dieser Dinge, in denen wir uns unterschieden. Der Hamster an sich ist – von Ausnahmen zu Paarungszeiten abgesehen – nicht an Körperkontakt interessiert, und so ging es auch mir.

Insbesondere an diesem Abend hatte ich gar keine Antenne für so etwas. Aber leider insistierte Stops und setzte damit das folgende Gespräch in Gang:

»Du bist immer so abweisend, Louis. Es ist erwiesen, dass liebevoller Körperkontakt maßgeblich zum Wohlbefinden beiträgt.«

Ich war erschöpft und hatte ganz und gar nicht das Gefühl, dass der gerade genossene Körperkontakt zu meiner MB maßgeblich zu meinem Wohlbefinden beigetragen hatte. Und ebenso wenig trug das Gerede dieses Hundes dazu bei.

»Du nervst mit deinem ständigen Liebesgequatsche. Maßgeblich für mein Wohlbefinden ist, dass ich genug zu fressen bekomme. Und danach kommt lange erst einmal gar nichts.

Stell dir vor, du bist irgendwo eingesperrt, hast zehn Tage nichts gefressen, und es kommen ein kluger Hamster und ein dummer Hund vorbei. Der Hamster bietet dir ein schönes Müsli oder meinetwegen auch ein Rindersteak an, und der Hund möchte dir dein Gesicht ablecken. Nun, welches Angebot würdest du annehmen?!«

»Du vergleichst Äpfel mit Birnen«, erwiderte der uneinsichtige Hund.

»Nein, ich vergleiche Rindersteak mit Körperkontakt. Was nützt dir die Liebe, wenn du nichts zu fressen bekommst und verhungerst – dann hat es sich ausgeliebt«, argumentierte ich.

»Du bist ein alter Materialist«, sagte Stops. »Geist bestimmt die Materie, nicht andersherum. Lebewesen können anscheinend sehr lange ohne Fressen auskommen. Es gibt sogar einige spirituell fortgeschrittene Menschen, die essen und trinken schon seit Jahren nicht mehr. Sie existieren nur von Licht.«

»Wer's glaubt, wird selig. Und selbst wenn – schön blöd, kann man da nur sagen. Ich würde nie freiwillig auf den köstlichen Geschmack einer Walnuss oder einer reifen Banane verzichten wollen.«

»Sollst du ja auch nicht«, sagte Stops friedlich.

Aber ich wollte keinen Frieden an diesem Tag, ich wollte recht haben. Irgendetwas Böses braute sich in meinem Hinterkopf zusammen.

»Du magst mich doch, oder?«, erkundigte ich mich harmlos.

»Du bist zwar ein renitenter kleiner Hamster«, sagte Stops liebevoll, »aber ich mag dich trotzdem sehr gerne – vielleicht sogar deswegen. Du bist einer meiner besten Freunde.«

»Warum eigentlich nicht *der* beste Freund?«, dachte ich kurz bei mir, aber dann konzentrierte ich mich wieder auf mein Vorhaben. »Stell dir weiter vor, du hättest seit zehn Tagen kein Futter bekommen und wärst tierisch hungrig. Und stell dir dann vor, dass auch in nächster Zeit keine Möglichkeit bestünde, an welches zu kommen – nur ich wäre in deiner Nähe. Würdest du dann nicht irgendwann die Möglichkeit erwägen, mich zu fressen – trotz aller Liebe?«

»Natürlich nicht«, entgegnete Stops empört. »Wie kannst du überhaupt an so etwas denken?!«

»Aber wenn du zwei Wochen nichts gefressen hättest, taumeln und zittern würdest, nicht mehr klar denken könntest und vor Hunger schon Halluzinationen hättest ...« Wie ein *advocatus diaboli* marschierte ich vor ihm auf und ab und malte ihm seinen bedauernswerten Zustand aus.

Stops ließ die Ohren hängen und schaute sorgenvoll drein. »Ich würde alles tun, um es nicht zu tun.«

»Aber wenn es irgendwann nur noch ums Überleben ginge, ums Sein oder Nicht-Sein, du gar nicht mehr Herr über deinen Überlebensinstinkt wärst ...«

Stops Ohren fielen noch tiefer und sein Gesicht verzog sich in kummervolle Falten. »Ja, vielleicht würde ich es tatsächlich tun, weil ich ein schwacher Hund bin. Aber ich würde es mir nie verzeihen, bis ans Ende meiner Tage.«

»Zu Recht«, sagte ich befriedigt.

Stops begann kläglich zu jaulen.

»Was ist nur mit dem Hund los?«, fragte Elvira besorgt und kraulte ihm beruhigend den Nacken.

»Vielleicht hat er was Schlechtes geträumt«, meinte Conny, deren psychologische Bildung Fehldiagnosen nicht unbedingt verhinderte.

Ich sah, was ich angerichtet hatte, und beendete mein teuflisches Treiben.

»Weine nicht, Stops«, versuchte ich ihn zu trösten. »Du bekommst ja regelmäßig dein Futter, deshalb wird so eine Situation gar nicht eintreten. Und wenn wider Erwarten doch, dann würde ich es dir nicht übel nehmen, wenn du mich fräßest (was eindeutig gelogen, aber im Dienste einer guten Sache stand und deswegen erlaubt war). Wenn ich selbst so schrecklichen Hunger hätte, dass ich kurz vorm Tod stünde und du wärst ein Sonnenblumenkern, würde ich dich auch fressen und hätte wahrscheinlich nicht einmal ein schlechtes Gewissen dabei« (was u. a. daran lag, dass ich mir Stops nur schwer als Sonnenblumenkern vorstellen konnte).

Aber Stops beruhigte sich kaum, und zum ersten Mal in meinem Hamsterleben machte ich mir Vorwürfe und haderte mit meinem Tun. Nur weil ich meine Weltsicht durchsetzen wollte, um dieses schnöden Sieges willen, hatte ich meinen Freund traurig gemacht. Beschämt kroch ich in mein Häuschen.

Liebe und Abgrenzung

Doch bald hatte ich die Gelegenheit, meinen Fehler wiedergutzumachen. Bei Stops' Erzählungen fiel auf, dass darin seit kurzer Zeit ungewöhnlich oft der Name »Shakira« vorkam. Wie ich erfuhr, war Shakira eine reinrassige und anscheinend sehr attraktive Pudeldame, die vor Kurzem mit ihrem Frauchen in die Straße gezogen war, in der Stops auch wohnte. Stops begegnete ihr öfter beim Gassigehen und besuchte sie in letzter Zeit auch häufiger, wenn er allein unterwegs war. Shakira residierte dann meist auf einer Kaschmirdecke auf der Veranda und ließ den Blick über ihr Reich, einen gepflegten Garten, schweifen.

»Ich habe sie gefragt, ob ich mich ein bisschen mit ihr unterhalten darf, und stell dir vor – ich durfte«, erzählte Stops begeistert.

»Was ist daran so besonders? Wahrscheinlich war sie froh, dass mal jemand vorbeikam.«

»Also wirklich, Louis – eine so schöne und kluge Dame hat bestimmt viele Interessen und Freunde.«

»Wie soll sie viele Freunde haben, wenn sie gerade erst hergezogen ist?! Aber gut, du ›durftest‹ dich also mit ihr unterhalten.«

»Wir haben uns sogar toll unterhalten. Und außerdem ist sie wunderschön: Dieses ebenmäßige Gesicht mit der frechen kleinen Nase, diese entzückenden schwarzen Löckchen, die zu einer hübschen Frisur getrimmt sind, diese wundervolle Figur …«

»Du hast dich in sie verknallt«, konstatierte ich.

»Ich glaube, ja.« Stops starrte mit verklärtem Blick ins Nirwana. »Du solltest sie sehen, diese edel geformten kleinen Pfötchen …«

»Gut, gut«, unterbrach ich ihn, »ich bin nicht so empfänglich für Hundeschönheit. Wie ist denn euer Treffen weitergegangen?«

»Irgendwann, mitten im Gespräch, kam ihr Frauchen raus und hat mich weggejagt«, sagte Stops ernüchtert. »›Was willst du denn mit diesem dreckigen Bernhardiner?‹, hat sie zu Shakira gesagt. Unmöglich, Gäste so zu behandeln.« Empört knurrte er vor sich hin.

»Was ist denn mit dir los, Stops?«, unterbrach Elvira ihr

Gespräch mit Conny. Beruhigend tätschelte sie ihm den Kopf.

»Vielleicht hat er sein Fressen nicht vertragen. Oder er langweilt sich einfach. Manchmal habe ich ihm gegenüber ein richtig schlechtes Gewissen, wenn ich so lange bei dir bleibe«, sagte sie zu Conny.

Ein weiteres Beispiel dafür, dass Menschen nichts von ihren Tieren mitbekommen!

»Mach dir mal keine Sorgen«, sagte ich zu Elvira, »ich kümmere mich schon um deinen Hund.« Natürlich verstand sie mich nicht, wie immer.

»Also, ihr blödes Frauchen hat dich weggejagt«, kehrte ich zu Stops' Geschichte zurück. »Und hast du sie seitdem noch einmal wiedergesehen?«

»Ja, gestern war ich da, aber nur kurz, weil ihr Frauchen – sie heißt Margret – dann mit dem Auto kam. Shakira hat mir erzählt, dass ihr Frauchen möchte, dass sie nur mit anderen reinrassigen Pudeln Umgang hat. Aber ich weiß jetzt, dass Margret vormittags immer arbeiten geht. Ich habe Shakira gefragt, ob ich sie dann besuchen kommen kann.«

»Und?!«

»Sie hat gesagt, ab und zu könne ich vorbeikommen.«

»Das klingt ja nicht besonders begeistert und schon gar nicht nach wilder Leidenschaft.«

»Sie ist eben sehr vornehm und zurückhaltend. Weißt du, so auf eine edle und dezente Weise zurückhaltend, nicht so plump und direkt. Ach, wenn du sie nur einmal sehen könntest ...«

»Möglicherweise wäre ich gar nicht so von ihr angetan, weil ich ja nicht in sie verliebt bin«, gab ich zu bedenken.

»Möglicherweise würdest du dich auch in sie verlieben«, sagte Stops und kicherte bei der Vorstellung, wie ich anbetend vor Shakira sitzen würde. »Ich freue mich auf die nächste Zeit, sie wird bestimmt wundervoll.«

Das sollte sich auf längere Sicht leider nicht bewahrheiten. Doch zunächst hielt die Euphorie an; Stops besuchte Shakira fast jeden Tag und hatte als Geschenk immer einen Leckerbissen von seinem Futter dabei. Sie bekam nur künstliches Edelhundefutter und freute sich sehr, wenn Stops ihr natürliche Hausmannskost wie ein Stück Pansen oder einen Knochen mitbrachte. Natürlich freute sie sich nur vornehm zurückhaltend und nahm die Liebesgaben huldvoll entgegen. Kleine Annäherungsversuche von Stops wies sie genauso vornehm zurück, und manchmal schickte sie ihn sogar weg, nachdem sie gnädig sein Geschenk in Empfang genommen hatte. Ich sah, wie mein Freund litt, und begann, mir Sorgen zu machen. Die Dame wurde mir zusehends unsympathischer.

»Du gibst ihr fast alle Knochen, die du bekommst«, sagte ich ungefähr einen Monat später zu ihm. »Dein Fell sieht schon etwas glanzlos aus, wahrscheinlich leidest du mittlerweile unter Mineralstoffmangel. Wenn du so weitermachst, wirst du dich noch zugrunde richten. Das ist keine Pudelhündin der Welt wert.«

Stops sah mich mit tief in den Höhlen liegenden Augen an – er schlief auch schlecht. »Doch, Louis, sie ist es wert. Ohne sie hat mein Leben keinen Sinn mehr.«

Das war ja schlimmer, als ich befürchtet hatte.

»Für mich ist sie eine verwöhnte Pudelfrau, die sich wahrscheinlich mit ihrem Frauchen zusammen einiges auf ihren blöden Stammbaum einbildet. Und sie hat keine Achtung vor dir, weil du ihr nachläufst und dich von ihr schlecht behandeln lässt.«

Stops gab einen empörten Laut von sich, der wie eine Art Grollen klang. »Also bitte, du kennst sie überhaupt nicht. Sie ist wundervoll!«

»Ich kenne sie zwar nicht, aber ich höre, was du erzählst, und vor allem sehe ich, wie du aussiehst, nämlich grauenvoll. Und ich möchte nicht danebensitzen und zugucken, wie sich mein Freund wegen so einer Diva selbst zerstört.«

»Shakira ist eine außergewöhnliche Pudelfrau, und ich möchte nicht, dass du so abfällig von ihr redest.«

Mir platzte der Kragen. Warum war der ansonsten so kluge Hund nur so blind?! Ich stampfte mit der Hinterpfote auf. »Ja, verdammt noch mal, siehst du denn nicht, was sie für ein Spiel mit dir treibt?! Sie nimmt dich aus wie eine Weihnachtsgans und lässt dich dann an der langen Pfote verhungern.«

Ich war eben schon immer ein Freund deutlicher Worte. In diesem Fall zeigten sie allerdings nicht die gewünschte Wirkung, sondern bewirkten das Gegenteil.

»Was fällt dir ein? Wir können dieses Thema jetzt beenden«, sagte Stops und wandte sich ab. Er machte weiter wie gehabt und sah immer elender aus.

Während ich dem stetigen Niedergang meines Freundes also weiter zusehen musste, blieb ich dennoch nicht untätig, sondern investierte die Zeit in meine psychologischen Studien über Paardynamik, d. h., ich hörte meiner MB genau zu, wenn sie mit ihren beiden psychologischen Freundinnen Paarkonflikte und Nähe-Distanz-Regulationen ihrer jeweiligen KlientInnen besprach. Dabei wurde einmal mehr offensichtlich, wie gut Beziehungen sich zur Problemkonstruktion nutzen lassen.

Beim Zuhören lernte ich noch, dass man seine KlientInnen nicht anschreit oder »Verdammt noch mal« zu ihnen sagt. Auch mit ihnen herumzustreiten, ist nicht sinnvoll, weil das alles nur Widerstand hervorruft und man mit ihnen in eine sogenannte symmetrische Rollenkollusion gerät. Ich hatte also einiges falsch gemacht und war etwas entmutigt. Wahrscheinlich war ich wirklich zu impulsiv und ungeduldig, um ein guter Berater oder Coach zu sein.

Aber um Stops' willen wollte ich nicht so schnell aufgeben.

Bei ihm konnte ich beobachten, wie er wider besseren Wissens an Vorstellungen festhielt, von denen er unbedingt wollte, dass sie Wirklichkeit wurden. Vor Kurzem hatte ich ihn noch bewundert, weil er Sisypha so professionell gecoacht hatte, doch die Liebe machte aus dem klugen Hund einen blinden Maulwurf. Nichts anderes hatte man ja auch an meiner MB während der Peter-Episode beobachten können. Wieder einmal beglückwünschte ich mich dazu, ein überwiegend solitär lebender Hamster zu sein.

Stops litt weiter. Jeden Tag demonstrierte ihm Shakira, dass sie kein wirkliches Interesse an ihm hatte und ihn nur als Leckerbissen-Lieferant ausnutzte. Doch der liebeskranke Hund bildete sich weiter ein, dass sie eines wunderbaren Tages in heißer Liebe zu ihm entbrennen würde.

Therapeuten müssen manchmal abwarten, bis ihr Patient oder Klient auf dem Zahnfleisch geht. Erst dann scheinen die meisten bereit zu sein, ihre realitätsfernen Vorstellungen loszulassen und Veränderungsprozesse zumindest in Erwägung zu ziehen.

Eines Tages war es dann soweit: Aus entzündeten Augen sah mich Stops mit einem Blick an, aus dem alles Elend der Welt sprach. »Du hast recht gehabt, Louis. Ich muss der Tatsache ins Auge sehen, dass sie mich nicht will, jedenfalls nicht so, wie ich sie. Jetzt werde ich den Rest meines Lebens unglücklich sein.«

»Bevor du damit anfängst, könntest du ja vorher noch etwas anderes versuchen – das Unglücklichsein läuft dir nicht weg.«

»Was soll ich noch tun? Ich habe alles probiert«, sagte Stops mit dumpfer Stimme.

»Das, was du versucht hast, ging alles in die gleiche Richtung. Also könntest du ja mal was anderes ausprobieren – z. B. das Gegenteil.«

»Hä?« Stops glotzte mich verständnislos an.

»Du entfernst dich von ihr.«

»Und das soll etwas bringen?«

»Ja«, sagte ich geduldig. »Das kann man auf verschiedene Weise begründen. Da muss ich ein bisschen ausholen und dir was zur Theorie der Paardynamik erzählen:

Shakira ist zu verwöhnt von dir. Sie bekommt natürlich mit, dass du sie anbetest, und findet das toll. Du gibst ihr ständig etwas – nicht nur deine Knochen, sondern auch deine ungeteilte Zuneigung. Sie aber gibt dir nichts oder wenig, und du nimmst es hin, hast es jedenfalls bis jetzt hingenommen. Sie macht mit dir also die Erfahrung, dass sie dich schlecht behandeln kann, und du trotzdem wieder mit einem Knochen angekrochen kommst.«

Ich unterbrach mich, weil ich mich mal wieder etwas drastisch ausgedrückt hatte. Aber Stops hörte aufmerksam zu, und so fuhr ich fort: »Und daraus folgt wiederum, dass sie keine Achtung vor dir haben muss. Man kann nicht vor jemandem Achtung haben, der alles mit sich machen lässt.«

»Hm«, knurrte Stops, »das gefällt mir nicht, aber vielleicht ist es ja so. Also, du meinst, dass ich damit aufhören soll, ihr Geschenke zu bringen?«

»Bingo«, dachte ich.

Stops erobert Shakira

»Genau, lauf ihr einfach nicht mehr hinterher. Da gibt es mehrere Möglichkeiten: Zum Beispiel kannst du ihr mitteilen, dass du bis auf absehbare Zeit keine Knochen mehr mitbringen wirst, weil du sie dir wegen deines angeschlagenen Mineralstoffhaushalts selbst zuführen musst – was ja nicht mal gelogen ist. Am allerbesten wäre es, du besuchst sie mit einem Knochen und frisst ihn dann in ihrem Beisein selbst.«

»Was stellst du dir vor?! Sie würde mich rausschmeißen!«

»Überleg mal, was du da sagst! Das hieße doch, dass sie wirklich nur an deinen Knochen interessiert ist und nicht an dir als Hund und Rüde. Natürlich wäre das bitter, aber dann weißt du wenigstens Bescheid und kannst endgültig gehen – und dir dann zu Hause überlegen, ob du wegen einer so egoistischen Zicke dein weiteres Leben unglücklich sein willst. Andere Hundemütter haben auch schöne Töchter«, fügte ich welthamsterisch hinzu.

»Aber so weit sind wir ja noch nicht. Vielleicht wird ihr auch klar, was sie an dir hat, wenn du ihr deutlich machst, dass du auf dem besten Weg bist, zu gehen. Wenn du ihr demonstrierst, dass du sehr wohl Selbstachtung hast und nicht ihre willenlose Verfügungsmasse bist.«

Stops starrte grübelnd vor sich hin. Das von mir vorgeschlagene Verhalten entsprach ganz und gar nicht seinem Naturell, doch weil er mittlerweile enttäuscht und im Rahmen seiner Möglichkeiten auch sauer auf Shakira war, probierte er es schließlich aus.

Gespannt wartete ich auf das Ergebnis seines Experimentes, von dem er mir bei seinem nächsten Besuch erzählte. Er war also mit einem Knochen und einem kleinen Stück

Hundekuchen – »es war gar nicht so einfach, beides im Maul zu behalten« – wie fast jeden Vormittag zu Shakira auf die Terrasse gegangen. Dann hatte er ihr mitgeteilt, dass er heute und wahrscheinlich auch für die nächste Zeit seine Knochen aus ernährungsphysiologischen Gründen erst mal selbst fressen müsse. Sie, Shakira, habe ja sicherlich Verständnis dafür. Da er aber ein höflicher Hund sei, habe er ihr etwas anderes mitgebracht. »Und dann habe ich ihr das schon ziemlich angesabberte Stück Hundekuchen vor die Pfoten gelegt«, schloss Stops vorerst seinen Bericht und machte eine kleine Spannungspause.

»Und was hat sie gesagt?«, fragte ich aufgeregt.

»Sie war erst mal sprachlos. Ich habe genüsslich angefangen, an meinem Knochen zu nagen. Er hat tatsächlich gut geschmeckt, nach so langer Zeit. Dann fing sie an, sich aufzuregen: Es wäre ja wohl eine grobe Unhöflichkeit und völlig unakzeptabel von mir, ihr hier etwas vorzukauen. Ich sollte doch gehen, meinen Knochen zu Hause fressen und vor allem meinen blöden Hundekuchen mitnehmen. Da wurde ich auch böse, aber so richtig. Das kenne ich gar nicht von mir, und es tut mir jetzt schon wieder leid. Bestimmt bin ich zu hart zu ihr gewesen.«

Stops ließ die Ohren hängen und guckte kummervoll.

»Ich bin aufgestanden und habe sie angegrollt, dass ich bisher davon ausgegangen sei, dass ihr etwas an meiner Gesellschaft und Zuneigung gelegen sei. Da sie sich aber anscheinend nur für meine Knochen interessiere, würde ich sofort gehen und meine Zeit hier nicht weiter verschwenden. Und das habe ich dann auch getan, ohne mich noch einmal umzusehen.«

»Ganz prima«, sagte ich zufrieden.

»Ich habe noch gesagt, dass es genug andere Damen gebe, die mich als Hund zu schätzen wüssten«, fügte Stops hinzu.

»Ganz prima«, wiederholte ich.

»Finde ich nicht«, sagte Stops düster. »Als meine Wut verraucht war, bekam ich sofort wieder Sehnsucht nach ihr. Aber nun ist es vorbei, jetzt kann ich sie nicht mehr treffen.«

»Natürlich darfst du jetzt nicht wieder zu ihr zurückkehren. Aber dadurch hat sie nun auch Zeit, ein bisschen nachzudenken. Mal schauen, was passiert. Man hat schon Pferde vor der Apotheke kotzen sehen …«, setzte ich orakelhaft hinzu. Diesen Spruch hatte ich von meiner MB aufgeschnappt, und er gefiel mir ausnehmend gut.

Tatsächlich kotzten die Pferde vor die Apotheke, um im Bild zu bleiben, was in der Realität bedeutete, dass Shakira eine kleine Bewusstseinswandlung vollzog.

Als Stops sie zwei Tage später beim Gassi gehen traf und mit blutendem Herzen, aber hocherhobenem Kopf an ihr vorbeistolzieren wollte, sprach sie ihn an: »Lieber Stops, bitte sei mir nicht böse. Das ist alles ein großes Missverständnis … «

»Sie wollte noch mehr sagen, aber ihr ignorantes Frauchen zerrte sie an der Leine weiter, obwohl sie sich heftig wehrte. In der Nacht meldete sie sich dann über das

Hunde-Net, entschuldigte sich erneut – sie habe an dem Streittag Migräne gehabt – und bat mich um einen Besuch zwecks Aussprache. Sie selbst könne nicht von ihrem Grundstück herunter. Ich wollte ihr am liebsten alles sofort verzeihen und wäre direkt losgestürzt, aber dann dachte ich mir, dass ich besser erst einmal mit dir spreche. Deswegen habe ich ihr nur gesagt, ich würde mir die Sache überlegen und mich dann wieder melden«, erzählte Stops.

Ich war stolz, dass er mich als seinen Paarberater akzeptiert hatte. Gemeinsam überlegten wir das weitere Vorgehen.

Drei Nächte später berichtete mir Stops über das Hamster-Hunde-Net, was weiter passiert war. Er hatte sich – selbstverständlich ohne Mitbringsel – zu Shakira begeben, die ihrerseits ein leckeres Willkommensmahl aus ihrem Edelhundefutter mit Lachs und Wachteln für ihn bereithielt. Sie redete dann eine längere Zeit darüber, wie sehr sie Stops mögen und die Gespräche mit ihm genießen würde. Und dazu sei er ja so ein großer, schöner und starker Hund …

»Und bei diesen Worten stand sie auf und rieb ihr Köpfchen an meinem. Natürlich schmolz ich dahin wie Butter in der Sonne, und wir versöhnten uns. Es wurde ein wunderschöner Vormittag – leider kam ihr Frauchen ja dann.«

»Ihr seid euch also, äh, auch körperlich etwas nähergekommen?«

»Ja, das kann man so sagen. Und ich spüre, dass sie bald läufig wird …«

Nun, ich will mich kurz fassen, denn dies ist ja ernsthafte Literatur und kein Erotik-Seller für Hunde: Shakira wurde läufig, und Stops verbrachte sexuell sehr befriedigende Vormittage mit ihr auf der Terrasse.

Margret, die von den Eskapaden ihrer Hündin natürlich nichts mitbekam, hatte eigene Pläne und führte ihr eines Tages einen schönen, reinrassigen Pudelrüden mit einem ellenlangen Stammbaum zu. Eifersucht in sexueller Hinsicht ist dem Hund fremd, und so erzählte Stops relativ gleichmütig, dass sich Shakira auch ausschweifend mit dem Pudelrüden namens Laurenz von Auersperg-Weidenplotz amüsiert hatte. Aber – er lächelte stolz – sie habe ihm glaubhaft versichert, dass Laurenz von seinen Qualitäten als Liebhaber her, Stops bei Weitem nicht das Wasser reichen könne.

»Und stell dir die Augen der blöden Margret vor, wenn sie eines Tages statt der erhofften kleinen Auersperg-Weidenplotzes einen Wurf süßer Pudel-Bernhardiner-Mischlinge im Körbchen vorfindet«, sagte ich, und wir kicherten zufrieden vor uns hin.

So hatte sich für Stops also alles zum Guten gewendet. Seine Beziehung zu Shakira setzte er auch nach ihrer Läufigkeit fort, denn wem er einmal sein Herz geschenkt hatte, dem hielt er die Treue. Gerade deswegen blieb seine Beziehung zu Shakira aber auch krisenanfällig: Immer wenn er sie zu sehr anbetete, wurde sie hochmütig und fing an, ihn schlecht zu behandeln. Dann musste er ihr wieder glaubhaft vermitteln, dass er sich das nicht bieten lassen und notfalls gehen würde. Die immer wieder von Shakira geforderte Distanzierung entsprach überhaupt nicht seinem Naturell, aber vielleicht musste er sie ja gerade deshalb lernen. Es war ein bisschen zermürbend, und ich war mir nicht sicher, ob das Verhältnis auf lange Sicht eine Zukunft haben würde.

Ich persönlich halte ja sowieso nichts von festen Beziehungen, wie Sie wissen, aber wenn sich mein Freund eine solche wünscht, versuche ich natürlich, ihm zu helfen. Wie auch immer, zunächst funktionierte es jedenfalls, und sich über die Zukunft Gedanken zu machen, entspricht weder der Hamster- noch der Hundephilosophie.

Midlife-Crisis

Das Leben ging weiter. Doch während noch alles in bester Ordnung schien, zogen am Horizont bereits unbemerkt schwarze Wolken auf und brauten sich zu der Krise zusammen, die mein Leben nachhaltig verändern sollte. Schleichend begann sich eine diffuse Unzufriedenheit in mir auszubreiten und meine Stimmung immer mehr zu verdunkeln. Ich war mittlerweile über ein Jahr alt und näherte mich damit dem Bergfest meiner Lebenszeit als Hamster.

Wie ich von meiner MB weiß, kennen Sie solche Anwandlungen auch unter dem Namen »Midlife-Crisis«. Manche Menschen scheinen dann, um ihr frustrierendes Leben auf eine andere Spur zu lenken, zu überstürzten Aktionen zu tendieren. Sie kündigen ihren Job und haben danach kein Geld mehr, um ihre Kinder und Hamster zu füttern. Oder sie gehen Zigaretten holen, und ihre Familie sieht sie niemals wieder.

Auch ich begann, ohne es bewusst vorzuhaben, Bilanz zu ziehen. Zwar ging es mir eigentlich gut mit meinem Freund Stops, meiner MB und Sisypha, aber es war unvorstellbar, dass bis zum gar nicht mehr so fernen Ende meines Lebens alles so weiterlaufen sollte. Nach wie vor hatte ich meine Aufgabe nicht gefunden, von meiner Botschafter-des-TAO-Mission mal ganz zu schweigen. Auch wenn ich Stops gerade gut gecoacht hatte, spürte ich doch tief in meinem Inneren, dass es nicht meine Bestimmung war, kommunikativ unterentwickelte Ameisen oder liebeskranke Bernhardiner zu beraten.

Und wie es das Resonanzgesetz will, spiegelte sich meine innere Krise in den äußeren Lebensbedingungen, die sich deutlich verschlechterten. Im Nachbarhaus wurden nämlich sogenannte Renovierungsarbeiten durchgeführt, die mit großer Lärmbelästigung einhergingen.

Jeden Tag wurde ich durch permanente, unerträglich laute Bohrgeräusche wachgehalten; an Schlaf war nicht mehr zu denken. Wenn keiner bohrte, wurde gehämmert. Schall- und Vibrationswellen schwappten durch das Wohnzimmer, meinen Käfig und mich. Einmal war es so unerträglich, dass ich vor Verzweiflung laut fiepte. Conny verstand mich zwar und redete tröstend auf mich ein, aber sie konnte den Krach nicht abstellen. Sie brachte mich tagsüber ins Schlafzimmer, doch auch dort wütete der Lärm. So befand ich mich nach einer Woche Renovierungsarbeiten in Kombination mit meiner Lebenskrise in einem sehr schlechten Allgemeinzustand: zermürbt, gestresst und dauermüde. Mein Fell sah struppig und glanzlos aus. Am allerschlimmsten aber war, dass ich das Fließen des TAO nicht mehr in mir spürte.

Meine MB hielt mich berechtigterweise für krank und brachte mich zum Tierarzt. Der untersuchte mich – was nicht angenehm war – und konnte nichts Konkretes finden.

»Ich habe auch nichts Körperliches, sondern leide unter gedrückter Stimmung und unter Stress wegen des ständigen Baulärms«, sagte ich erschöpft zu ihm.

Der Arzt ignorierte meine Ausführungen und gab mir eine Aufbauspritze, die wehtat und mich nicht aufbaute. Wenigstens gelang es mir, seine Helferin zu beißen, die mit ihm unter einer Decke steckte und mich festhalten sollte.

Auch Stops merkte natürlich, dass es mir schlecht ging, und versuchte, mich aufzumuntern. Das funktionierte allerdings nicht. Wie auch? Ihm ging es gerade ausnehmend gut. Nicht, dass ich es ihm nicht gegönnt hätte, aber unsere so gegensätzlichen Stimmungen passten einfach nicht zusammen. Wenn er strahlend vor Glück von seiner Shakira erzählte, kam mir mein eigenes Leben doppelt schwer und sinnlos vor.

Ich hörte mir seine Erlebnisse an, aber Stops, der ja ein

sehr sensibler Hund war, sah, wie es mir ging, und versuchte, sich zurückzunehmen. Trotzdem war er nun einmal verliebt und glücklich zu dieser Zeit. Und so entstanden Differenzen, die unter anderen Umständen nicht aufgetreten wären ...

Wieder einmal kamen Elvira und Stops zu Besuch. Wahrscheinlich in der besten Absicht, mich auf andere Gedanken zu bringen, berichtete Stops von seinem gestrigen Nachmittag, den er mit Elvira, ihrem Freund Arno und dessen Hund Wuschel, einem Mischling aus vielerlei Rassen, am Rhein verbracht hatte. Wuschel war Stops' bester Hundefreund und Spielkamerad. Sie hatten zusammen Kaninchen gejagt, waren danach im Rhein geschwommen und hatten am Abend nach einem opulenten Mahl vor dem Kamin in Arnos Haus liegen dürfen.

»Welch ein wunderbarer Tag – und auch du wirst bald wieder schöne Tage erleben! Nicht mehr lange, dann sind die fertig mit ihren Renovierungsarbeiten; ich habe es gesehen, als wir am Nachbarhaus vorbeigekommen sind«, schloss Stops seinen Bericht.

Ich bezweifelte allerdings sehr, dass ich jemals wieder schöne Tage erleben würde, selbst wenn der Lärm ein Ende nähme. Während ich Stops zuhörte, breitete sich ein unangenehm nagendes Gefühl in mir aus.

»Das freut mich für dich, dass du so einen schönen Tag mit Wuschel hattest«, gab ich böse von mir. »Du kommst wahrscheinlich nur zu mir, weil du mit Elvira mitgehen musst. Aber eigentlich wärst du viel lieber mit Shakira und

Wuschel zusammen, mit denen du einfach mehr anfangen kannst als mit mir: draußen spielen, gemeinsam jagen, von anderen Aktivitäten erst gar nicht zu reden. Bei mir kannst du nur herumliegen und dich unterhalten.«

»Aber Louis«, sagte Stops und jaulte bestürzt. »Was ist denn nur mit dir los? Ich rede so gerne mit dir und freue mich immer auf unsere Treffen. Alle meine Hundefreunde beneiden mich darum, dass ich einen so klugen kleinen Hamsterfreund habe.« Und zur Bekräftigung wedelte er heftig mit dem Schwanz.

Aber ich zog mich in mein Häuschen zurück und badete weiter in meinem Selbstmitleid.

Nach vier Tagen hörten die Renovierungsarbeiten tatsächlich auf, und ich regenerierte mich langsam. Zwar sprachen Stops und ich uns aus, aber tief in meiner Seele nährte ich weiter ein kleines Ressentiment gegen ihn, weil ich mir einredete, dass ihm nicht wirklich etwas an mir lag. Wahrscheinlich züchtete ich damals diesen Schmerz geradezu, um tun zu können, was ich kurz darauf tat.

Wie jeder echte Freund spürte Stops natürlich, dass unser Verhältnis eingetrübt war, und das machte ihn traurig. Ich aber verhärtete mein Herz gegen ihn und brütete finster vor mich hin. In meiner Vorstellung hatten Stops und Sisypha im Gegensatz zu mir ihre Lebensaufgabe gefunden: Der eine ging in seinen Beziehungen zu Shakira und seinem Frauchen auf, und die andere machte Karriere. Keiner von beiden brauchte mich …

Der letzte Grübeltag schließlich war ein Sonntag im März, an den ich mich noch gut erinnern kann. Wieder spürte ich beim Aufstehen diese nun schon bekannte dumpfe Unzufriedenheit. Conny hatte den Fernseher eingeschaltet. Die Nachrichten waren gerade vorbei, und ich entschloss mich, mitzugucken, um auf andere Gedanken zu kommen. Also packte ich mir einen kleinen Fernsehsnack, bestehend aus einem Happen Möhre und ein paar Körnern, in meine Backentaschen. Dann ließ ich mich nah vor dem Fernseher nieder, denn wir Hamster können nicht weit sehen.

Wie es der unzufällige Zufall wollte, sahen wir einen Dokumentarfilm über den Nahen Osten, in dem auch die syrischen Wüsten und Hochebenen gezeigt wurden. Als ich die Landschaft vor mir sah, mit den vielen, auf geheimnisvolle Weise anziehenden Felsenhöhlen, ergriff mich auf einmal eine so intensive Sehnsucht nach meiner unbekannten und schönen Heimat, dass sich alles in mir zusammenzog. Ich empfand Trauer über mein Schicksal in der Gefangenschaft und Wut auf meine MB, die mit unschuldigem Gesicht neben mir saß, obwohl sie doch für meine verzweifelte Lage in der Fremde verantwortlich war.

»Du miese Tierquälerin«, beschimpfte ich sie, »du hast mich in eine völlig artfremde Umgebung verschleppt.«

»Warum fiepst du so, Louis?«, fragte die miese Tierquälerin besorgt.

»Weil du eine bösartige Entführerin bist.«

»Was ist denn mit dir, Schatz? Bist du immer noch krank?«

»Ja, mir tut mein Herz weh«, antwortete ich wahrheitsgemäß.

Conny stand auf und holte ein Stück Banane, das sie mir vor mein Mäulchen hielt. Natürlich nahm ich die Banane, denn wenn man schon von seelischen Schmerzen gequält wird, muss man ja nicht gleichzeitig auch an Hunger leiden.

»Na, wenn du frisst, ist ja alles in Ordnung. Dann müssen wir morgen nicht wieder zum Tierarzt gehen«, sagte Conny beruhigt und wandte sich erneut dem Beitrag zu, der mittlerweile über Oasen in den Emiraten berichtete.

»Nein, aber nach Syrien«, fiepte ich. »Ansonsten ist nämlich nichts in Ordnung. Man kann nicht alle Probleme durch ein Stück Banane lösen. Fressen ist auch nicht alles, du alte Materialistin.«

Aber die alte Materialistin beachtete mich nicht mehr. Sie war offenkundig in die 1001 Nächte der Oasen versunken. Ich konnte mein Elend so lange, wie ich wollte, hinausschreien, die Welt hörte mich nicht. Da wollte ich mit der Welt auch nichts mehr zu tun haben und verkroch mich in meinem Häuschen.

Und dort kam mir die erlösende Idee: Warum floh ich nicht aus dieser artfremden Umgebung in meine Heimat, nach Syrien? Würde ich erst einmal das geheiligte Land meiner Vorfahren unter den Pfoten spüren und frei lebende Artgenossen kennengelernt haben, lösten sich sicherlich alle meine Probleme in Luft auf. Vor allem würde ich zu meiner Aufgabe finden, dessen war ich mir völlig sicher. Und während ich mit vibrierenden Schnurrhaaren in syrischen Fantasien schwelgte, war ich zum ersten Mal nach langer Zeit wieder glücklich.

Zweiter Teil:
Die Reise nach Syrien

Wenn auf Erden alle das Gute als gut erkennen,
so ist dadurch schon das Nichtgute gesetzt.
Denn Sein und Nichtsein erzeugen einander.

Laotse

Der Weg des Geistes ist der Umweg.

G. W. F. Hegel

Flucht in Italien

Das TAO schien meinen Plan zu unterstützen, denn zwei Monate später wollten Conny und Elvira in den Urlaub nach Italien reisen. Weil sie vorhatten, mit dem Auto zu fahren, konnten Stops und ich mitkommen. Elvira wollte uns zeigen, wo sie im letzten halben Jahr gelebt und gearbeitet hatte und uns mit ihren italienischen Freunden bekannt machen. Das war die Gelegenheit, auf die ich gewartet hatte! Mein Plan stand fest: Sobald wir in Italien wären, würde ich flüchten und versuchen, mich nach Bari durchzuschlagen. Dort könnte ich auf ein Schiff nach Syrien klettern. Und in Syrien, dem geheiligten Land meiner Vorfahren und meiner eigentlichen Heimat, würde ich endlich meine Aufgabe finden, dessen war ich mir ganz sicher. So weit mein noch recht unausgereifter Plan, doch ich vertraute darauf, dass sich die Details der Umsetzung später schon ergeben würden.

Natürlich hatte ich Stops von meiner Idee erzählt und war auf seinen entsetzten Widerspruch gestoßen. Beinahe wäre es ihm gelungen, mich davon abzubringen, so tief war seine Traurigkeit und so einleuchtend seine Gegenargumente. Aber auf der anderen Seite gab es auch dieses starke Drängen in mir, das mich in das Land meiner Vorfahren trieb. Und so versuchte ich mit wechselndem Erfolg, mein Herz gegen seine Traurigkeit zu verhärten und seine Einwände an mir abperlen zu lassen.

Unterstützung kam dagegen von meiner Tochter, mit der ich seit unserem denkwürdigen ersten Gespräch in regelmäßigem Austausch stand. Lucy war aus der Tierhandlung zu einer alten Dame gekommen, die sie zwar gut behandelte, aber nur selten aus dem Käfig ließ.

»Sie hat Angst, dass sie mich nicht wieder einfangen kann – nicht zu Unrecht. Ich habe nie Lust, wieder in diesen blöden Käfig zurückzukehren«, erzählte Lucy. Trotz ihres intensiven Austauschs mit dem Rattenmännchen Theo via Hamster-Ratten-Net langweilte sie sich oft und konnte meine Flucht- und Veränderungsimpulse gut nachvollziehen.

»Ich finde das toll, was du vorhast, Papa. Wenn ich hier raus könnte, würde ich sofort mitkommen.«

Ihr Zuspruch tat mir gut und half mir ein wenig dabei, Stops gegenüber stark zu bleiben.

Es kam der Tag der Abreise. Vorne im großen Kombi saßen Conny und Elvira, ich war in meinem Käfig zusammen mit Koffern und Taschen auf dem Rücksitz untergebracht. Stops lag mit einem weiteren Koffer auf der großen Ladefläche. Es war eine seltsame Fuhre: Während die Damen ihrer frohen Urlaubsstimmung durch mehr oder weniger wohlklingende Chorgesänge Ausdruck verliehen, herrschte bei uns hinten grottenschlechte Stimmung. Die ganze Fahrt lang versuchte Stops, mich von meinem Plan abzubringen und mich von der völligen Aussichtslosigkeit meines Unterfangens zu überzeugen.

»Du kommst keine drei Meter weit: Sobald du draußen bist, wirst du entweder von einem Auto plattgefahren oder von einer der tausend Straßenkatzen oder einem der herumstreunenden Hunde zum Frühstück verspeist. Und ich werde dann draußen nur noch ein letztes Schnurrhaar von dir finden.«

So oder so ähnlich ging es die ganze Zeit. Stops' Einwände und Bedenken waren natürlich nicht unbegründet und zwangen mich dazu, meinen blauäugigen Plan zu konkretisieren. Es schien tatsächlich nicht sinnvoll zu sein, auf der Erdoberfläche zu bleiben. Ich würde also in den Untergrund gehen, was mir durchaus entsprach, denn der Hamster bewegt sich gerne in Höhlengängen fort. Der Untergrund gehörte zum Reich der Ratten, doch ich ging davon aus, dass sie mir helfen würden, denn als Nagetiere waren wir Mitglieder der gleichen Tierfamilie.

»Fällt es dir denn so leicht, uns zu verlassen, deine MB und mich?«, jammerte Stops zum wiederholten Male und ließ die Ohren hängen. »Sind wir dir denn so gleichgültig?«

Ich hatte ihm diese und ähnliche Fragen schon mehrfach beantwortet: dass es mir natürlich alles andere als leichtfalle und auch ich darunter leiden würde, aber dass ein Hamster eben tue, was ein Hamster tun müsse. Und wieder von vorne. Also schwieg ich jetzt und versuchte, mich innerlich von dem untröstlichen Hund zu distanzieren.

Vorne unterbrach Elvira ihre persönliche Interpretation von »We shall overcome«.

»Ich verstehe das nicht – früher ist Stops doch immer so gerne Auto gefahren, und heute jault er die ganze Zeit. Wir müssen bald mal eine Pause machen.«

Ich hatte inzwischen mein Mäulchen doch nicht halten können und Stops schließlich mit freundlicher Stimme geantwortet: »Aber wir trennen uns doch nicht wirklich, wir können uns immer über das Hamster-Hunde-Net unterhalten.«

»Das ist nicht das Gleiche, das weißt du genau. Und deine MB wird auch sehr traurig sein.«

Ich seufzte. »Gut, das kann sein. Aber wenn sie mich wirklich liebt, dann müsste sie in erster Linie an meinem Wohl interessiert sein und sich freuen, wenn es mir in Syrien besser geht. ›Wahre Liebe lässt dem anderen seine Freiheit und ihn gehen, wenn er das will‹ – das hat sie vor Kurzem einer Freundin mit Liebeskummer erzählt. Jetzt hat sie die Möglichkeit, ihre Theorie in die Praxis umzusetzen. Und davon mal abgesehen, kannst du ja wohl nicht im Ernst erwarten, dass ich meine Lebensplanung an ihrem Wohl ausrichte.«

»Dir wird es aber in Syrien nicht besser gehen, weil du es nämlich erst gar nicht erreichen wirst«, insistierte Stops, und die Diskussion entbrannte erneut.

Vorne jaulten die Damen, hinten Stops, und dazu dieses komische Vibrieren des Autos – wie sollte ein Hamster das lange aushalten?! Meine durch die vorangegangene Krisenzeit doch sehr angespannten Nerven litten beträchtlich. Hätte meine Käfigtür offen gestanden … Wer weiß, vielleicht hätte ich mich schon auf dem Rastplatz, den wir ansteuerten, vom Acker gemacht. Dort wurde der jaulende Hund genau untersucht, bekam ein Stück Hundekuchen, und Elvira ging ein paar Schritte mit ihm auf und ab.

»Ich wäre dir sehr verbunden, wenn du dein Geheule mal einstellen würdest, sonst suchen sie den nächsten Tierarzt auf, und wir sitzen noch morgen in diesem Auto. Dann werde ich wahrscheinlich wirklich nicht mehr flüchten, weil ich nämlich vorher durchgedreht bin«, sagte ich erschöpft.

Stops schwieg tatsächlich, aber in seinen Augen lag alles Elend dieser Welt. Er hatte mich in sein Rudel aufgenommen, und mein bevorstehender Abschied schien ihm schier das Herz zu brechen. Ich schaute in eine andere Richtung.

Irgendwann hatten wir unser Ziel dann doch endlich erreicht – Virotello, ein kleines italienisches Dorf, wo wir von Elviras Freunden, einer vielköpfigen italienischen Familie, überschwänglich begrüßt und anschließend in ihrem großen Haus untergebracht wurden. Ich beschloss, meinen Plan bald nach unserer Ankunft in die Tat umzusetzen, um nicht länger Stops' Leiden vor Augen zu haben.

Doch der Hund hatte sich in sein Schicksal ergeben. Nach zwei Tagen im glühend heißen Virotello, die er überwiegend im Schatten liegend verbracht hatte, wandte er sich an mich:

»Du weißt, dass ich sehr traurig bin und es nicht verstehen kann, dass du uns verlassen willst, aber ich versuche, es zu akzeptieren. Versprich mir nur eins: Wenn du während deiner Reise merkst, dass deine Entscheidung falsch war, dann komm zurück! Bleib nicht aus falschem Stolz weg, weil du denkst, ich würde dich dann auslachen und sagen: Ich habe es ja gleich gewusst! Das werde ich nicht tun, sondern mich einfach nur total freuen, wenn du wiederkommst!«

Ich versprach es ihm, ohne lange zu überlegen, wohl wissend, dass dieser Fall nicht eintreten würde. Wir verabschiedeten uns schon einmal voneinander, denn ich lauerte auf meine Chance zum Entwischen. Unerwartet wurde mir das Herz sehr schwer, als mir bewusst wurde, dass ich meinen Freund wahrscheinlich nie wiedersehen würde. Verstohlen wischte ich mir mit der Pfote eine Träne aus dem Augenwinkel und schlich unglücklich in mein Häuschen. Warum war das Leben so schwierig? Warum konnte Stops nicht einfach mitkommen?

»Weil er mit Syrien nichts am Hut hat, es ihm dort viel zu warm ist und vor allem, weil er bei seinem Frauchen bleiben will«, sagte der vernünftige Teil meines Hamster-Ichs.

Am nächsten Tag hatte die Quälerei ein Ende, denn meine Chance kam, als Elvira einkaufen gehen wollte. Während sie ihre Riemchensandalen schnürte, kletterte ich in Windeseile in den Einkaufskorb, in dem zum Glück ihr Halstuch lag, unter dem ich mich verstecken konnte. Es ging los bzw. Elvira ging los, aus dem Haus und die Straße hinunter bis zur Bushaltestelle. Dort blieb sie stehen und stellte den Korb neben sich auf den Boden. Vorsichtig lugte ich unter dem Halstuch hervor. Elvira blickte die Straße entlang, und ich kletterte leise aus dem Korb, rannte über den Bürgersteig und verschwand hinter einem kleinen Mäuerchen.

Im Reich der Vatikan-Ratten

Und nun? Ich kannte das Gelände nicht, und jederzeit konnte eine der vielen ausgehungerten Katzen oder einer der streunenden Hunde mich entdecken und über mich herfallen. Ich blieb stehen, mit der Sicherheit gebenden Mauer im Rücken, richtete mich auf und machte mir mit vibrierenden Schnurrhaaren ein Bild von der Lage.

Eine unglaubliche Fülle an Gerüchen drang in meine Nase und brachte mich ganz durcheinander: Es roch nach Knoblauch, Verwesung, Basilikum, Mäusekot, um nur einiges zu nennen, und dazu noch nach vielem Unbekanntem, was mich verunsicherte. Aber ich durfte mich damit nicht aufhalten, sondern musste versuchen, so schnell wie möglich in den Untergrund zu gelangen. Die Straße war betoniert und sowieso zu gefährlich, deswegen lief ich an der Mauer entlang in Richtung Hinterhof. Zunächst fand ich keinen Eingang im Boden und wurde schon nervös, vor allem weil ich von nicht sehr weit entfernt wütendes Kläffen und erschrockene Katzenschreie vernahm. Blieb nur zu hoffen, dass die Katze gerade genug mit ihrem eigenen Überleben zu tun hatte.

Im nächsten Hinterhof, der ziemlich vergammelt und zugewachsen aussah, hatte ich mehr Glück. Unter einigen angefaulten Brettern entdeckte ich ein Loch. Ganz klar: ein Rattenloch! Ich jubelte innerlich, sah mich noch einmal um und verschwand dann im Dunkel. Dort entspannte ich mich erst einmal und schlenderte ein paar Gänge entlang, bis es intensiv nach Ratte zu riechen begann.

Und da stand auch schon eine, ziemlich mager und mit einer eigenartigen Frisur: Ihr Kopf war kahlgeschoren bis auf eine kleine Tonsur. Trotz ihres merkwürdigen Aussehens strömte sie etwas Vertrauenswürdiges aus. Sie musterte mich mit aufmerksamem Blick und begrüßte mich freundlich:

»Guten Tag, ich bin Bruder Ramon. Was macht denn ein Goldhamster im Untergrund von Virotello? Hast du dich irgendwie verlaufen?«

»Hallo Bruder Ramon, ich heiße Louis und habe mich nicht verlaufen, sondern bin auf dem Weg in meine Heimat, die syrische Hochebene. Warum heißt du ›Bruder‹?«

»Weil ich zur Gruppe der Mönchsratten gehöre. Wir leben schließlich nicht zufällig unter dem Vatikan. Du weißt, dass die syrische Hochebene nicht gerade um die Ecke liegt, nicht wahr? Und dass du ein Meer überqueren musst, um dorthin zu gelangen?«

»Na klar weiß ich das. Deswegen will ich ja in Bari anheuern. Und ich wollte euch bitten, mir den unterirdischen Weg zum Hafen zu zeigen.«

»Allein findest du ihn nicht, du brauchst einen Führer. Am besten bringe ich dich erst einmal zu unserem Chef, Swami Krishna. Der wird wissen, was zu tun ist.«

»Swami Krishna klingt aber nicht sehr christlich«, bemerkte ich, während ich der Ratte folgte.

»Ich habe auch nicht gesagt, dass wir ein ausschließlich christliches Rattenvolk sind. Wir wissen, dass alle Religionen letztlich das Gleiche suchen: die Rückbindung an die Einheit, aus der wir kommen. Jeder Ratte ist es freigestellt, welchen Weg sie gehen will. Ich für mein Teil habe mich einem christlichen Orden angeschlossen.«

»Aha. Und du lebst auch nach den Regeln von Armut, Keuschheit und Gehorsam?«, erkundigte ich mich neugierig.

»Im Großen und Ganzen schon. Aber wir müssen uns auch fortpflanzen, und deswegen geben wir uns einmal im Jahr eine Woche frei. Da können wir dann machen, was wir wollen. Und das ist auch gut so, denn die spirituellen Gene müssen schließlich weitergegeben werden.« Bruder Ramon lächelte versonnen.

»Du kannst es dir in etwa so vorstellen wie die Karnevalszeit bei den Menschen«, fuhr er dann fort.

Ich hatte nur unklare Vorstellungen, was die Menschen im Karneval so trieben, aber jetzt wusste ich, dass sie da ihre spirituellen Gene weitergaben.

Der Gang verbreiterte sich. An seinem Ende saßen zwei athletische, muskelbepackte Ratten mit finsterem Blick und einem Maschinengewehr-Tattoo auf der rechten Schulter.

»Das sind die Bodyguards«, klärte mich Ramon auf. »Ab und zu versucht mal jemand, der noch zu sehr den irdischen Machtgelüsten verhaftet ist, Swami Krishna auszuschalten, um selbst Chef zu werden. Aber bisher sind noch alle Anschläge gescheitert. Die Vorsehung, unterstützt von Stan und Ollie, wacht über ihn.«

»Hallo Stan und Ollie, hier kommt ein Reisender, der nach Syrien unterwegs ist. Ich will ihn zum Swami bringen«, flötete Ramon.

»Hat er einen Termin?«, knurrte Stan unfreundlich.

»Nein, aber frag doch mal nach, ob wir rein dürfen.«

Widerwillig kam Stan der Aufforderung nach, während Bruder Ramon Ollie nur mit Mühe davon abhalten konnte, mein Fell nach Waffen zu durchsuchen. Nach kurzer Zeit bekamen wir tatsächlich die Erlaubnis, einzutreten, und gelangten in eine geräumige Wohnhöhle. In der Ecke saß eine magere Ratte auf einem roten Meditationskissen und sah uns freundlich entgegen. Ich weiß nicht, ob Sie schon mal eine meditativ dreinblickende Ratte im Lotossitz gesehen haben, aber es ist ein ziemlich komischer Anblick. Ich hielt die Pfote vor mein Mäulchen und hüstelte, um mein Kichern zu kaschieren. Bruder Ramon stellte mich vor und verabschiedete sich dann.

Swami Krishna lächelte nachsichtig. Ich trug ihm mein Anliegen vor.

»Warum willst du nach Syrien, wenn du in Köln bei einer Menschenfrau lebst, die dich mag und füttert, und wenn du dazu noch mit einem Hund befreundet bist? Das hört sich doch ganz danach an, als ob du sozial gut integriert bist und deinen Platz im Leben gefunden hast.«

»Weil Syrien meine Heimat ist und ich dort hingehöre.«

»Deine Heimat ist da, wo sich dein Herz zu Hause fühlt,

und es fühlt sich zu Hause bei den Tieren und Menschen, mit denen es in liebevollen Beziehungen sein Leben teilt.«
Der Swami schien Hobbypsychologe und auch irgendwie mit Stops verwandt zu sein.

Ich schweig.

»Entschuldige, Louis, ich will dir nichts aufzwingen. Jeder trifft seine eigenen Entscheidungen und macht seine eigenen Erfahrungen«, fuhr der Swami unverändert freundlich fort. »Wenn es dein tiefer Wunsch ist, nach Syrien zu fahren, dann wird es seinen Sinn haben. Ich werde dir einen Führer mitgeben, der dich bis in den Hafen von Bari zu einer Schiffsratte bringt. Die wird dir dann helfen, den richtigen Dampfer zu finden.

Aber Vorsicht: Die Schiffsratten sind ein wenig anders als wir.

»Wie anders?«

»Nun, man könnte sagen, sie trinken wie die Schluckspechte.«

Während ich noch mit den alkoholisierten Schiffsratten beschäftigt war, wies der Swami Stan an, einen gewissen Sandor zu holen, der nach kurzer Zeit erschien. Er zeigte sich nicht sehr begeistert von seinem Auftrag.

»Aber ich habe noch zwei freie Tage und zehn Überstunden«, protestierte er.

Der Swami blickte ihn streng an. »Du bist einer unserer besten Führer, und Louis ist unser Gast. Du weißt, dass die Gastfreundschaft über allem steht, auf jeden Fall aber über deinen Überstunden.«

Sandor schwieg verdrossen. Er schien die Meinung seines Chefs über das hohe Gut der Gastfreundschaft und die Nichtigkeit seiner Überstunden offensichtlich nicht zu teilen. Mir war etwas mulmig.

»Mach's gut, Louis, und viel Glück!«, verabschiedete mich der Swami. »Vielleicht hören wir noch mal voneinander; du erreichst mich über das Ratten-Hamster-Net. Mich würde es interessieren, wohin dich deine Reise führt und welche Erfahrungen du machst.«

»Hoffentlich nicht die, dass mich dein Sandor an der nächsten Ecke entsorgt«, dachte ich und bedankte mich.

Draußen gab mir Sandor ein paar Instruktionen: »Hör zu, Louis, ich habe keine große Lust auf den Job, wie du ja schon gemerkt hast, und will ihn so schnell es geht hinter mich bringen. Ich hoffe, in deinem eigenen Interesse, dass du ein guter Läufer bist. Du läufst einfach hinter mir her, redest kein dummes Zeug und sparst deinen Atem, denn den wirst du brauchen. Wir werden an einigen Vorratshöhlen vorbeikommen, da können wir fressen. Also, du weißt Bescheid.«

Ich wusste Bescheid, und mir schwante dunkel, dass mir keine angenehme Zeit bevorstand.

Sandor lief los. Leider war er ein sehr viel ausdauernderer Läufer als ich, und leider bewegte er sich überwiegend durch die übel riechenden Gänge der Kanalisation. Nach drei Stunden in flottem Tempo bog er in einen Gang ein, durch den eine kloakenartige Brühe floss. Wir trabten zunächst am trockenen Ufer entlang, doch der Gestank machte mir zu schaffen. Völliges Entsetzen aber überfiel mich, als Sandor mit einem Mal in die braune Suppe sprang, sie durchschwamm und auf der anderen Seite wieder an Land ging.

»Los, komm, worauf wartest du?«, fragte er ungeduldig. »Wir müssen auf dieser Seite in den Gang abbiegen.«

»Äh, können wir da nicht anders hinkommen?«, fragte ich bittend. »Ein Hamster schwimmt nicht durch solche dreckigen Kloaken.«

»Was ein Hamster macht oder nicht, ist mir herzlich egal. Wenn du in den Hafen von Bari willst, gebe ich dir noch zehn Sekunden. Wenn du dann nicht hier drüben bist, hast du alle Zeit der Welt, zu machen, was ein Hamster macht, aber dann ohne mich.«

Seine Worte wehten in einer Gestankswolke herüber, die davon kündete, wie auch ich bald riechen würde.

Es war ihm ernst. Bisher war meine Flucht ziemlich reibungslos verlaufen, dies war die erste schwere Probe. Sollte ich daran gleich scheitern? Ich holte tief Luft, verschloss meine Nase und stürzte mich todesmutig in die braune Brühe. Das Durchschwimmen war gar nicht so schlimm, aber hinterher, als wir weiterliefen, bekam ich immer meinen eigenen Gestank in die Nase. Mir drehte sich der Magen um. Als wir endlich die gut mit Getreide gefüllte Vorratskammer erreichten, war mir übel, und ich hatte keinen Appetit, was bis dahin noch nie vorgekommen war. Doch ich zwang mich, etwas zu fressen. Ohne Futter würde ich diesen Gewaltmarathon nicht durchhalten. Während Sandor noch ein wenig mit den anderen Ratten plauderte, die sich in der Vorratskammer aufhielten, schlief ich direkt erschöpft ein, ohne mich noch einmal zu putzen.

Ich will Ihnen weitere Details ersparen. Die Tour brachte mich jedenfalls an meine Grenzen – was mein Leistungsvermögen anbelangte als auch olfaktorisch. Kurz bevor diese überschritten wurden, hatten wir nach drei Nächten zum Glück den Hafen von Bari erreicht. Sandor fiel von seinem Dauertrab in den Schritt.

»Wir sind da. Du wartest hier, und ich sehe mich oben mal um, ob ich eine Schiffsratte auftreiben kann.«

Er hätte nichts Schöneres sagen können. Ich ließ mich einfach fallen und dämmerte erschöpft vor mich hin, bis Sandor zurückkehrte. Im Schlepptau hatte er eine Ratte mit roten Rändern um die Augen, einer albernen Kapitänsmütze auf dem Kopf und einem Gurt um den Bauch. Außerdem hatte sie einen unkoordinierten Gang, um nicht zu sagen: sie torkelte.

»Das ist Käpten Bluebrain von der Familie der Schiffsratten. Er hat sich bereit erklärt, dich mit auf sein Schiff zu nehmen, das morgen nach Al Ladhiqiyah an der syrischen Küste ablegt.« Sandor grinste hämisch. »Viel Spaß mit ihm und in Syrien.«

Nach diesen Worten drehte er sich um und entschwand seinem Überstundenausgleich entgegen, ohne mich noch eines Blickes zu würdigen.

»Du siehst ja ganz schön fertig aus«, lallte Käpten Bluebrain. »Kein Wunder bei Sandors Tempo. Trink erst mal ein Schlückchen, das bringt dich wieder auf die Beine.«

(Bluebrain lallte fast immer. Aus Gründen der leichteren Lesbarkeit lasse ich das Gelalle bei meinen Beschreibungen weg. Sie können es sich ja vorstellen ...)

Der Käpten drehte seinen Bauchgurt, an dem zwei kleine Flachmänner hingen, nach oben. »Was darf es denn sein? Wein oder Cognac? Es ist einer meiner Grundsätze, dass man in jeder Lage eine Wahl haben sollte.«

Ich hatte noch nie Alkohol getrunken, weil das ein völlig artfremdes Getränk für Hamster ist. Für Menschen übrigens auch, aber die meisten scheinen das nicht zu wissen oder zu ignorieren. Ich tendierte zu der Ansicht, dass es für Ratten ebenfalls ungeeignet war, aber Bluebrain schien keine Zweifel dieser Art zu hegen.

Nach kurzem Überlegen traf ich die Entscheidung, ein Schlückchen Wein zu mir zu nehmen. Ich hoffte, dann nicht mehr so viel von mir, meiner desolaten Verfassung und meinem nicht sehr vertrauenswürdig wirkenden Begleiter mitzubekommen. Die Hoffnung erfüllte sich: Ich kann mich kaum noch daran erinnern, wie ich auf das Schiff gekommen bin.

Begegnung mit Torben auf dem Schiff

In der nächsten Nacht erwachte ich mit brummendem Schädel unter einer Rolle dicken Schiffstaus. Nach kurzer Zeit erschien Bluebrain.

»Na, Kleiner, du verträgst ja wohl gar nichts. Das war ein echter Akt, dich auf's Schiff zu bringen. Da ist noch fleißiges Trainieren angesagt, hehe.« Sein Blick wirkte schon wieder etwas glasig, aber ich sollte mich bald daran gewöhnen, dass er eigentlich immer so guckte. Zum Glück hatte er diesmal in einem seiner Flachmänner schönes reines Wasser, das ich in tiefen Zügen zu mir nahm. Nachdem ich dann noch ein paar leckere Körner verzehrt hatte – »Müsli«, erklärte mir Bluebrain, »zum Glück ernährt sich die Schiffsbesatzung zunehmend gesundheitsbewusst« –, fühlte ich mich schon viel besser.

»Wir Ratten teilen uns die Schiffe auf, und ein paar von uns sind immer auf Landurlaub«, fuhr Bluebrain fort. »Meistens fahre ich mit meinem Kumpel Angelo zusammen. Aber der macht gerade eine Art Kur, weil er Probleme mit seiner Leber hat.«

»Trinkt Angelo auch?«

»Trinken ist gar kein Ausdruck, mein Junge, gegen ihn bin ich ein Waisenknabe«, grinste Bluebrain. »Jedenfalls bin ich diesmal die einzige Ratte auf dem Schiff und froh, dass du mitfährst, sonst wäre es bestimmt langweilig. Es gibt natürlich außer uns noch einen Haufen Mäuse, aber die bleiben meistens unter sich.

Außerdem fährt auf fast jedem Schiff eine Katze mit, auf diesem auch. Sie ist dazu da – wer hätte es gedacht –, die Nagerpopulation zu dezimieren. Aber wir haben Glück mit unserer: Sie heißt Arunja und ist weder die Hellste noch die Schnellste, hehe.«

Bluebrain lachte selbstzufrieden über seinen Reim.

»Schwarzgraues Fell, ein zerfetztes linkes Ohr und ein lahmes linkes Hinterbein – so sieht sie aus.«

Die Beschreibung der Katze weckte eine diffuse Erinnerung in mir, doch diese wurde nicht konkreter.

»Und dann haben wir noch einen besonderen Schiffsmitbewohner namens Archiebald, genannt Archie«, fuhr Bluebrain fort.

»Bitte?«

»Archiebald ist ein Hund, eine Mischung aus einem Neufundländer und allem Möglichem. Er ist schon sehr alt und fährt nur noch manchmal mit seinem Herrchen, dem Steuermann, mit. Aber dieses Mal ist er dabei. Archie scheint sich nicht mehr für die Jagd zu interessieren; er steht sozusagen schon mit einer Pfote im Nirwana. Von ihm geht wahrscheinlich keine Gefahr mehr aus. Aber so richtig traue ich ihm nicht über den Weg, weil ich nicht ganz verstehe, wie er tickt. Vorsicht ist die Mutter der Porzellankiste … und der zerbrechlichen Weinflaschen.«

Mit diesem kryptischen Satz beendete Bluebrain zunächst seine Ausführungen.

»Na, das hört sich ja an wie ein richtiger Rentnerverein; ich werde den Altersschnitt sicherlich ungemein senken«, bemerkte ich respektlos.

»Also hör mal«, entgegnete Bluebrain leicht beleidigt, »ich bin im besten Rattenalter.«

»Was man dir nicht unbedingt ansieht«, dachte ich. Der Alkohol hatte bei ihm schon deutliche Spuren hinterlassen. Ich war nicht begeistert von der komischen Mischung an Reisegenossen: mit sich selbst beschäftigte Mäuse, ein Dauertrinker, eine Katze, die zwar nicht gefährlich zu sein schien, aber auf die man trotzdem ein Auge haben musste, und ein halb in jenseitigen Gefilden schwebender Hund. Das klang nicht nach einer kurzweiligen Überfahrt. Doch ich sollte mich täuschen.

»Wie sieht es denn mit der Verpflegung aus?«, versuchte ich das Thema zu wechseln.

Die Miene der Ratte hellte sich wieder auf. »Damit sieht es gut aus. Wir haben hier genug zu trinken und zu fressen. Und mit den Menschen, also den Besatzungsmitgliedern, leben wir im Großen und Ganzen in friedlicher Koexistenz.«

»Und wie passen die Mäuse- und Rattenfallen, die hier rumstehen, zu dieser friedlichen Koexistenz?«

»Da geht nur alle vier Wochen mal eine demente oder betrunkene Maus rein. Ich würde noch kurz vor dem Delirium so eine dämliche Falle erkennen. Das weiß die Schiffsbesatzung natürlich auch. Die stellen die Fallen mehr aus symbolischen Gründen auf.

Im Prinzip haben wir ein unausgesprochenes Abkommen getroffen: Wir nagen immer nur einen Getreidesack bzw. ein Stück Gemüse an, und ich öffne immer nur eine Flasche für mich. Diese angefressenen Sachen überlassen die Menschen uns. Sie stellen ihre Fallen auf, um zu demonstrieren, dass ihnen das prinzipiell nicht gefällt, aber lassen uns sonst in Ruhe, und wir bemühen uns, ihnen aus dem Weg zu gehen. Das kann man doch durchaus friedliche Koexistenz nennen.«

Ich nahm diese Lagebeschreibung zur Kenntnis und folgte Bluebrain zu einem Schiffsrundgang.

Wir befanden uns auf einem sogenannten Stückgutschiff, wie die Ratte mir erläuterte. Es war schon ziemlich alt und brachte Handelsgüter in den Nahen Osten und zurück. Bluebrain mochte »sein« Schiff, wie er es nannte, und wusste einiges über seine technischen Daten. Ich hörte nur mit einem Ohr zu, denn mich interessierte das Schiff ausschließlich als Transportmittel.

Unser Hauptaufenthaltsort waren die Laderäume mit ihren Zwischendecks. Auf den oberen lagerten in große Kisten verpackte Maschinenteile und auf den unteren lange, gerade gewachsene Baumstämme.

»Die Maschinenteile sind uninteressant, die Baumstämme dagegen riechen wenigstens gut, und man kann schön auf ihnen herumklettern. In den Laderäumen lässt es sich gut leben, weil die Matrosen fast nie hierherkommen. Auf das Hauptdeck dagegen würde ich nur mitten in der Nacht gehen und auch dann nicht unbedingt zum Heck, weil da im Achteraufbau die Wohnräume der Mannschaft liegen.« Bluebrain zeigte mir den Spalt einer nicht ganz schließenden Ladeluke, durch den wir relativ sicher auf das Hauptdeck gelangen konnten.

Zum Schluss besichtigten wir die wichtigste Örtlichkeit des Schiffes, die Vorratskammer, die natürlich auch nur nachts und unter größten Vorsichtsmaßnahmen zu betreten war. Bluebrain führte mich zu dem angenagten Müslisack, vor dem gerade sieben Mäuse saßen und einen Imbiss zu sich nahmen. Dann driftete er ab zu seiner Weinflasche, und der Rundgang war beendet.

Als ich in der dritten Nacht meinen ersten Ausflug auf das Deck unternahm und gerade auf die Back, den Aufbau des Vorschiffes, geklettert war, vernahm ich unverhofft ein leises, klägliches Fiepen. Es hörte sich weder nach Maus noch nach Hamster an, aber doch irgendwie vertraut. Ich blieb stehen, lauschte und pirschte mich vorsichtig um eine Persenning herum. Und dort saß tatsächlich ein anscheinend ganz in seinen Schmerz versunkener graubrauner Geselle, etwas kleiner, aber dafür kompakter als ich. Ganz klar ein Nager, aber weder Hamster noch Ratte noch Maus.

»Hallo, nicht erschrecken«, sprach ich ihn vorsichtig an. Das tat er natürlich trotzdem und wich unter die Persenning zurück.

»Ich heiße Louis und bin ein Goldhamster«, stellte ich mich vor.

»Und ich heiße Torben und bin ein Lemming«, fiepte es nach einer Weile. Nach einer weiteren Weile kam Torben wieder hervor und betrachtete mich abwartend.

»Was machst du hier auf diesem Schiff, Torben? Willst du auch in deine Heimat zurückfahren?«

»Ach nein«, sagte der Lemming, und sein Gesicht verdüsterte sich. »Ich habe keine Heimat und keine Familie mehr. Und deshalb will ich mich ins Meer stürzen. Ich wollte gerade springen, als du kamst.« Und er trippelte gefährlich nahe an den Rand der Reling.

»Um Gottes Willen, komm da weg«, sagte ich erschrocken, und meine Nackenhaare sträubten sich. Ich spürte instinktiv, dass Torben es ernst meinte.

»Bitte sieh mal, kurz bevor du springen wolltest, hat das Schicksal mich hierher geführt. Erzähl mir doch, wie es kommt, dass du dich hier herunterstürzen willst. Wenn du jetzt springst, werde ich mich immer fragen, wer du gewesen bist und was du für eine Geschichte hattest.« Mein Gerede schien mir selbst nicht sehr überzeugend. Ich war angespannt. Obwohl ich Torben gar nicht kannte, hatte ich sofort eine tiefe Zuneigung zu ihm gefasst.

Der Lemming sah mich unschlüssig an.

Ich holte ein paar Getreideflocken aus meinen Backentaschen. »Wir machen ein kleines Picknick, und du erzählst mir deine Geschichte«, schlug ich vor.

Torben betrachtete heißhungrig die Müsliflocken. »Ich habe schon zwei Nächte nichts mehr gefressen«, sagte er leise. »Aber ich brauche ja auch nichts mehr.«

»Zwei Nächte?! Das ist ja ungeheuerlich! Du musst halbtot sein!«

»Lieber wäre ich schon ganz tot«, kam die beunruhigende Antwort.

»Also, mit knurrendem Magen zu sterben, ist doch irgendwie würdelos«, gab ich zu bedenken.

»Gut, ich erzähle dir meine Geschichte«, entschied Torben schließlich, »aber es ist keine schöne.«

Das konnte ich mir denken, doch die Hauptsache war erst mal, dass er seinen Todessprung aufgeschoben hatte. Torben stürzte sich auf die Getreideflocken, obwohl sie gar nicht zu seiner Nahrung gehörten, wie ich später erfuhr. Aber in der Not frisst der Teufel Fliegen und der Lemming Müsli. Als er satt war, begann er zu erzählen.

Torbens Geschichte

»Ich lebte mit meiner und zwei weiteren Großfamilien im Zoo von Bari. Wir hatten es nicht sehr gut. Zum einen ist das Klima in Italien zu warm für uns – wir kommen aus Nordeuropa –, und zum anderen wurde unser Gehege zu eng. Jedes unserer Männchen braucht nämlich sein eigenes Territorium. Aber dazu hatten wir zu wenig Raum – wir vermehren uns nämlich ziemlich schnell.«

»Wir auch«, warf ich ein.

»So wuchs unsere Bevölkerungszahl immer mehr, und wir hatten nicht mehr genug Platz«, fuhr Torben fort. »In der Natur regelt sich das von selbst: Dann wird das Futter knapp, und einzelne Untergruppen machen sich auf und suchen sich eine neue Heimat. Im Zoo aber bekamen wir weiter unser Futter, und auswandern konnten wir auch nicht, weil wir eingesperrt waren. Also vermehrten wir uns weiter, und in unserem durch eine hohe Mauer begrenzten Areal wurde es immer enger. Es wimmelte nur so von Lemmingen.

Eine aggressive Atmosphäre entstand. Zunächst begannen sich nur die Männchen zu prügeln – zur Freude der Zoobesucher übrigens –, aber schließlich kam es jede Nacht zu brutalen Attacken, auch auf Weibchen und Junge. Alle sozialen Regeln schienen zusammenzubrechen; es musste etwas geschehen. In dieser krisenhaften Lage kam der Ältestenrat zusammen und traf eine folgenschwere Entscheidung: Bevor wir uns alle gegenseitig zerfleischten, sollten sich im Interesse der Arterhaltung 80 Prozent von uns durch kollektiven Selbstmord opfern, und 20 Prozent sollten weiterleben.«

»Wie bitte, habe ich dich richtig verstanden?«, unterbrach ich ihn empört. »Die einen sollen sich umbringen, damit die anderen ein schönes Leben haben können?!«

»Es geht um die Arterhaltung; das ist das höchste Gut. Alles andere, wie z. B. das individuelle Wohl, hat sich dem unterzuordnen. In unserer Kultur ist der kollektive Selbstmord zu bestimmten Zeiten eine völlig normale Maßnahme«, antwortete Torben.

»Mir ginge es in erster Linie um *meine* Erhaltung«, erwiderte ich und fühlte mich entfernt an die Gespräche mit Stops erinnert und an seine Ausführungen über das Sich-Aufopfern für sein Frauchen. Stops wie Torben waren Rudeltiere und setzten damit Prioritäten, die sich fundamental von meinen unterschieden.

»Also weiter«, sagte ich seufzend. »Wie wurden die Todeskandidaten denn bestimmt?«

»Zunächst wurde diskutiert, aus Gründen der Gerechtigkeit das Los entscheiden zu lassen. Dann aber sprach

Amorphus, unser Ältester, und er sagte, im Interesse der Arterhaltung läge nicht das Überleben einer Zufallspopulation, sondern das Überleben der Stärksten und Gesündesten. Und eben die müssten wir raussuchen, damit sie sich weiter fortpflanzen könnten. Dies war allen einsichtig, und so geschah es. Von den mittlerweile ca. 120 Lemmingen wurden 25 von unserem Ältestenrat nach einer vorher abgestimmten Checkliste ausgewählt: jeweils zwölf junge, gesunde und fortpflanzungsfähige Männchen und Weibchen aus den verschiedenen Familien. Und zudem noch einer aus dem Ältestenrat selbst, um auch die Weisheit der Alten mit in die neue Zeit hinüberzunehmen.«

Ich hatte mit steigendem Entsetzen zugehört. »Aber hat man sich nicht um die 25 Plätze gestritten und geprügelt?! Was hat der Sechsundzwanzigste gemacht? Hat er nicht mit allen Mitteln versucht, der Fünfundzwanzigste zu werden?«

Torben betrachtete mich ernst und leicht verwundert. »Du verstehst unsere Art zu denken nicht. Jeder möchte das Beste für sein Volk tun. Und wenn dazu der eigene Tod nötig ist, dann nimmt man das hin.«

Ich nahm diese Erklärungen auch erst einmal so hin, obwohl sich mir das Fell sträubte.

»Da ich ein junger, starker und gesunder Lemming bin – oder jedenfalls zu dem Zeitpunkt war –, wurde ich der Gruppe der Überlebenden zugeordnet.« Torben seufzte und starrte ins Leere.

»Aber das ist doch toll.«

»Ja, aber drei Tage vor dem Entscheid ist etwas ganz

Wichtiges passiert: Ich habe mich in Mira verliebt, eine junge Lemmingfrau, die ich schon aus Wurfzeiten kenne, unsere Familien sind befreundet. Mit ihr habe ich herumgebalgt und gespielt, seit ich denken kann. Doch ich hatte sie zuvor nie als attraktives junges Weibchen gesehen.«

»Tausendmal berührt, tausendmal ist nichts passiert«, sagte ich verständnisinnig.

»Mira ist an sich auch jung, gesund und fortpflanzungsfähig, aber sie hat an einer Pfote nur drei Krallen. Und aufgrund dieser blöden, völlig nebensächlichen Behinderung wurde sie der Selbstmordgruppe zugeteilt. Wie alle Lemminge hat sie es gefasst hingenommen, mich sogar noch getröstet und gesagt, ich würde bestimmt bald eine neue, nette Freundin in der Überlebensgruppe finden. Aber das wollte ich nicht; ich wollte sie.

Und dann kam der Tag des kollektiven Todes: Wir hatten in Gemeinschaftsarbeit unter die höchste Klippe in unserem Terrain eine Steinplatte geschoben. In einer langen, feierlichen Prozession zog die Todesgruppe die Klippe hinauf. Die Lemminge stürzten sich nacheinander kopfüber hinunter, um durch Genickbruch auf der Steinplatte zu sterben. Ich verkroch mich, damit ich nicht mit ansehen musste, wie meine Liebste hinuntersprang. Später, als alles vorbei war, kam ich hervor. Ich werde diesen Anblick niemals vergessen.«

Torben brach die Stimme, er begann zu weinen.

»Überall lagen meine toten Verwandten und Freunde; es war so schrecklich. Auch die anderen Überlebenden irrten über das Schlachtfeld und beweinten ihre Lieben.

Wir konnten uns gegenseitig keinen Trost spenden, und zum ersten Mal – noch bevor ich die Leiche von Mira gefunden hatte – wurde mir klar, dass wir, die Überlebenden, das schlimmere Los gezogen hatten. Wir mochten zwar alle jung und gesund sein – oder besser: gewesen sein –, doch seit diesem Tag waren wir gezeichnet. Unsere Lebensfreude war uns genommen. Mein Freund Lancelot, auch ein Überlebender, ergraute an diesem Tag fast völlig und sah fortan aus wie ein alter Lemming. Und während ich inmitten der Leichen stand, wurde mir auch klar, dass mit diesem Massaker als Fundament keine neue gesunde Lemmingpopulation erwachsen konnte.

Dann fand ich Mira. Sie hatte keine sichtbaren äußeren Verletzungen und lag da wie schlafend. Aber sie schlief nicht sondern war tot. Ich warf mich weinend über sie, vergrub mein Gesicht in ihrem weichen Fell und blieb einfach liegen.

Am nächsten Tag bemerkten die Zoowärter den Massenselbstmord. Es gab große Aufregung und ein Riesengeschrei. Während sie noch diskutierten, traf ich eine Entscheidung. Unbemerkt von den anderen Überlebenden, die genug mit sich selbst zu tun hatten, blieb ich einfach bei Mira liegen und stellte mich tot. Ich wollte auch sterben, neben ihr.

Einige Minuten später kamen zwei behandschuhte Wärter in unsere Behausung und verluden meine toten Mitlemminge und mich auf eine große Karre. Halbzerquetscht von den anderen verlor ich das Bewusstsein, bis mich eine laute

Stimme ins unerwünschte Leben zurückholte. Ich lag immer noch auf der Karre, die in einen anderen Bereich des Zoos gerollt worden war. Die laute Stimme schien dem Direktor zu gehören, jedenfalls erteilte sie Anweisung, an welche Tiere wir zu verfüttern seien. Ich hörte der Aufzählung mit steigendem Entsetzen zu. Nein, ich wollte nicht einem Wüstenfuchs oder einer Schlange als Abendimbiss dienen, sondern einen selbstbestimmten Tod sterben.

Als die Männer sich entfernt hatten, rappelte ich mich hoch und kletterte von der Karre. Bis zum Abend versteckte ich mich unter einem dichten Busch und verließ dann den Zoo. Ich hatte einen neuen Plan gefasst, um zu sterben. Da es in der Stadt keine Klippen zu geben schien, von denen man sich stürzen konnte, würde ich eben den Hafen suchen, auf ein Schiff gehen und von ihm aus ins Meer springen – falls mich auf dem Weg dorthin nicht schon ein Hund oder eine Katze gefressen hätte. Und obwohl ich ohne Vorsichtsmaßnahmen durch die Stadt wanderte und mehrere Hunde und Katzen in der Nähe hörte, begegnete mir keine, sodass ich unbehelligt dieses Schiff erreichte.

Und hier bin ich nun und wollte gerade meinen Plan in die Tat umsetzen, als du erschienen bist.

Jetzt habe ich dir alles erzählt und kann springen. Vielleicht treffe ich in der anderen Welt ja Mira wieder.«

Ich hatte das dringende Bedürfnis, diese unglaubliche Geschichte erst einmal zu verdauen, aber dazu war keine Zeit. Meine Gedanken ratterten; nun war es noch offensichtlicher, dass Torben es ernst meinte. Was war zu tun? Ich versuchte, mich daran zu erinnern, wie sich meine MB zum Umgang mit Akutsuizidalen geäußert hatte. Doch mein Kopf war leer. Ich erinnerte mich nur an ihre Worte, dass man immer versuchen sollte, authentisch zu sein, auch und vor allem in kritischen Situationen. Also hörte ich auf zu denken, und versuchte, meinen Gefühlen Ausdruck zu verleihen:

»Warte mal, Torben. Wir kennen uns zwar noch nicht lange, aber ich mag dich, und es würde mir sehr wehtun, wenn du dich jetzt vor meinen Augen umbrächtest. Es muss doch einen Sinn haben, dass wir uns ausgerechnet jetzt, kurz vor deinem Sprung, getroffen haben. Bitte verschieb dein Vorhaben. Wir könnten noch einen netten Abend zusammen verbringen und uns ein bisschen was erzählen. Ich hätte auch noch ein paar Fragen zu deiner Geschichte. Außer dir kenne ich hier nur eine daueralkoholisierte Ratte, mit der man ab einem gewissen Pegel kein vernünftiges Wort mehr sprechen kann. Bitte …«, schloss ich etwas hilflos.

Torben überlegte unschlüssig: »Du bist mir auch sympathisch, aber irgendwann muss ich es ja einmal hinter mich bringen.«

»Genau«, pflichtete ich ihm bei, »und irgendwann muss nicht heute sein. Jeder zum Tode Verurteilte bekommt ja noch ein schönes Henkersmahl. Warum darauf verzichten? Wir fressen heute Nacht ein leckeres gemischtes Müsli mit etwas Obst, trinken eventuell ein Schlückchen aus der von Bluebrain – das ist die Alkoholiker-Ratte – geöffneten Weinflasche und machen uns eine schöne Zeit. Ich verspreche dir, dass ich dich morgen nicht mehr beeinflussen werde.«

»Aber heute werde ich es tun«, dachte ich im Stillen.

Als sich das traurige Gesicht von Torben zu einem kleinen Lächeln verzog, wusste ich, dass ich gewonnen hatte – vorerst.

»Na gut Louis«, sagte er, »ich verschiebe mein Vorhaben auf morgen Abend, weil du so ein netter Bursche bist und mich darum bittest. Und vielleicht stirbt es sich mit vollem Magen ja wirklich besser als mit leerem.«

Therapie mit Torben

Wir veranstalteten tatsächlich ein echtes Festmahl, das für Torben überwiegend aus Baumrinde bestand, die er von der Holzladung abnagte. Er war ein vielseitig interessierter Lemming, und ich genoss das Gespräch mit einem klugen und nicht alkoholumnebelten Gegenüber.

Als der Morgen dämmerte, hatte ich ihm das Versprechen abgerungen, sein Suizidvorhaben bis zum letzten Tag der Überfahrt zu verschieben und bis dahin eine Art Gesprächstherapie bei mir zu machen. Ich konnte mich gar nicht mehr so genau daran erinnern, wie es zu meiner Idee mit der Psychotherapie gekommen war. Möglicherweise hatte der Wein seinen Teil dazu beigetragen. Wie auch immer; letztlich zählte das Ergebnis.

»Aufgeschoben ist nicht aufgehoben; der Selbstmord

läuft nicht weg«, sagte ich am nächsten Abend, als wir wach wurden. »Aber vielleicht findest du ja während der Therapie auch andere Lösungen für deine schwierige Situation.«

»Das glaube ich kaum, mach dir keine Hoffnungen. Aber ich kann dir ja bis zum Ende der Überfahrt noch ein bisschen Gesellschaft leisten.«

Therapie hieß natürlich nicht »Gesellschaft leisten«, aber das würde der Lemming schon noch merken. Ich war sehr zufrieden mit mir, hatte ich doch Torben vorerst erfolgreich vom Springen abgehalten. Besser hätte es meine MB auch nicht machen können. Den Rest, nämlich ihn bei der Entwicklung neuer Lebensperspektiven zu unterstützen, würde ich auch noch hinbekommen, dachte ich so optimistisch wie blauäugig.

Von den 24 Tagen, die die Überfahrt mit Zwischenstopps dauern sollte, waren schon vier vergangen. In Anbetracht der Kürze der Zeit und der Schwere der Aufgabe wollten wir uns jede Nacht um 2.00 Uhr zu einer Doppelstunde treffen. Ich hatte zwar oft zugehört, wenn sich meine MB und ihre psychologische Freundin Carina über ihre Klienten unterhielten – sie nannten es »gegenseitige Supervision« –, aber natürlich war ich nicht wirklich therapeutisch ausgebildet. Erschwerend kam hinzu, dass Torben kaum Motivation zur Veränderung hatte, weil für ihn die Lösung ja eigentlich schon gefunden war, nämlich seinen toten Freunden und Familienmitgliedern nachzufolgen. Ich hatte das unangenehme Gefühl, er machte die

Therapie bloß mir zuliebe. Also alles in allem sehr schwierige Voraussetzungen: ein Therapeut ohne wirklichen Durchblick und ein Patient ohne wirklichen Veränderungswunsch, aber mit ernst zu nehmenden suizidalen Absichten.

Bevor wir anfingen, wollte ich zumindest eine grundsätzliche Leitlinie für meine Haltung und mein Vorgehen entwickeln. Also suchte ich mir einige Körner zusammen, um meinen Gehirnstoffwechsel anzuregen. Während ich sie in mich hineinfutterte, begann ich mit meinen methodischen Überlegungen und aktivierte das gesamte Wissen, das ich bei meiner MB gesammelt hatte. Das Ergebnis ließ sich folgendermaßen zusammenfassen:

Wenn der Selbstmord die Verengung auf die einzige letzte Handlungsalternative war, musste diese finale Verengung wieder erweitert werden.

Das klang erst einmal einfach, die konkrete Umsetzung sollte sich aber als schwieriger erweisen. Nicht, dass Torben irgendwie mauerte, nein, er ging bereitwillig auf meine Fragen ein und erzählte von seinen früheren Tätigkeiten und Interessen. Und er hatte sich mit vielem beschäftigt, insbesondere mit der Koordination des Zusammenlebens von Großfamilien und Herden sowie Hierarchiestrukturen. In diesem Zusammenhang interessierte ihn auch mein psychologisches Wissen, das ich natürlich gerne mit ihm teilte.

Wir führten sehr anregende Gespräche, und wenn Torben eine gute Nacht hatte, entwarf er sogar neue Gesellschaftsmodelle für Lemminge. Nur für sein eigenes Leben konnte er keine Perspektiven entwickeln, was ja auch nicht einfach war, hatte er doch alle verloren, die er liebte, und fuhr einem unbekannten Land entgegen. Für ihn blieb die Frage nach dem Sinn des Lebens ungelöst; Torben verfiel immer wieder in seine düstere Stimmung und hielt an seiner Selbstmordidee fest.

Am Anfang meiner psychologischen Tätigkeit war ich trotzdem noch sehr zuversichtlich und spielte mit dem Gedanken, meine therapeutischen Aktivitäten auszuweiten. Ein bisschen Training konnte nichts schaden, deswegen schlug ich auch Bluebrain eine Therapie vor.

»Eine Therapie? Fein, das ist mal etwas anderes. Hier auf dem Schiff ist es auf die Dauer doch ein bisschen langweilig«, meinte er.

Ich machte ihn darauf aufmerksam, dass eine Therapie nicht zur Zerstreuung, sondern zur Persönlichkeitsveränderung vorgesehen sei.

»Auch gut. Und was soll ich verändern?«, fragte Bluebrain.

»Das, worunter du leidest.«

Bluebrain überlegte ein Weilchen. »Am meisten leide ich aktuell darunter, dass es keinen Veterano mehr auf dem Schiff gibt. Die Matrosen kommen, wie gesagt, mehr und mehr auf den Gesundheitstrip und reduzieren die harten Sachen – es gibt fast nur noch Wein. Wein ist zwar fein, aber auf die Dauer etwas eintönig. Aber dieses Problem lässt sich ja nicht durch eine Persönlichkeitsveränderung lösen, oder? Es sei denn, du hilfst mir dabei, mich so zu verändern, dass ich in Zukunft ausschließlich auf Wein stehe.«

Ich machte ihn darauf aufmerksam, dass eine Therapie nicht dazu vorgesehen sei, seine alkoholischen Vorlieben zu verändern, sondern ihn von seinem Alkoholismus zu befreien. »Dazu müsstest du aber zuerst einen Entzug machen«, setzte ich hinzu.

»Das heißt, ich soll gar nicht mehr trinken??«, fragte Bluebrain entrüstet.

»Genau, und in der sich daran anschließenden Therapie sprechen wir darüber, wie du dein Leben ohne Alkohol gestalten kannst.«

»Aber ich will mein Leben doch mit Alkohol gestalten. Ein guter Schluck spült den täglichen Unbill hinweg und macht den harten Lebensweg etwas gleitfähiger. Und warum soll ich mich erst mit einem Entzug quälen, um danach über etwas zu sprechen, über das ich gar nicht reden will?«, fragte er unwillig. »Leiden tue ich nur dann, wenn nicht genug Alk da ist. Irgendwie habe ich den Eindruck, dass deine Therapie etwas fehl am Platz ist.«

Den Eindruck gewann ich langsam auch. Der Ratte mangelte es klar an Einsicht in ihre behandlungsbedürftige Suchtstruktur.

»Man kann die Hunde nicht zum Jagen tragen«, pflegte meine MB zu sagen – und Ratten nicht zur Therapie, wie ich hinzufügen möchte.

So blieb also Torben, und mit dem hatte ich genug zu tun, denn er machte keine Fortschritte.

Im Geiste ging ich methodische Alternativen durch und haderte mit mir selbst, weil mir nur wenig einfiel. Schmerzhaft machte sich mir meine unzulängliche Ausbildung bemerkbar.

Sollte ich mit Torben eine Familienaufstellung versuchen? Aber das schien aus verschiedenen Gründen schwierig zu sein. Zum einen wusste ich nicht, wo wir all die RepräsentantInnen für die einzelnen Mitglieder seiner Großfamilie herbekommen sollten. Vielleicht wäre dieses Problem sogar noch lösbar gewesen, wenn sich aus der Masse der Mäuse auf dem Schiff genug psychologisch aufgeschlossene und selbsterfahrungsinteressierte gemeldet hätten. Aber die ganze Methode erschien mir hier nicht angebracht zu sein. Wenn ich mir vorstellte, dass Torben 20 oder mehr tote Familienmitglieder aufstellen müsste, dann würde das vermutlich nicht zu seiner Stimmungsaufhellung beitragen, sondern eher seinen Wunsch verstärken, sich durch den Tod zu ihnen zu gesellen. Das konnte man sich auch ohne weitreichende psychologische Kenntnisse unschwer vorstellen.

Sollte ich paradox intervenieren und ihm das nächste Mal, wenn er den Wunsch äußerte, sich vom Schiff zu stürzen, einfach sagen: »Gute Idee, Torben. Mittlerweile glaube ich auch, dass Selbstmord das Beste für dich ist. Spring runter, am besten gleich.« Der Theorie zufolge müsste Torben dann den Gegenstandpunkt vertreten, also Partei für das Leben ergreifen, um das Gleichgewicht der Positionen wiederherzustellen.

Aber ob er das auch tatsächlich tun würde? Was wäre, wenn Torben der Theorie nicht folgen, sondern schnurstracks auf Deck marschieren, über die Reling krabbeln und sich ins tosende Meer stürzen würde? Mir schien das Risiko jedenfalls sehr hoch zu sein. Ich meinte mich dunkel auch an Ausführungen meiner MB erinnern zu können, dass paradoxes Intervenieren bei Suizidgefährdeten kontraindiziert sei. Also gab ich die Idee auf. Langsam begann ich mich darüber zu wundern, dass sich Conny einen so frustrierenden Beruf ausgesucht hatte und trotzdem meistens ganz gut drauf war. In der nächsten Nacht fielen mir weitere Dinge ein, die sie gesagt hatte:

»Egal was du tust oder nicht tust, es kann immer nur wirken, wenn die Basis stimmt. Und die Basis ist die verlässliche, vertrauensvolle therapeutische Beziehung. Ohne sie funktioniert nichts!«

Mit Sicherheit hatten Torben und ich eine verlässliche, vertrauensvolle Beziehung. Ob sie therapeutisch war, wagte ich allerdings zu bezweifeln, denn wir verstießen ständig gegen die Abstinenzregel, die private Kontakte zwischen Klient und Therapeut untersagt. Wir hingegen verbrachten den größten Teil unserer wachen Zeit zusammen. Ich begründete das vor mir selbst mit den außergewöhnlichen Umständen auf dem Schiff, denn es gab hier keine wirklichen gesellschaftlichen Alternativen – außer den an uns desinteressierten Mäusen und der dauerbedröhnten Ratte.

Manchmal spielten wir mit Bluebrain, solange der noch einigermaßen zurechnungsfähig war, auch eine Art Nager-Poker um Getreideflocken. Oft kam eine pokerkundige Maus dazu und spielte mit. Aber das ging meistens nur eine begrenzte Zeit gut, denn wenn Bluebrain einen bestimmten Pegel erreicht hatte, begann er, die Regeln sehr eigenwillig zu seinem Vorteil auszulegen. Die Maus hatte dann irgendwann die Nase voll und verschwand wieder, und auch Torben und ich suchten uns eine andere Betätigung.

Ohne mich wäre Torben völlig vereinsamt, und das wäre für ihn sicherlich das größere Übel gewesen. Allerdings war das nur die halbe Wahrheit, denn auch ich hätte mich ohne ihn sehr allein gefühlt.

Wir hatten unseren Schlafplatz nebeneinander, und nach den Therapiestunden begaben wir uns auf Entdeckungsreise durch das Schiff. Wenn ich ehrlich war, unterschieden sich die Therapiestunden nicht besonders von unseren sonstigen Gesprächen, außer dass ich mich mit meinen eigenen Ansichten und Beiträgen mehr zurücknahm. Was immer wir taten, wir taten es meist zusammen, weil wir uns mochten. Doch je länger ich die Abstinenzregel missachtete, und je tiefer unsere Freundschaft wurde, desto mehr fragte ich mich, ob ich richtig handelte. Um ehrlich zu sein: Ich fühlte mich überfordert und hätte gerne mit meiner MB über diese schwierige Therapie- und Beziehungssituation gesprochen. Ja, am liebsten hätte ich ihr den Fall ganz übergeben und wäre selbst einfach nur Torbens Freund gewesen. Aber das ging leider nicht.

Ich fand keine wirkliche Lösung, Torben hielt an seinen Selbstmordplänen fest, und das Ende der Reise rückte mit jeder Nacht unbarmherzig näher ...

Meine zweite Krise

Zu dieser angespannten Situation kamen die schwierigen Gespräche mit Stops über das Hamster-Hunde-Net. Obwohl er sich wirklich bemühte, mir kein schlechtes Gewissen zu machen, war seine Traurigkeit über mein Verschwinden doch deutlich zu spüren. Auch meine MB war seinen Berichten zufolge untröstlich darüber, dass ich nicht mehr bei ihr lebte. Sie, Elvira und sogar die italienische Gastfamilie hatten tagelang das ganze Haus nach mir abgesucht. Überall lag Hamsterfutter herum, das aber nur Heerscharen von Mäusen anlockte. Conny hatte sich irgendwann damit abgefunden, dass ich verschwunden war, konnte seitdem ihren Urlaub aber nicht mehr genießen und war vorzeitig abgereist.

Und Stops machte sich Sorgen – Sorgen, die ich nach einiger Zeit durchaus teilte –, ob ich mir mit meinen therapeutischen Bemühungen nicht zu viel zugemutet hatte. Am allerschlimmsten aber war, dass es in letzter Zeit zunehmend Übertragungsprobleme im Netz gab: Wir hörten uns gegenseitig nur verzerrt. Kam es zu irgendwelchen elektromagnetischen Störungen? Aber das konnte eigentlich nicht sein, handelte es sich doch um eine Bewusstseinsverbindung.

Oder lag es daran, dass ich mich nicht nur geographisch, sondern auch geistig von Stops entfernte? Und bedeutet das, dass über kurz oder lang unser Übertragungskanal ganz zusammenbrechen würde? Es wäre schrecklich, erschien mir aber angesichts der Lage der Dinge nicht unwahrscheinlich. Je gefährdeter unsere Verbindung wurde, desto deutlicher spürte ich, wie wichtig sie mir war.

Ähnliches galt für die Verbindung zu Lucy. Obwohl sie (noch) weit besser zu verstehen war als Stops, kam es bei unseren Gesprächen ebenfalls zu Übertragungsstörungen. Gerade jetzt, wo auch in ihrem Leben so viel passierte! Die alte Dame war nämlich gestorben, und Lucy wurde von einem entfernten Verwandten namens Herbert aufgenommen, der Hamster züchtete. Da meine Tochter, wie ja nicht anders zu erwarten, ein gesundes und wohlgebautes Hamsterweibchen war, hatte Herbert sie direkt mit einem Männchen zusammengebracht. Vor Kurzem nun hatte Lucy ihren ersten Wurf Junge geboren und mich damit zum Großvater gemacht. Lucy selbst ging ganz auf in ihrer Mutterrolle.

»Ich habe meine Berufung gefunden, Papa«, sagte sie voller Begeisterung.

Natürlich freute ich mich für sie, und doch war da gleichzeitig ein Gefühl von Schmerz.

»Wenn dein alter Vater das nur auch von sich sagen könnte«, dachte ich im Stillen.

Fast jeden Tag, soweit die Kleinen ihr Zeit ließen, führte Lucy mit Theo via Hamster-Ratten-Net lange Gespräche über die neuesten Theorien in Sachen Kindererziehung und Pädagogik. Natürlich wollte auch ich mich weiter mit ihr austauschen, was wegen der störanfälligen Verbindung jedoch nicht ganz einfach war. In dieser Zeit fielen mir öfter die Worte des Swamis ein, der mir beigebracht hatte, dass unsere Heimat bei denen ist, die wir lieben.

Wieder geriet ich in eine Krise, die anders war als die erste, aber nicht weniger heftig. Trotz aller Anstrengungen hatte ich das Gefühl, nichts wirklich Produktives für mich und andere tun zu können: Torbens Zustand besserte sich nicht, und meiner verschlechterte sich zunehmend.

Ich begann, meine Entscheidungen anzuzweifeln, angefangen von der Therapie-Idee bis hin zu dem grundlegenden Plan, nach Syrien aufzubrechen. Da ich tatsächlich große Entfernungen zurücklegte, schien sich in dieser Hinsicht Methusalems Prophezeiung zu erfüllen. Aber das gab mir weder Sicherheit noch beantwortete es die sich immer dringlicher stellende Frage, was ich in einem fremden Land wollte, in dem ich keinen kannte.

Würde ich dort überhaupt noch wild lebende Goldhamster finden, und wenn ja, was könnte ich mit ihnen anfangen? Höchstwahrscheinlich würden sie sich nicht für Psychologie und Menschenkunde interessieren, und noch wahrscheinlicher hatten sie noch nie etwas davon gehört. Messerscharf, nur leider zu spät, erkannte ich, dass ich das Rad der Entwicklung nicht mehr zurückdrehen konnte: Ich war kein wilder Hamster mehr. Durch das

Zusammenleben mit den Menschen war ich domestiziert und hatte geistige Interessen entwickelt. Ich vermisste schon jetzt die Gespräche mit Stops, ja, ich vermisste es sogar, meiner MB und ihren Freundinnen zuzuhören.

Was also tat ich hier? Mein Vorhaben erschien mir von Nacht zu Nacht sinnloser. Ich haderte mit mir und sogar mit dem TAO.

»Ich bin meinen Impulsen gefolgt, um mit dir im Einklang zu sein, aber wohin hast du mich geführt?«, warf ich ihm vor, doch es antwortete nicht, und so blieb ich meinem Gram allein überlassen. Zudem zeigte mir jede Therapiestunde mit Torben, dass ich hoffnungslos überfordert war.

So war es kein Wunder, dass ich nach zehn Nächten auf dem Schiff Anzeichen einer reaktiven Depression bei mir feststellte: Ein ausgeprägtes Abendtief nach dem Aufwachen, ständige Müdigkeit und eine tiefe Niedergeschlagenheit waren untrügliche Anzeichen. Das Leben und meine Vorhaben erschienen mir sinn- und perspektivlos. Sogar das Fressen schmeckte mir nicht mehr richtig, was ein höchst alarmierendes Indiz war.

Eines Nachts machte ich, in trübsinnige Gedanken versunken, einen Spaziergang über das Hauptdeck, um etwas frische Luft zu schnappen. Dabei umging ich wie immer großräumig das Heck, wo sich die Mannschaftsräume befanden und normalerweise Archie schlief. Doch in dieser Nacht hatte er sich ein anderes Plätzchen gesucht. Und so kam es, dass ich auf einmal neben den Rettungsbooten gegen ein schwarzes haariges Etwas stieß, das sich als Hundepfote entpuppte. Da der Wind aus meiner Laufrichtung kam, hatte ich den eigentlich unüberriechbaren Hund nicht gerochen. Ich erschrak so sehr, dass mein Fluchtreflex versagte und ich in eine Schreckstarre verfiel. Wie angewurzelt stand ich vor Archie.

»Du brauchst keine Angst zu haben, Kleiner«, ertönte seine grollende Stimme über mir. »Ich werde von meinem Herrchen gut gefüttert und bin im Übrigen zu alt für die Jagd. Außerdem habe ich gar keine Zähne mehr und kann nur noch Breikost fressen.«

Während ich noch überlegte, ob ich nach Hundekriterien eventuell unter Breikost fallen könnte, löste sich meine Starre aufgrund der freundlichen Worte des Hundes, und ich ging vorsichtig ein paar Schritte zurück, bis ich hinter mir ein Schiffstau spürte.

»Oh, du bist ja gar keine Maus, sondern der Goldhamster«, stellte Archie erstaunt fest. »Ich habe schon von dir gehört, aber nicht gedacht, dass ich dich noch persönlich kennenlernen würde. Sei gegrüßt, ich bin Archiebald, aber du kannst einfach Archie sagen. Wie heißt du, und wie hat es dich hierher verschlagen?«

Ich hatte inzwischen meine Sprache wiedergefunden, stellte mich vor und erzählte, wie ich auf das Schiff gekommen war und dass sich hier auch noch ein Lemming befand.

»Nein«, sagte Archie überrascht. »Ein Lemming? Dann ist es ja wahr, was die Mäuse so erzählen. Ich habe das für Geschwätz gehalten. Dies ist ohne Zweifel eine ungewöhnliche Reise.«

Ich war immer noch etwas eingeschüchtert vor der imposanten Erscheinung des Hundes, den ich gar nicht ganz überblicken konnte, und wusste nicht, was ich sagen sollte.

»Was führt dich zu mir, Louis?«, fragte Archie.

»Äh, gar nichts. Ich bin mehr oder wenig zufällig über dich gestolpert, weil ich mit meinen Gedanken woanders war.«

Der Hund legte seine Stirn in Falten. »Es gibt keine Zufälle im Universum, so viel solltest du in deinem bisherigen Hamsterleben verstanden haben. Ich bin dir zugefallen,« – er kicherte leise bei der Vorstellung – »also mach was draus.«

Ich starrte hilflos vor mich hin. Das war ein bisschen viel für mich: Gerade die Todesangst abgeschüttelt, sollte ich den tieferen Sinn unserer Begegnung erkennen.

»Wo warst du denn mit deinen Gedanken, als du über mich gestolpert bist?«, fragte Archie.

»Bei meiner Therapie mit Torben, die nicht funktioniert.« Und ich erzählte ihm ausführlich, wie unsere Gespräche immer wieder in der Suizid-Sackgasse endeten. »Ich bin kein guter Therapeut«, schloss ich meine Ausführungen, und die alte Bedrückung kehrte zurück.

»Zumindest scheinst du ihm nicht zu schaden, denn Torben lebt ja noch.«

Nun ja, wenn man es so betrachtete, hatte er nicht ganz Unrecht.

»Aber er kommt nicht wirklich weg von seinen Selbstmordgedanken«, meinte ich nachdenklich.

»Muss er das denn?! Du hast mir erzählt, dass du mit ihm zusammen versuchst, das Spektrum seiner Lebensperspektiven und Handlungsmöglichkeiten zu erweitern. Das finde ich einen guten Ansatz. Aber wenn du an einer Erweiterung arbeitest, kannst du nicht gleichzeitig eine Handlungsmöglichkeit ausschließen wollen, nämlich die des Selbstmordes. Wenn du ihm die wegnehmen willst, wird er daran festhalten, so einfach ist das.

Du kannst ihm am besten helfen, wenn du bedingungslos akzeptierst, dass die Entscheidung darüber, was er mit seinem Leben macht, bei ihm und nur bei ihm liegt. Er trägt die Verantwortung für sein Leben und nicht du.«

Archie hatte mit großer Autorität gesprochen. Ich fühlte mich irgendwie erleichtert, so als ob ein Knoten, der mich würgte, sich etwas gelockert hätte.

»Du redest ja fast wie meine psychologische MB. Warum kennst du dich so gut aus?«, fragte ich. »Bluebrain hat erzählt, dein Herrchen sei Steuermann auf dem Schiff.«

»Das stimmt. Aber mein erstes Herrchen war Philosophieprofessor und interessierte sich auch für Psychologie, daher weiß ich so einiges. Zudem bin ich schon etwas älter und habe manches gesehen und erlebt.«

Während dieser Worte sanken Archies Augenlider langsam auf Halbmast, und ich begriff, dass die Audienz beendet war. Ich verabschiedete mich und bedankte mich für seine Hilfe.

»Darf ich wiederkommen, wenn ich nicht weiterweiß oder eine Frage habe?«

»Gerne. Aber du musst damit rechnen, dass ich nicht immer Lust habe, zu reden. Mach's gut, Louis.« Seine Augenlider schlossen sich.

Ich setzte meinen Spaziergang fort und dachte über die Worte des Hundes nach.

In den darauffolgenden Nächten suchte ich ihn noch zweimal auf, aber wie er es mir schon angekündigt hatte, redete er nicht. Das heißt, er sagte einmal einen einzigen Satz. Als ich wieder über mangelnden Fortschritt in der Therapie klagte, meinte er:

»Die Blumen wachsen auch im Winter, bloß unter der Erde.«

Gespannt wartete ich auf eine weitere Erklärung, aber das Orakel hatte Schnauze und Augen geschlossen und war wieder in sein Schweigen verfallen. Ich war enttäuscht. Was um alles in der Welt hatten die unterirdischen Winterblumen mit einem therapieresistenten Lemming zu tun?

Rollentausch

Die Erholung hielt leider nicht an, sondern mein Zustand verschlechterte sich erneut. Und als eines Nachts Torben wieder über Selbstmord redete, hörte ich mich zu meiner eigenen Verwunderung sagen:

»Du hast recht. Das Leben ist ein Jammertal, und das Beste wird sein, es schnellstmöglich zu verlassen. Sag Bescheid, wenn du springst, ich werde mich dir anschließen.«

Torben, der aufgrund unserer in letzter Zeit ziemlich gleichförmigen Gespräche in einen Dämmerzustand hinübergeglitten war, zuckte zusammen.

»Was?«, sagte er fast böse. »Das ist nicht dein Job, so etwas zu sagen, das ist mein Part. Was ist los mit dir?«

»Ich habe einfach alles falsch gemacht. Vor allem habe ich eine unwiderruflich falsche Entscheidung getroffen, und das ist mir jetzt bewusst geworden. Du hast deine Freunde und deine Familie verloren, aber ich habe meine Freunde ohne Not verlassen.«

Torben betrachtete mich nachdenklich. »Nun, ich möchte dich hier an unsere Therapiestunde von vor drei Nächten erinnern. Da hast du gesagt, dass es keine falschen Entscheidungen gibt, sondern du durch das ›Falschsein‹ nur die Information bekommst, dass der Weg, den du gerade beschritten hast, nicht deiner ist. Und dass du immer die Möglichkeit hast, neue und für dich bessere Entscheidungen zu treffen.«

Stimmt, das hatte ich tatsächlich alles gesagt, aber es schien nur für die anderen zu gelten. Immerhin hatte sich Torben meine Worte gut gemerkt.

»Was hast du denn für eine unwiderruflich falsche Entscheidung getroffen?«, fragte Torben interessiert. Er schien zusehends wacher zu werden.

Ich erläuterte es ihm, ohne dem immer wieder aufblitzenden Gedanken Beachtung zu schenken, dass ich damit mal wieder nicht *lege artis* verfuhr, weil die Beschreibung meiner seelischen Verfassung und meiner eigenen Probleme sich so gar nicht mit dem Therapeuten-Klienten-Verhältnis vertrug. Wenn sowieso alles egal und sinnlos war, brauchte man auf solche Feinheiten auch keine Rücksicht mehr zu nehmen.

»Oh Gott, Louis, das habe ich ja gar nicht mitbekommen, dass es dir so schlecht geht. Ich war immer nur mit meinem eigenen Zeug beschäftigt – wie egoistisch von mir.« Torben war ehrlich bestürzt.

Ich wollte ihm sagen, dass sich in einer Therapie der Klient auch ausschließlich mit seinen eigenen Themen beschäftigen und sich um das Wohlergehen des Therapeuten keine Gedanken machen sollte. Aber, wie schon erwähnt, war mir alles ziemlich gleichgültig geworden.

Schließlich sagte ich nur noch: »Wir beenden die Therapie. Ich glaube, ich brauche selbst eine.« Nach diesen Worten versank ich in dumpfes Brüten.

»Nun«, meinte Torben diplomatisch. »Ich würde sagen, wir unterbrechen die Therapie so lange, bis es dir wieder besser geht. Bis dahin kümmere ich mich ein bisschen um dich.«

Irgendwas lief hier gerade falsch, aber ich konnte nicht mehr richtig erkennen, was es war …

Jedenfalls begann Torben, sich rührend um mich zu kümmern. Nach dem Aufstehen am Abend ermunterte er mich zu einer Klettertour über die Zwischendecks und, wenn ich eine gute Nacht hatte, zu etwas Lauftraining.

Er sagte mir, dass er seinen Selbstmord auf unbestimmte Zeit verschoben habe, weil er mich nicht in so desolater Verfassung zurücklassen wolle. Ich hätte so viel mit ihm geredet und mich um ihn gekümmert, dass er mich jetzt nicht hängen lassen könne. Er sehe es als seine Aufgabe an, mich zu unterstützen, und könne im Übrigen überhaupt nicht verstehen, warum ich an mir zweifele – bei meinen Fähigkeiten und Möglichkeiten. Ich sei doch ein so verständnisvoller und begabter Therapeut und könne in Syrien, wo das Angebot an Therapeuten vermutlich noch äußerst spärlich sei, ein Forschungs- und Ausbildungsinstitut für Hamster-Psychotherapie eröffnen und ein erfülltes Leben führen. Selbstverständlich könne ich auch etwas anderes machen dank meiner schon erwähnten vielfältigen Fähigkeiten, in jedem Fall solle ich aber mit einer glutäugigen Wüstenschönheit einen Haufen kleiner Hamster produzieren.

Ich sah meine Zukunft – so ich denn überhaupt eine hatte – in dieser Zeit sehr viel düsterer, und selbst das Bild einer glutäugigen Wüstenschönheit konnte daran nicht entscheidend etwas ändern.

Mal davon abgesehen, dass mich gerade so gar nichts mehr nach Syrien zog, war mir mittlerweile völlig klar, dass frei lebende Hamster nicht nur kein Interesse an Psychologie und Menschenkunde hatten, sondern auch keine Psychotherapeuten brauchten.

Wild lebende Tiere folgen ihren Impulsen und leben im Einklang mit sich selbst, der sie umgebenden Natur und damit dem TAO. Da kann es gar nicht zu tief greifenden seelischen Konflikten kommen, die Grundlage jeder ordentlichen Neurose sind. Die Neurose scheint Begleiterscheinung und Preis für geistige Entwicklung und Kultivierung zu sein, wie man es schön bei den Menschen beobachten kann.

»Wenn man es aus diesem Blickwinkel betrachtet, müsste ich tatsächlich schon einen hohen geistigen Entwicklungsstand erreicht haben«, dachte ich sarkastisch.

Auch wenn ich in dieser Zeit sehr mit mir selbst beschäftigt durch einen Sumpf von Trübsinn watete, blieb mir nicht verborgen, dass es Torben deutlich besser ging. Seine selbst auferlegte Aufgabe, sich um mich zu kümmern, schien ihm gutzutun.

Aber es gab noch weitere stimmungsaufhellende Ereignisse: Auf der Suche nach Unterstützungsmöglichkeiten für depressive Hamster – viel gab es nicht zu diesem Thema, wie er mir später erzählte – war Torben beim Surfen im Lemming-Net auf eine Selbsthilfegruppe für Lemminge gestoßen, die einen kollektiven Selbstmord überlebt hatten. Torben war der Gruppe umgehend beigetreten und pflegte seitdem einen regen Austausch mit den anderen Mitgliedern. Mit zweien hatte er sich direkt angefreundet, denn nur wenig verbindet so stark wie ein gemeinsames Schicksal.

Doch es gab etwas noch Sensationelleres: Beim Surfen war Torben – rein zufällig, versteht sich – an eine Online-Partnerschaftsagentur für Lemminge geraten und hatte über diese ein Weibchen namens Suleika kennengelernt. Überraschenderweise lebte Suleika mit ihrer Familie in Syrien, auf einer unzugänglichen Hochebene nicht sehr weit von dem Ort entfernt, an dem unser Schiff ankommen sollte. Vor vielen Jahren waren ihre Vorfahren von einem Tiertransport geflüchtet und hatten sich dort angesiedelt. Obwohl es hier eigentlich zu warm für Lemminge war, hatten sie sich über die Jahre an das Klima angepasst und kamen mittlerweile in ihrer neuen Heimat gut zurecht.

Torben unternahm weiterhin viel mit mir. Den restlichen Teil seiner Zeit chattete er mit seiner Selbsthilfegruppe, vor allem aber mit Suleika. Sein Fell begann zu glänzen und seine Augen zu strahlen.

»Wir können uns stundenlang unterhalten, ohne dass es langweilig wird«, erzählte er mir begeistert. »Ich fühle mich ihr nah, jede Nacht mehr, obwohl wir uns ja noch nie wirklich begegnet sind. Es ist ein anderes Gefühl als damals mit Mira – anders und doch irgendwie ähnlich.«

Eine Nacht später berichtete er, dass Suleika ein Bild von sich über das Lemming-Net geschickt habe: »Sie hat wunderschöne Augen und ein samtig glänzendes Fell. Und ihre runden Öhrchen …« Torben erging sich in ausführlichen Schwärmereien über Suleikas diverse Rundungen, die die Versprechungen ihres Namens zu erfüllen schienen.

Es dauerte nicht lange, bis die Dinge konkreter wurden.

»Stell dir vor, Louis«, sagte Torben aufgeregt zwei Nächte später, »Suleika hat mich gerade eingeladen, sie zu besuchen. Sie und ihre ganze Familie würden sich total freuen, wenn ich bei ihnen leben und frische Gene in die Gruppe bringen würde. Sie meinte, ich hätte die Auswahl zwischen mehreren Lemmingweibchen. Als sie das mit so einer traurigen Stimme sagte, habe ich es nicht mehr ausgehalten und ihr eine Liebeserklärung gemacht. Und … oh, es ist unglaublich: Sie liebt mich auch!«

Torben schwieg kurz. Dann sagte er feierlich: »Ich werde mich nicht umbringen, Louis. Ich werde zu Suleika gehen und mit ihr eine Familie gründen.« Leise fügte er hinzu: »Und ich weiß, dass Mira sich für mich freuen würde.«

Dann begann er zu strahlen, so sehr, dass ich ihn nicht wiedererkannte. Innerhalb kürzester Zeit war er ein ganz anderer Lemming geworden. Wie oft hatten wir ergebnislos über seine Lebensperspektiven gesprochen, und jetzt eröffneten sie sich wie von selbst.

Auch wenn meine eigene Zukunft weiterhin in Düsternis lag, war ich doch die Sorge um Torben und meine zweifelhaften therapeutischen Tätigkeiten los. Ich freute mich ehrlich für ihn, und meine Stimmung hob sich ein wenig.

Sex mit Melanie

In dieser nach wie vor krisenhaften Phase schickte mir das TAO zur weiteren Genesung das Mäuseweibchen Melanie.

Ich traf sie eines Nachts, als ich immer noch leicht trübsinnig meinen allnächtlichen Spaziergang über das Schiff machte. Normalerweise ignorierten wir die Mäuse und sie uns, und so wollte ich an ihr vorbeigehen.

»Hallo Hübscher, wohin so allein?«, drang es da in meine finsteren Gedanken.

»Hä?«, fragte ich uncharmant.

»So ein schöner Mann und so ganz ohne Begleitung ...«, gurrte sie unverdrossen. »Wie wär's denn mit uns beiden? Ich heiße Melanie und du?«

Es hätte nicht viel gefehlt und ich hätte zum zweiten Mal »Hä?« gefragt. So antwortete ich nicht viel geistreicher: »Louis. Wie wäre was?«

»Wie wäre es mit ein bisschen Spaß, in diesem Falle mit ein bisschen Sex?«, flötete Melanie, die wohl mittlerweile davon ausgehen musste, dass sie es mit einem zwar gut aussehenden, aber leider etwas zurückgebliebenen Hamster zu tun hatte.

Ich starrte sie an. Sie war zweifellos eine Schönheit mit ihrem glänzenden hellbraunen Fell, den mandelförmigen Augen und den entzückenden kleinen Schnurrhaaren, die spöttisch zuckten.

»Sex«, wiederholte ich dümmlich und verstärkte damit

den Eindruck leichter Debilität. Andererseits war das Ansinnen dieser Maus aber auch völlig abwegig.

»Äh, Sex, ja natürlich … an sich eine schöne Idee«, brachte ich schließlich heraus, »aber Hamster und Mäuse paaren sich nicht. Das ist gegen das Naturgesetz.«

Trotz Naturgesetz und depressiver Verfassung fühlte ich allerdings eine leichte Regung zwischen meinen Lenden, die nicht zuletzt durch die lasziven Schwingbewegungen des weiblichen Mäusehinterns vor mir ausgelöst wurde.

»Gesetz, Gesetz, wen interessiert das, doch nur die Paragrafenreiter. Du siehst mir nicht wie ein kleinkarierter, gesetzestreuer Korinthenkacker aus. Oder sollte ich mich in dir getäuscht haben, Louis? Oder« – die Schnurrhaare schienen noch stärker zu zucken – »hast du gar ein kleines Potenzproblem?«

Wenn Sie ein Mann sind, werden Sie verstehen, dass dies eine Unterstellung ist, die in jedem Fall durch die entschiedene Tat widerlegt werden muss. Depression hin, Naturgesetz her, über allem steht die Unantastbarkeit der männlichen Hamsterehre. Nach dieser Provokation hätte ich wahrscheinlich sogar eine Leopardin bestiegen, und so stürzte ich mich ohne weiteres überflüssiges Gerede auf die schöne junge Mäusin mit dem losen Mundwerk und besprang sie. Da sein Leben kurz ist, fackelt der Hamster nicht lange, wenn das Weibchen willig ist, und kommt – ohne viel Vorspiel und sonstiges Gedöns – gleich zur Sache.

Melanie jedenfalls war ausgesprochen willig, und so zeigte ich ihr, was der Hamster im Allgemeinen und ich im Speziellen für ein guter und ausdauernder Liebhaber war. Ihr begeistertes rhythmisches Piepsen gab Zeugnis von meinen Qualitäten.

»Oh wundervoll, Louis«, stöhnte sie schwer atmend, als ich schließlich von ihr abließ. »Ich werde dich Pogi nennen.«

»Wie?«

»Pogi, das heißt Potenzgigant. Hast du morgen Zeit, Pogi? Dann können wir dieses schöne Spiel wiederholen.«

»Nun«, antwortete ich würdevoll, »ich habe zwar einige verantwortungsvolle Verpflichtungen, wie z. B. Therapiestunden geben«, – dass diese ja beendet waren, überging ich geflissentlich –, »aber morgen lässt sich wohl noch etwas Zeit freischaufeln. So gegen 22.00 Uhr?«

Und so trafen wir uns jeden Abend und rammelten, was das Zeug hielt. Das können Sie wörtlich nehmen, denn das Hamstermännchen begattet das Weibchen ungefähr fünfzigmal in einer Nacht. Ja, Sie haben richtig gelesen: FÜNFZIGMAL – da kommt ein wenig Neid auf, nicht wahr, Herr Leser?

Meine Frequenz liegt übrigens bei fünfundfünfzigmal, nur mal so am Rande bemerkt – von daher ist die Bezeichnung »Pogi« wirklich nicht aus der Luft gegriffen.

Torben, dem ich natürlich von meiner kleinen Affäre erzählte, nahm regen Anteil und freute sich für mich. Er ermunterte mich, weiterzumachen, was ich allerdings auch ohne seinen wohlmeinenden Zuspruch getan hätte.

Gleichzeitig nahm ich mein regelmäßiges Lauftraining wieder auf. Ich hatte nämlich das Gefühl, mich fit halten zu müssen, um Melanies sexuellen Ansprüchen gewachsen zu sein. Selbstverständlich konnte ich ihren Erwartungen nicht nur voll und ganz Genüge leisten, sondern sie meist sogar noch übertreffen.

Im Übrigen ging es mir Nacht für Nacht besser, denn nachgewiesenermaßen helfen neben Psychotherapie sowohl Joggen als auch Sex bei Depressionen. Zwar lag meine Zukunft unverändert düster vor mir, aber sie bedrückte mich nicht mehr, weil ich ausschließlich mit der angenehmen Gegenwart beschäftigt war. Und ganz von selbst ergaben sich auch für mich neue Perspektiven – in diesem Fall von Torben angestoßen.

Entscheidung zur Rückkehr

Meine Affäre mit Melanie dauerte fünf Nächte, also für Hamster wie Maus ungewöhnlich lang, denn normalerweise geht nach einem One-Night-Stand jeder seiner Wege.

Als ich in der vierten Nacht nach dem Treffen mit Melanie körperlich zwar erschöpft, aber geistig frisch auf Torben traf, sagte der, er habe noch einmal über meine unrevidierbare falsche Entscheidung nachgedacht.

»Und mir ist eines nicht ganz klar«, – er warf mir einen scharfen Blick zu –, »warum ist deine Entscheidung eigentlich nicht revidierbar?! Dieses Schiff wird in einigen Tagen in Al Ladhiqiyah anlegen. Dann wird es entladen, neu beladen und kehrt zwei Tage später zurück nach Bari. Warum fährst du nicht einfach mit und gehst den gleichen Weg, den du gekommen bist, zurück zu deiner MB und Stops?«

»Weil Conny nicht mehr in Italien, sondern schon wieder in Deutschland ist.«

Doch noch während meine Worte verhallten, fiel mir etwas ein, das mein Bewusstsein bisher nicht registriert hatte: Conny würde tatsächlich nicht mehr da sein, aber Elvira, die ja das letzte halbe Jahr in Italien gelebt hatte, wollte zwei Monate bleiben, um alle ihre Freunde besuchen zu können. Und Elvira würde mich selbstverständlich wiedererkennen und mit nach Hause zu meiner MB nehmen.

Ich starrte Torben mit offenem Mäulchen an.

»Was ist, Louis?«, fragte er, und ich erzählte es ihm.

»Dann ist ja alles klar«, erwiderte er cool.

Wieso hatte ich diese Möglichkeit vorher nicht selbst gesehen? Vielleicht weil sie zu einfach und zu offensichtlich war? Natürlich gab es da das eine oder andere praktische Problem, wie z. B. den Ort zu finden, an dem Elvira sich jetzt aufhielt. Aber das würde sich lösen lassen. Stops könnte mich z. B. über das Net lotsen.

In meine aufkommende Freude mischte sich kurz ein unangenehmer Gedanke: War die Rückkehr nicht Ausdruck meines Scheiterns? Hatte ich nicht meine Lebensaufgabe in Syrien gesehen, war mit großem Tamtam aufgebrochen und kehrte jetzt reumütig zurück? Würde ich nicht mein Gesicht vor Stops und Sisypha verlieren? Aber dann erinnerte ich mich an mein Versprechen Stops gegenüber, dass ich nicht aus falschem Stolz wegbleiben würde, und an seine Worte, wie sehr er sich über meine Rückkehr freuen würde. Stops war mein Freund und wollte mein Bestes, da musste ich keine Angst haben, mein Gesicht zu verlieren.

Außerdem war ich nicht der Einzige, der woanders ankam als ursprünglich geplant. Man brauchte sich nur einmal an Kolumbus zu erinnern. Der hatte zwar auf seiner Irrfahrt einen neuen Kontinent entdeckt, aber möglicherweise gelang mir das ja auf der Rückfahrt auch noch.

Ich spürte den warmen, beglückenden Energiestrom des TAO, den ich lange so nicht mehr gefühlt hatte, durch mich hindurchfließen. Er sagte mir, dass ich das Richtige tat, wenn ich zurückkehrte. Alle depressiven Anflüge hatten sich aufgelöst. Da machte es auch nichts, dass mir Melanie bei unserem nächsten Treffen mitteilte, dass sie sich mit einem Mäusemännchen namens Mamut zusammengetan hatte.

»Nicht dass du das in die falsche Kehle bekommst, Louis. Der Sex mit dir ist nicht zu toppen, aber ich möchte Kinder. Da das mit uns nicht geht, bin ich jetzt mit Mamut zusammen. Und zwei Freunde sind mir zu anstrengend. Das soll uns aber nicht davon abhalten, unseren Abschied noch einmal lustvoll zu gestalten.« Und so geschah es.

Nach dem »lustvoll gestalteten Abschied« würdigte Melanie zum letzten Mal meine Liebhaberqualitäten.

»Vielleicht solltest du dich auf Sexualtherapie spezialisieren«, schloss sie ihre Lobeshymnen.

Offensichtlich ging die sexbesessene, aber therapieunkundige Maus davon aus, dass Sexualtherapeuten selbst Hand und andere Körperteile anlegten. Wie auch immer, nach der zermürbenden Erfahrung mit Torben hatte ich beschlossen, therapeutische Tätigkeiten in Zukunft meiner MB zu überlassen.

Allerdings könnte ich es mir gut vorstellen, das Nager-Kamasutra zu schreiben, das natürlich sofort ein Bestseller werden würde. Vor meinem geistigen Auge sah ich Hunderte von Hamster-, Mäuse- und anderen Nagerweibchen, die sich hilfesuchend an mich wandten, damit ich ihnen die ein oder andere Stellung, wie z. B. die zugegebenermaßen komplizierte »dreifach gedrehte Lotusblüte im hängenden Kosakensitz«, genauer erklärte. Und da ich ein hilfsbereiter Hamster war, würde ich keine von ihnen im Regen stehen lassen.

»Theoretisch ist das schwer zu erklären«, würde ich ihnen sagen, »aber kommen Sie doch mal vorbei – vielleicht morgen Abend? –, dann zeige ich Ihnen die Stellung ganz individuell und praktisch, und wir üben sie ein paar Mal zusammen, damit Sie spüren können, wie lustvoll es sein kann, wenn man sie richtig macht. Wie bitte? Nein, nein, Sie brauchen sich nicht zu bedanken, das ist doch selbstverständlich und bei mir im Service mit eingeschlossen. Ja, Sie können auch gerne Ihre wissbegierige Freundin mitbringen, das überfordert mich überhaupt nicht.«

Doch dann riss mich Melanie aus diesen angenehmen Fantasien, um sie ein letztes Mal in die Realität umzusetzen. Und wieder einmal bestätigte sich, dass die konkrete Handlung jeder Fantasie vorzuziehen ist …

Der Schatz und seine Folgen

Nachdem wir also alle seelisch wieder beieinander waren, freuten wir uns auf die drei letzten entspannten Nächte auf dem Schiff vor der Ankunft in Al Ladhiqiyah. Aber sie sollten uns nicht vergönnt sein. Über das Gerüchte-Net hörten wir, dass die Mäuse unter den Schiffsplanken im Maschinenraum eine interessant und sehr alt aussehende Kiste entdeckt hatten und dabei waren, sie zu öffnen.

Torben und ich machten uns natürlich sofort auf, um die geheimnisvolle Kiste genauer zu beäugen. Nach einigem Suchen stießen wir auf die Fundstelle, die sich hinter einer morschen Seitenplanke im Unterdeck befand. Ein Haufen neugieriger Mäuse drängelte sich darum, auf Abstand gehalten von einem großen, finster blickenden Mäuserich mit einem gelben Bauhelm auf dem Kopf – ohne Zweifel der Chef der Baustelle. Ein Stück weiter entfernt stand die Kiste in einer kleinen Staubwolke. Sie sah tatsächlich sehr alt aus, aber gleichzeitig auch sehr stabil. Diese Erfahrung mussten wohl auch die beiden Bauarbeiter-Mäuse machen, die dabei waren, gemeinsam ein Loch hineinzunagen. Torben erzürnte es sehr, dass die beiden keinen Bauhelm trugen. (Hier zeigten sich erste Ansätze seines späteren politischen Engagements.) Sofort begann er darüber eine Diskussion mit Nespot, so hieß der Baustellenchef.

Nespot ging davon aus, dass die Kiste weder mit Sprengstoff gefüllt war, noch dass irgendeine Verschüttungsgefahr bestand. Also brauchten die Mäuse seiner Meinung nach keinen Bauhelm.

Torben befriedigte diese Antwort nicht. Er fragte weiter, ob denn auch die Pausenzeiten für die Arbeiter eingehalten würden.

»Aber klar doch«, antwortete Nespot gelangweilt. »Unsere Arbeiter haben jede Stunde fünf Minuten Nagepause zur Kieferregeneration und nach einer Vier-Stunden-Schicht frei bis zur nächsten Nacht.«

»Gut«, sagte ich, um weitere Diskussionen zu vermeiden. »Wann kann man mit dem Durchbruch rechnen, also wann werden wir wissen, was in der Kiste ist?«

Nespot lebte auf. »Das habe ich genau berechnet«, sagte er selbstzufrieden und deutete in den Staub vor sich, in dem verwischte Zahlen zu erkennen waren.

»Nach der Formel ›Geschätzte Kistenwandbreite mal geschätzte Härte mal Wurzel aus 5, geteilt durch durchschnittliche Nagegeschwindigkeit‹ können wir den Durchbruch in genau 2 Stunden 47 Minuten erwarten und die Mindestvergrößerung des Loches zum Betreten der Kiste zwecks Inspektion in 3 Stunden 3 Minuten. Zu berücksichtigen ist ein Abweichungsspielraum von 5 Minuten in beide Richtungen.«

Nespot ließ seine Schnurrhaare vibrieren. Er war sichtlich stolz auf seine Berechnungen. Auch wir waren beeindruckt.

»Woher kennst du solche Formeln, und wieso kannst du so gut rechnen?«, fragte ich.

»Ich bin ein direkter Nachfahre von Algebrix«, antwortete Nespot stolz.

»Von wem bitte?«, fragte Torben.

Nespot bedachte ihn mit einem Blick, der deutlich machte, dass er Torben wohl nicht zu seinen engeren Freunden zählte.

»Sag bloß, du kennst die berühmte Maus Algebrix nicht. Sie war jahrelang eine der Starnummern im bekannten Menschen-Zirkus Claudius. Dort hat sie Algebra-Aufgaben gelöst und, wenn sie gut aufgelegt war, auch etwas Wahrscheinlichkeitsrechnung vorgeführt.«

»Äh ja, jetzt wo du es sagst, erinnere ich mich. Wir sind erfreut und fühlen uns geehrt, auf den Nachfahren einer so berühmten Maus zu treffen. Jetzt wollen wir aber nicht weiter stören und kommen zu deinem perfekt berechneten Mindestvergrößerungszeitpunkt wieder«, sagte ich mit ausgesuchter Höflichkeit.

Nespot schien etwas besänftigt und wedelte huldvoll mit der Pfote.

»Warum hast du diesem Angeber so viel Honig um den Bart geschmiert?«, erkundigte sich Torben hinterher.

»Weil ich von den ersten Rängen aus beobachten will, was in der Kiste ist.«

Mein Verhalten erwies sich als klug, denn als wir nach knapp drei Stunden zurückkehrten, war die Spannung deutlich gestiegen. Die Mäuse balgten sich um den besten Sichtplatz und wurden mehr durch den drohenden Blick von Nespot als durch das Absperrband an ihrem Platz gehalten. Er winkte uns nach vorne. Die erste Bau-Maus hatte sich durchgenagt und kurz danach auch die zweite. Ein kleines Guckloch war entstanden, durch das Nespot seinen scharfen Blick warf.

»Münzen«, sagte er. »Ein ganzer Haufen, wahrscheinlich Goldmünzen.« Die Zuschauer-Mäuse gaben enttäuschte Fiepslaute von sich. Torben und ich sahen uns an.

»Was haben sie erwartet?«, fragte er. »Zwei Jahrhunderte alten wundervoll erhaltenen Schimmelkäse?!«

Nespot kam zu uns. »Wir werden das Loch noch erweitern und wie geplant eine Begehung durchführen. Wenn sich in der Kiste, wie zu vermuten ist, nur diese Goldmünzen befinden, haben wir kein Interesse daran, und ihr könnt sie haben, wenn ihr wollt.«

»Wir können damit auch nichts anfangen«, meinte ich. »Aber ich weiß, dass die Menschen ganz versessen sind auf Gold. Am besten wir fragen Archie, ob wir das Gold den Menschen zukommen lassen sollen.«

Und so geschah es. Die Kiste war tatsächlich voller Goldmünzen. Wir versuchten, wie Dagobert Duck, die berühmte Millionärs-Ente, ein Geldbad in ihr zu nehmen. Aber die Münzen fühlten sich nur hart und kalt an und lösten keine Glücksgefühle in uns aus. Also gingen wir zu Archie und erzählten ihm von der Kiste. Er legte besorgt seine mächtige Stirn in Falten.

»Das kann Ärger und Aufruhr geben«, knurrte er besorgt. »Die Menschen verlieren schnell den Verstand, wenn sie Gold in die Pfoten bekommen.«

»Ich dachte, bei den Menschen spricht man von ›Händen‹«, sagte ich.

»In diesem Fall ist ›Pfoten‹ wegen der animalischen Komponente schon der richtige Terminus«, antwortete Archie. »Ich glaube, es ist am klügsten, wenn wir das Gold meinem Herrchen geben. Er ist nicht so habsüchtig wie die meisten anderen Menschen und wird wissen, was zu tun ist. Am besten, ich hole es gleich und gebe es ihm, wenn er aufgestanden ist.«

Wir zeigten Archie, wo die Kiste stand. Er nahm sie in seine riesige Schnauze und schleppte sie zu seiner Schlafdecke. Trotz seiner Größe und Stärke hatte er einige Mühe damit. Auch wir verspürten Müdigkeit nach diesen ereignisreichen Stunden und legten uns zu unserem wohlverdienten Schlaf nieder, d.h., wir versuchten es. Nach einiger Zeit wurde es nämlich ziemlich laut, und wir wachten auf. Überall sprangen aufgeregte Menschen herum, die laut redeten und lachten.

Torben war unausgeschlafen und genervt. »Die machen einen Aufstand wegen so ein paar unverdaulichen Münzen, unglaublich!«, knurrte er.

Während er versuchte, weiterzuschlafen, stand ich auf und ging zu Archie, um mir von ihm erzählen zu lassen, was passiert war. Doch als ich um die Ecke bog, blieb ich ob des grotesken Bildes vor mir fassungslos stehen:

Archie lag nicht mehr auf seiner normalen Schlafdecke, sondern thronte auf einem edlen Sofa mit einer Brokatdecke. Um seinen dicken Nacken war eine Art Lorbeerkranz gewickelt. Vor ihm stand ein großer Topf mit Wildpastete, vor dem wiederum die hinkende und schielende Katze Arunja saß, die ich bei dieser Gelegenheit zum ersten Mal sah. Sie schob sich die Pastete mit großem Genuss und Archies offensichtlicher Billigung zwischen die ihr verbliebenen Zähne. Wieder kam mir die Katze vage bekannt vor, aber ich war von der aktuellen Szenerie zu sehr gefesselt. Ich überlegte, ob ich vielleicht doch noch schlief und mir ein absurder Traum diese Bilder bescherte.

»Ja«, sagte Archie leicht verlegen, »das ist die Belohnung für mich, weil ich die Kiste gefunden habe. Es tut mir leid, der Finderlohn gehört ja eigentlich den Mäusen und euch. Aber wie ihr wisst, kann ich das den Menschen nicht mitteilen. Ich bezweifele auch, dass sie die Mäuse entlohnen würden, und euch würden sie wahrscheinlich nur in einen Käfig sperren.«

»Und warum gibst du die leckere Pastete der Katze?«

»Warum nicht? Ich habe für meine Verhältnisse schon wie ein Weltmeister gefressen. Im Alter braucht man nicht mehr so viel. Und die Matrosen bringen immer wieder Nachschub.«

Vor Aufregung verschlug es mir die Sprache: »Aber, aber, Hunde und Katzen sind doch erbitterte Feinde! Du müsstest Arunja doch eigentlich jagen.«

»Für so einen Quatsch sind wir zu alt. Im Alter muss man sich überlegen, wofür man seine Energie einsetzt.«

Irgendwie kam ich nicht so ganz mit. In meinem unausgeschlafenen Zustand sehnte ich mich nach verlässlicher Ordnung.

»Man kann sich doch nicht einfach über das Naturgesetz hinwegsetzen! Es steht über allem und bestimmt alles, was wir tun.«

»Meinetwegen kann es stehen, wo es will. Und es bestimmt tatsächlich vieles …«

»… außer das, was es nicht bestimmt«, ergänzte die Katze lässig und mit vollem Maul.

»Statt blind irgendwelchen Gesetzen zu folgen, sollte man lieber seinen eigenen Kopf gebrauchen«, fuhr Archie fort. Er legte der Katze seine dicke Pfote auf die Schulter, vorsichtig, aber sie knickte trotzdem leicht ein. »Arunja und ich haben eine kleine Abmachung getroffen. Weil sie nicht mehr die schnellste und erfolgreichste Jägerin ist, darf sie bei mir mitfressen, denn ich bekomme mehr als genug. Dafür darf ich ihr Katzenklo mitbenutzen, denn auf dem Schiff gibt es ja keinen Garten oder Wald, wo ich mein Geschäft verrichten kann.«

Mich übermannte erneut Unverständnis. »Du machst in ihr Katzenklo?! Das ist ja unfassbar! Aber du bist doch ein Hund, du musst doch mit deinem Pipi dein Revier markieren!!«

»Ach wirklich?«, knurrte Archie gelangweilt. »Wie soll es weitergehen mit der Evolution, wenn man nicht mal ein paar Dinge ändert?! Ich muss doch hier nicht ständig gegen den Mast oder die Kajütentür pinkeln, um mir selbst zu beweisen, dass das mein Schiff ist. Ein anderer Hund wohnt hier nämlich nicht, wie du vielleicht schon gemerkt hast. Und selbst wenn: Dem kann ich auch anders beibringen, wer Herr auf dem Schiff ist. Was meinst du wohl, wie das die Matrosen fänden, wenn ich hier ständig alles vollpinkeln würde – von den anderen Geschäften mal ganz abgesehen. Ich wäre die längste Zeit Schiffshund gewesen. Meine Güte, Louis, du bist ganz schön anstrengend heute Morgen.«

Eigentlich war ich es, der sich hier total überfordert fühlte. Auf diesem anarchischen Schiff ging ja wohl alles durcheinander. Es gab Bauarbeiter-Mäuse, betrunkene Ratten und Verbrüderungen zwischen Katzen und Hunden. Kein Tier schien sich um das Naturgesetz zu scheren. Auf was konnte man sich denn noch verlassen? Und es kam noch schlimmer:

»Was sagt das Naturgesetz eigentlich zu Hamstern, die sich auf Schiffe schleichen und dort dilettantisch Lemminge therapieren? Und sich mit artfremden Tieren vergnügen?«, flötete die Katze. Während Archie leise vor sich hinkicherte, spürte ich, wie sich eine leichte Antipathie gegen Arunja in mir ausbreitete.

Mir reichte es fürs Erste. Zu früh aufzustehen und gleich damit konfrontiert zu werden, dass die Regeln meines Universums nirgendwo mehr Bestand hatten, war entschieden zu viel. Wortlos drehte ich mich um, trabte zurück zum selig schlafenden Torben und tat es ihm gleich.

Später erzählte uns Archie, was mit dem Gold passiert war.

Sein Herrchen hatte in Absprache mit dem Kapitän, der gleichzeitig auch der Besitzer des Schiffes war, das Gold gerecht an alle Besatzungsmitglieder verteilt. Jeder hatte das Gleiche erhalten, damit es nicht zu Neid untereinander kam. Trotzdem war eine Goldsucherhysterie ausgebrochen.

»Wo eine Kiste mit Gold ist, können auch zwei oder zehn sein«, sagten sich die Besatzungsmitglieder. Sie begannen, ihre Arbeit zu vernachlässigen und das Schiff auf den Kopf zu stellen. Der Kapitän musste durchgreifen, wobei einige besonders renitente Matrosen Widerstand leisteten. Wahrscheinlich standen wir damals kurz vor einer Meuterei, was wir zum Glück nicht so genau mitbekamen. Ich registrierte zwar, dass Archie bedrückt war, interpretierte es aber als eine Reaktion auf die ständigen Hofierungen seitens der Besatzung, die ihm mittlerweile auf die Nerven fielen.

Es wäre wahrscheinlich klüger gewesen, wenn der Kapitän und Archies Herrchen das Gold erst am Ende der Fahrt verteilt hätten, aber im Nachhinein ist man immer schlauer.

Wir fühlten uns belästigt, weil Tag und Nacht Menschen durch das Schiff krochen, Wände und Böden abklopften, in Nischen herumstocherten und ihre Nasen überall hineinsteckten. Man musste ständig aufpassen und konnte sich seines Lebens nicht mehr sicher sein. So dachte ich jedenfalls zunächst, bis ich eines Abends einen Menschen beobachtete, der bei seiner Suchaktion im Unterdeck auf ein Mäusenest stieß. Die Mäuse stoben in wilder Panik auseinander, aber er beachtete sie gar nicht, sondern stocherte weiter im Holz herum. Ich begriff, dass die Menschen zurzeit nur ihr Gold im Kopf hatten und sonst nichts wahrnahmen.

Bluebrain dachte das Gleiche. »Denen stehen nur noch die Dollarzeichen in den Augen«, lallte er und bewegte sich ohne weitere Vorsichtsmaßnahmen leicht torkelnd durch die Vorratskammer in Richtung Weinflasche.

Auch Torben und ich entspannten uns ein wenig. Am Abend beobachteten wir einen Matrosen, der mit einem Messer eine lockere Planke bearbeitete, um sie anheben zu können. Sein Gesicht war vor Anstrengung und Gier verzerrt.

»Schau dir mal diesen irren Blick an«, sagte Torben. »Und das soll nun die entwickeltste Spezies der Welt sein!? Da lachen ja die Hühner – und nicht nur die.«

Ich für mein Teil hatte an dieser Einschätzung schon immer meine Zweifel gehegt.

Von solchen fanatischen Gestalten wurden wir also über die Weltmeere gefahren! Aber erstaunlicherweise passierte nichts Schlimmes – abgesehen von einer mehrstündigen Verspätung. Die ging auf das Konto des zweiten Steuermanns, der auch lieber auf dem Schiff herumkroch und Goldkisten suchte, als seinen Job zu machen. So fuhren wir ein paar Stunden in die falsche Richtung. Der Kapitän tobte, aber ich war nicht traurig darüber, denn so konnte ich noch ein paar Stunden mehr mit Torben verbringen, von dem ich mich in Kürze würde trennen müssen.

Torben geht

Aber schließlich legten wir doch in Al Ladhiqiyah an. Das Schiff wurde entladen. Um wenigstens einmal meine Pfoten auf syrischen Boden gesetzt zu haben, ging ich kurz von Bord, kehrte aber nach fünf Minuten zurück. Es war heiß und dreckig im Hafen, und die Luft waberte voller unbekannter Gerüche, die ich nicht einordnen konnte. Vor allem aber lungerte im Hafen eine Rotte halbverhungerter Hunde herum, mit der ich keinesfalls Bekanntschaft schließen wollte.

Wir alle, Archie, Arunja, Bluebrain, die Mäuse und ich, würden wieder zurückfahren nach Bari, nur Torben ging von Bord. In der letzten Nacht in Al Ladhiqiyah drehte er seine Verabschiedungsrunde auf dem Schiff.

Ich wartete an der Reling auf ihn, nicht weit von der Stelle entfernt, wo wir uns zum ersten Mal getroffen hatten. Mein Herz zog sich zusammen und wurde schwer. Fast die ganze Zeit hatte ich unsere bevorstehende Trennung verdrängen können, aber nun war unwiderruflich der Moment des Abschieds gekommen. Ich war sehr traurig, und gleichzeitig freute ich mich für Torben. Aus einem niedergeschlagenen, verzweifelten kleinen Tier war ein lebensbejahender Lemming mit wachen Augen und großen Plänen geworden.

Wir umpfoteten uns lange, und ich vergaß meine Antipathie gegen Körperkontakt.

»Mein lieber Freund«, sagte Torben gerührt, »vielen, vielen Dank. Ich werde nie vergessen, was du für mich getan hast. Sei nicht traurig, dass ich gehe. Wir bleiben in unseren Herzen immer verbunden.«

Ich wollte ihm sagen, dass er mir auch sehr geholfen hatte, brachte aber kein Wort heraus, weil ich weinen musste. Dann ging Torben vom Schiff.

Wir sahen uns nicht wieder. Aber wie er gesagt hatte, blieben wir immer verbunden und sprechen bis heute regelmäßig miteinander über das Hamster-Lemming-Net.

Auf diesem Weg erzählte er mir auch seine weitere Geschichte:

Torben bestieg als blinder Passagier einen Lastwagen und erreichte nach einer aufregenden Fahrt die Gegend, in der die kleine Lemminggruppe wohnte. An einer Art Raststätte sprang er vom Auto und wurde dort von Suleika und ihrer Familie abgeholt. Mit wild klopfendem Herzen sah er der ersten Begegnung mit ihr entgegen. Nach der anstrengenden Fahrt im Wagen war er müde, hungrig und hatte auch nicht mehr die Zeit gefunden, sich ordentlich zu putzen. Deswegen befürchtete er, dass er Suleika nicht gefallen könnte. Aber seine Angst war gänzlich unbegründet: Beide waren entzückt voneinander.

Heute wie damals schwärmt mir Torben über das Net stundenlang von Suleikas Warmherzigkeit und Schönheit vor. Die beiden sind sehr glücklich miteinander und haben im Laufe der Zeit eine nicht unbeträchtliche Zahl wohlgeratener kleiner Lemminge in die Welt gesetzt.

Nach einer kurzen Eingewöhnungszeit begann Torben eine Karriere als Lemming-Politiker. Mit einigen Mitgliedern aus seiner Selbsthilfegruppe gründete er eine Initiative, die es sich zur Aufgabe machte, bei der Populationsregulierung Alternativen zum Massenselbstmord zu entwickeln. Dazu gehörte u. a. die Propagierung verschiedener Formen der natürlichen Empfängnisverhütung.

Die Forderung, den Massensuizid abzuschaffen, bedeutete einen Bruch mit der Lemmingtradition, womit sich Torben nicht nur Freunde machte. Er wurde von Konservativen angefeindet, blieb aber unerschütterlich in seiner Haltung.

Eines Tages wurde sogar von irgendwelchen Extremisten ein Attentat auf ihn verübt. Als er gerade eine Rede auf einem hohen Stein hielt, schubsten sie ihn einfach hinunter. Aber Torben überlebte, weil er auf einen matschigen Apfel fiel, der dort glücklicherweise gerade herumlag. Das Volk sah in seinem Überleben einen Fingerzeig des Lemming-TAO: War er vorher schon sehr bekannt, wurde er nach dem fehlgeschlagenen Attentat geradezu berühmt. Die kleine Gruppe in Syrien wählte ihn zu ihrem Führer, und seine innovativen Reformen verbreiteten sich bis in den Hohen Norden, der eigentlichen Heimat der Lemminge.

Ich dagegen war auf dem Schiff geblieben, das abgelegt hatte und mich jede Stunde Italien ein Stück näher brachte. Stündlich schien sich auch die Übertragungsqualität im Hamster-Hunde-Net zu verbessern. Stops und ich konnten wieder fast ohne Störungen miteinander sprechen. Seine große Freude über meine Rückkehr half mir, das Gefühl von Einsamkeit zu ertragen, das mich seit der Trennung von Torben begleitete. Alles auf dem Schiff erinnerte mich an ihn. Zum Glück war die Rückfahrt ohne Zwischenstopps geplant und sollte deswegen nur 16 Tage dauern.

Die Gespräche mit Bluebrain blieben alkoholbedingt begrenzt. Ab und zu traf ich Melanie bei meinen Rundgängen über das Schiff. Dann hielten wir immer einen kleinen Plausch. Sie war bereits schwanger von Mamut, ihr Bäuchlein rundete sich zusehends, und sie machte sich Gedanken über die Zukunft:

»Ich werde keinesfalls wie die meisten meiner Art einen Wurf Jungen nach dem anderen bekommen. Nach dem ersten ist erst einmal Schluss, und dann gucke ich, was das Leben noch so zu bieten hat.«

So wie ich sie kennengelernt hatte, hegte ich keinen Zweifel daran, dass sie ein sehr emanzipiertes Mäuseleben führen würde.

Außerdem gewöhnte ich es mir an, regelmäßig bei Archie vorbeizuschauen und mich ein bisschen mit ihm zu unterhalten – d. h., wenn er zum Reden aufgelegt war. Wenn nicht, erzählte ich ihm, was mich gerade beschäftigte, und er hörte mir schweigend zu. Erstaunlicherweise störte mich das nicht weiter, auch seine schweigsame Gegenwart tat gut.

Archies Lehre: der Mensch in der Polaritätsverhaftung

In der sechsten Nacht unserer Rückfahrt traf ich bei meinem nächtlichen Spaziergang auf einen Matrosen, der neue Mausefallen aufstellte und bei dieser Gelegenheit die Bodenplanken abklopfte, auf der vom Kapitän inzwischen untersagten Suche nach weiteren Goldmünzen. Beide Tätigkeiten missfielen mir zutiefst. Als ich später Archie besuchte, machte ich meinem Unmut Luft:

»Es ist tatsächlich völlig unverständlich, dass die Menschen die höchst entwickelten Lebewesen sein sollen. Schau dir mal an, wie sie völlig besessen nach diesen blöden Münzen suchen, die man nicht mal fressen kann. Und wie sie sich dabei gegenseitig angiften! Da gibt es keine Freunde mehr, sondern nur Gier und Missgunst. Wenn tatsächlich einer von ihnen auf Münzen gestoßen wäre, hätten die anderen ihm wahrscheinlich den Schädel eingeschlagen. Jeder einzelgängerische Hamster ist da sozialer.«

Nach diesen Ausführungen holte ich eine Kichererbse aus meiner Backentasche und begann, sie – in düstere Betrachtungen über den Menschen versunken – andächtig zu verzehren. Was fehlte, war ein zustimmender Kommentar von Archie. Stattdessen widersprach er mir:

»Dir mangelt es an Verständnis und Mitgefühl. Du verurteilst den Menschen, weil du ihn nur aus deiner Hamsterperspektive siehst. Um aber eine andere Spezies verstehen zu können, musst du versuchen, die Welt mit ihren

Augen zu betrachten. Hast du dich schon einmal gefragt, warum die Menschen diese scheinbar sinnlosen Dinge tun?

Wie du ja auch schon beobachtet hast, haben die meisten den Kontakt zum TAO verloren und damit zu der einen Kraft, die alles umfasst und das Leben durchströmt. Und wo landet man, wenn man aus der Einheit gefallen ist und die Richtung nicht mehr weiß?«

Ich überlegte angestrengt. »Keine Ahnung. Auf jeden Fall in nichts Gutem.«

»Nun ja, kommt darauf an, wie man es betrachtet … Man landet im Reich der Polarität, was an sich nicht weiter schlimm ist, denn die Welt und alles, was in ihr ist, offenbart sich in Polaritäten: Es gibt den Tag und die Nacht, Liebe und Hass …«

»Hunger und Sattsein«, sekundierte ich.

»Das Problematische ist nur, dass der Mensch diese Polaritäten meist als unvereinbare Gegensätze erlebt: Er sieht z. B. das Glück ausschließlich als das Gegenteil von Leid. Das ist zwar einerseits richtig, aber andererseits gehören beide untrennbar zusammen wie die zwei Seiten einer Münze. Denn man kann nicht das eine ohne das andere haben – man kann kein Glück erleben, wenn man nicht auch die Kontrasterfahrung Leid gemacht hat.

Dieses Wissen ist dem Menschen durch seinen gestörten Kontakt zum TAO abhanden gekommen. Er will um jeden Preis das Glück und wehrt sich mit aller Kraft gegen das Leid. So liegt er immer mit dem Leben im Kampf, weil er die eine Hälfte des Lebens als schlecht bewertet und ablehnt.«

»Sind die Matrosen deswegen so scharf auf das Gold? Weil sie an den Münzen sehen können, dass alles zwei Seiten hat?«

Archie lächelte. »Nein, ich komme später noch auf die Matrosen zurück. Probier einfach, meinem Gedankengang zu folgen.«

Das war leider keine so einfache Übung. In meiner linken Schläfe begann es schon zu pochen. Ich seufzte schwer und versuchte, mich wieder zu konzentrieren.

»Für den Menschen ist die unvereinbare Polarität also die letztgültige Realität«, fuhr Archie fort. »Und das hat natürlich Auswirkungen auf sein existenzielles Selbstverständnis: Er sieht sich nämlich als ein von der restlichen Welt völlig getrenntes Individuum.«

»Aber das ist doch nicht ganz falsch, oder? Ich weiß ja auch, dass ich ein Hamster bin und du ein Hund, der von mir getrennt ist und andere Dinge tut, wie z. B. Fleisch fressen.« Ich schüttelte mich innerlich, wenn ich nur daran dachte.

»Ja, aber gleichzeitig wissen wir intuitiv, dass wir auf einer tieferen Ebene nicht getrennt sind«, sagte Archie, »weil durch uns beide das gleiche TAO strömt, durch dich das Hamster- und durch mich das Hunde-TAO, die sich irgendwo zum großen Gesamt-TAO vereinigen. Und genau dieses Wissen ist dem Menschen verloren gegangen.

Die meisten Menschen tragen anstelle des TAO ein selbst

erschaffenes Ego in sich, das stellvertretend die Aufgabe übernehmen soll, sie zu leiten und ihnen Frieden zu geben. Doch weil das Ego damit überfordert ist, zweifelt es ständig an sich selbst ...«

»Und deswegen ist der Mensch immer von Konflikten gebeutelt«, rief ich begeistert, weil ich endlich mal etwas verstanden hatte, »und weiß dann nicht, ob er eine blaue oder eine schwarze Hose anziehen soll.«

»Ja, wobei das noch einer der weniger schlimmen Konflikte ist. Der Mensch ist innerlich entzweit; ein getreues Abbild seiner polaritätslastigen Weltvorstellung.«

Einen Moment lang kamen mir meine eigenen Zweifel während des Therapieversuchs mit Torben in den Sinn.

»Warum und wie es so kam, darüber gibt es verschiedene Theorien«, redete Archie weiter. »Die einen nennen es evolutionäre Entwicklung, die anderen verweisen auf die Bibel. Darin steht, dass die Schlange die Menschen dazu verführt hat, einen Apfel vom Baum der Erkenntnis zu essen. Dadurch erkannten sie sich selbst als Individuen und haben eben dieses Ego entwickelt, das einseitig auf seine Besonderheit pochte und versuchte, sich vom großen Ganzen zu separieren – der erste Schritt in die Polarität war getan.«

»Das mit der Schlange wundert mich nicht«, schaltete ich mich ein, um mir eine kleine geistige Verschnaufpause zu verschaffen. »Wenn man sich mit denen abgibt, kommt nichts Gutes dabei heraus. Darüber könnte ich auch so einiges erzählen ...« Kurz verlor ich mich in meinen Erinnerungen an Parzifal und Kondwiramur, kehrte dann aber in die Realität zurück. Dort wartete ein beunruhigender Gedanke auf mich.

»Ich fresse auch gerne Äpfel. Kann ich mich dabei etwa mit der bedrohlichen Polaritätsfixierung infizieren?«

»Bestimmt nicht«, beruhigte mich Archie. »Ich glaube, der Apfel an sich ist unschuldig; er musste nur als Symbol herhalten.«

Mein Kopf schmerzte von all den komplizierten Informationen. Auch ein hochbegabter und an Bewusstseinsentwicklung interessierter Hamster stößt irgendwann an seine Grenzen. Mein Gehirn verlangte nach ein paar unterstützenden Aufbaustoffen. Natürlich bekam ich unpassenderweise Hunger auf Apfel, doch der war mir durch Archies Erzählungen etwas suspekt geworden. Unter gutem Zureden gelang es mir, meine Apfel-Gelüste auf ungefährliche Maiskörner umzulenken, von denen ich ein paar in meinen Backentaschen spazieren trug.

Archie fuhr derweil mit seiner Rede fort:

»Nachdem Adam und Eva also den verhängnisvollen ersten Schritt getan hatten, war die Richtung der Entwicklung vorgegeben. Über die Jahrhunderte förderten die Menschen immer stärker ihre Egozentrierung und damit die Vorstellung, von ihrer Umwelt, der Natur und allem, was ist, getrennt zu sein.

Doch obwohl sie ihr Ego mit seinen intellektuellen Fähigkeiten feierten, wussten sie tief in ihrem Inneren, dass es begrenzt und schwach war. Und weil sie sich als voneinander getrennte Einzelwesen sahen und sehen, wuchs unter der Oberfläche ihrer scheinbaren Überlegenheit die Angst.

Der Mensch hatte sein kosmisches Urvertrauen verloren. Trotz alldem schwelt in ihm mehr oder weniger bewusst eine Restahnung vom TAO. Sie lebt und findet Ausdruck in seinen Religionen und Glaubensrichtungen. Leider findet aber auch die menschliche Polaritätsfixierung in ihnen Ausdruck, zumindest bei uns im Westen, wo die meisten Menschen einem außerhalb von ihnen stehenden, getrennten Gott huldigen. Sie verstehen nicht, dass dieser Gott in ihnen ist und sie damit selbst Teil des Göttlichen sind.«

Archie machte eine kurze Pause und fraß etwas Hundefutter.

Obwohl ich nicht alles verstanden hatte, durchströmte mich zum ersten Mal in meinem Hamsterleben tiefes Mitgefühl mit den Menschen. Wie allein mussten sie sich fühlen!

»Die Mehrzahl der Menschen in unserem Land hat zwei Hauptmethoden entwickelt, um ihrer Angst zu begegnen«, fuhr der Hund fort. »Eine davon ist das Denken. Die meisten denken den ganzen Tag pausenlos vor sich hin. Sie entwickeln Theorien, Modelle und Vorstellungen darüber, wie die Welt und ihr Leben funktionieren könnten. Das gibt ihnen ein wenig Sicherheit, weil sie dann glauben, sie könnten planen und kontrollieren, was ihnen passiert. Natürlich ist das Quatsch, denn das Leben hält sich nicht an von einem begrenzten Verstand ausgebrütete Modelle. Das Leben ist unendlich viel größer als der Verstand.

Außerdem ist das Denken Ausdruck der polaritätslastigen Weltsicht und kann allein deswegen nicht den gewünschten Halt geben. Denn zu jeder Theorie gibt es eine Gegentheorie, zu jedem Richtig ein Falsch, zu jeder Handlungsmöglichkeit Alternativen und so weiter.«

Archie machte zum Glück eine weitere Pause, um geräusch- und genussvoll ein paar Maulvoll Wasser zu schlappern. Dann sprach er weiter:

»Man kann nicht in Abrede stellen, dass bei diesem ganzen Gedenke auch ein paar gute Sachen herauskamen: Die Menschen erfanden z. B. Bewässerungsanlagen, Hundekuchen und können das Wetter vorhersagen. Doch obwohl ihre Apparate immer feiner und komplizierter wurden, werden sie weiterhin von Naturkatastrophen überrascht, bei denen Tausende sterben. Nie werden sie die Natur, die lebendiger Ausdruck des TAO ist, beherrschen können.

Aber der Mensch ist stur. Er bleibt bei seiner Methode und identifiziert sich damit. Ein berühmter Vertreter der Spezies hat mal gesagt: ›Ich denke, also bin ich.‹ Und statt dass seine Kollegen ihn ob dieser reduzierten Daseinsbeschreibung bemitleidet hätten, bewundern sie ihn dafür bis heute.«

»Hm«, sagte ich nachdenklich. Archies Beschreibung deckte sich mit meinen Beobachtungen, auch wenn ich sie nicht annähernd so eloquent hätte in Worte fassen können. »Und was ist die andere Methode?«

»Ah ja, damit kommen wir zurück zum Ausgangspunkt, zu deinem Matrosen. Die andere Methode, mit seiner Existenzangst fertig zu werden, ist es, Besitz anzuhäufen, weil viel Besitz Sicherheit zu geben verspricht.«

»Also Vorratshaltung«, sagte ich. »Aber das ist doch sehr vernünftig und entspricht dem Hamstertum.«

»Das Ungesunde daran ist das übersteigerte Ausmaß der menschlichen Vorratshaltung. Einige Reiche haben so viel Geld angehäuft, dass sie Zehntausende ihrer Artgenossen durchfüttern könnten. Und das wäre auch nötig, weil sehr viele Menschen nicht genug haben und hungern. Aber nur wenige von den Reichen teilen tatsächlich. Je mehr sie haben, desto mehr Angst haben sie auch, es wieder zu verlieren. Sie horten Geld, weil sie meinen, sie könnten sich damit Sicherheit kaufen und sich Unliebsames vom Leibe halten. Natürlich ist das genauso eine Illusion wie die Vorstellung, durch das Denken Kontrolle zu erlangen. Beide Methoden sind untaugliche Vermeidungsversuche, sich dem Strom des Lebens zu überlassen, aus Angst, darin unterzugehen.«

Er betrachtete mich ernst.

»Letztlich versuchen die Menschen also, aus ihrer großen Existenzangst heraus, Besitz anzuhäufen, so auch der Matrose, den du beobachtet hast. Seine Gier nach dem Gold entspricht dem Ausmaß seiner Angst, und deswegen solltest du ihm Mitgefühl entgegenbringen, anstatt ihn zu verurteilen.«

Ich stand da wie ein begossener Hamster und fühlte mich unbehaglich unter dem strengen Blick des Hundes.

»So genau wusste ich das ja alles nicht«, verteidigte ich mich dann zaghaft.

Trotz unterstützender Zufuhr von Maiskörnern zeigte mein Geist deutliche Ermüdungserscheinungen. Das hatte auch Archie mitbekommen.

»Ich glaube, es reicht für heute«, meinte er. »Denk mal darüber nach, und komm morgen oder übermorgen wieder, ich bin nämlich noch nicht fertig.«

Also verabschiedete ich mich und lief erst einmal drei Runden über das Schiff. Bewegung unterstützt nicht nur die körperliche, sondern auch die geistig-seelische Verdauung. Tief in Gedanken versunken, schenkte ich einmal mehr der Außenwelt nicht die ihr gebührende Aufmerksamkeit, sodass ich Arunja direkt in die Arme bzw. vor die Pfoten lief. Ich blieb stockststeif stehen und kämpfte gegen die Schockstarre an, die sich in meinem Körper auszubreiten drohte.

»Keine Sorge, Louis«, sagte die Katze, »ich tue dir nichts. Archie hat mich gebeten, dich von meiner Speisekarte zu nehmen. Schöne Nacht noch.« Und sie hinkte von dannen.

Mittlerweile wunderte ich mich über nichts mehr. Wenn Arunja Archies Pastete bekam, warum sollte sie sich von ihm nicht auch sagen lassen, wen oder was sie zu fressen hatte. Überflüssig, zu erwähnen, dass das ebenfalls nicht dem Naturgesetz entsprach, genauso wenig wie ein Neufundländer, der über den gestörten Kontakt des Menschen zum TAO philosophierte.

Mir war erst mal die Lust am Laufen vergangen, und so begab ich mich auf das Unterdeck, wo ich auf Bluebrain traf.

»Der Mensch hat sich in der Polarität verlaufen«, verkündete ich ihm mit leicht wirrem Blick.

»Meinetwegen«, antwortete er, »kein Grund, so verstört zu gucken. Schließlich kommen wir alle mal vom Weg ab, wenn wir zu viel getrunken haben.«

»Der Mensch hat aber nichts getrunken, sondern einen Apfel gegessen. Archie meint zwar, der Apfel an sich trage keine Schuld, aber ich bin mir da nicht so sicher«, erläuterte ich etwas zusammenhangslos weiter.

Bluebrain nickte düster. »Da sieht man mal wieder, was für Gefahren diese sogenannte gesunde Ernährung birgt. Fünf Mal am Tag Obst und Gemüse – und was kommt dabei raus? In null Komma nichts hast du dir so einen ekligen Polaritätsvirus eingefangen. Da lobe ich mir doch meinen Cognac, je hochprozentiger, desto besser. Bei 40 Prozent überlebt kein Krankheitserreger. Ich werde gleich mal einen zu mir nehmen – zur inneren Reinigung und Virusprophylaxe.«

Ich betrachtete ihn nachdenklich. Es war nichts Neues, dass mich Gespräche mit ihm nicht unbedingt weiterbrachten. Aber es konnte schon beeindrucken, wie stringent er alles, was man sagte, auf sein zentrales Lebensthema bezog. Bluebrain war wahrhaftig ein würdiger Vertreter des Prinzips: »Ich trinke, also bin ich.«

Ich zog mich zurück und dachte allein über Archies Worte nach.

Am nächsten Abend suchte ich ihn wieder auf.

Aufgabe und Bestimmung

»Na, da bist du ja wieder«, begrüßte mich der große Hund freundlich. »Hast du gut geschlafen? Heute wird es nämlich vielleicht etwas schwierig für dich.«

»Ich fand es gestern auch schon ganz schön schwierig«, erwiderte ich.

»So, so«, sagte Archie unbeeindruckt. »Wir haben ja gestern über den in der Polarität verhafteten Menschen gesprochen. Ich habe oft darüber nachgedacht, warum so viele Menschen mit einem oder mehreren Tieren zusammenleben wollen. Meiner Ansicht nach spüren sie mit ihrem Restinstinkt, dass die Tiere etwas haben, was ihnen verloren gegangen ist. Das zieht sie an. Und ich glaube weiter, dass es unsere Aufgabe ist, die Menschen an die ursprüngliche Einheit zu erinnern, aus der sie gefallen sind.«

Als ich protestieren wollte, hob er gebieterisch seine riesige Pfote und fuhr fort: »Das ist nicht nur meine Ansicht, sondern auch die von Tieren, die klüger sind als ich.«

Ungläubig sah ich ihn an. Welches Tier konnte klüger sein als Archie?!

»Die Menschen können im Zusammensein mit uns wahrnehmen, wie man im und mit dem TAO lebt und dadurch selbst wieder besser in Kontakt mit dem Strom des Lebens kommen.

Leider funktioniert die Beeinflussung aber auch in die andere Richtung: Durch die enge Beziehung zum Menschen und die damit verbundene artfremde Lebensweise werden wir Tiere mit seiner polaritätslastigen Haltung infiziert.

Das Hauptsymptom ist, dass auch wir anfangen, Bewusstsein zu entwickeln und zu denken. Solche Gespräche wie unseres zum Beispiel kämen in der freien Wildbahn gar nicht vor, da würden wir einfach leben und fertig. In unserem Fall würde ich versuchen, dich zum Frühstück zu verspeisen.« Archie kicherte grollend.

Ich fand weder seine letzte Bemerkung noch seine Ausführungen davor besonders witzig.

»Also du meinst tatsächlich, dass es unser Job ist, den Menschen von seiner Polaritätsfixierung wieder zur großen Einheit zurückzuführen? Und du meinst, dass wir selbst auch infiziert sind?«, fragte ich ärgerlich. Die Vorstellung, vom Polaritätsvirus befallen zu sein, löste bei mir sofort ein leichtes Magendrücken aus. Wer weiß, was man davon auf der körperlichen Ebene noch bekam – wahrscheinlich Fellräude und Arthritis. Ich kratzte mich nervös an der plötzlich juckenden linken Schulter.

»Nicht direkt zurückführen, das können wir nicht, sondern ihn an die große Einheit erinnern«, meinte Archie nachdenklich. »Und das tun wir durch unsere bloße Existenz; einfach weil wir leben um des Lebens willen, ohne fixierte Absichten und Vorstellungen.«

Wir schwiegen ein paar Minuten lang, in denen sich mein schon wieder recht angestrengter Geist erholen konnte. Dann setzte ich das Gespräch fort:

»Lassen wir mal dahingestellt, ob das tatsächlich unser Job ist. Aber selbst wenn; was mich viel mehr beschäftigt und worauf ich bisher keine Antwort gefunden habe: Was ist eigentlich meine persönliche Hamster- und Louis-Aufgabe? Alle, die ich bisher getroffen habe, scheinen zu wissen, was ihnen entspricht und was sie zu tun haben: Sisypha arbeitet für ihre Königin, Stops liebt sein Frauchen und Shakira, Torben ist Politiker, du bist ein weiser Lehrer, der Mensch denkt und zweifelt ständig – aber was soll ich machen?

Mein ganzes Leben schon bin ich auf der Suche nach meiner Aufgabe, habe mich sogar nach Syrien eingeschifft, aber ich komme nicht ans Ziel. Keiner der Träume und keine der Vorstellungen, die ich als junger Hamster hatte, haben sich erfüllt.« Ich spürte, wie meine Stimmung kippte.

»Was hattest du denn so für Träume und Vorstellungen?«, erkundigte sich Archie.

»Ich wollte ein neues Land für die Hamster entdecken oder eine neue Körnersorte, die uns immer ernährt. Dann wollte ich ein bekannter Menschenforscher werden oder Berater und Coach. Und schließlich hoffte ich, meine Berufung im Land meiner Ahnen zu finden. Aber all das war nicht das Richtige.«

»Ah, da kommen wir der Sache schon näher: Du wolltest also große Heldentaten vollbringen und ein berühmter Hamster werden. Könnte es vielleicht sein, dass du auch ein kleines Hamster-Ego entwickelt hast, das dir ständig etwas eingeflüstert hat, sodass du die Stimme des TAO nicht mehr deutlich hören konntest?«

Das wurde ja immer schlimmer! Mir kamen meine Fantasien als Autogramme verteilender Hamsterdozent in den Sinn.

»Du meinst, ich habe mich auch vom TAO entfernt?«, fragte ich beunruhigt.

»Möglicherweise«, sagte Archie seelenruhig.

»Was heißt das denn?? War alles bisher umsonst? Alles, was ich bisher getan habe, mein Leben bei Conny und Stops, meine ganze Fahrt nach Syrien nur eine einzige große Verirrung!?«

»Umsonst ist nie irgendetwas. Betrachte nur mal deine Fahrt nach Syrien: Wenn du nicht gefahren wärst, hättest du Torben nicht getroffen, und der wäre dann vielleicht ins Meer gesprungen. Du hättest Bluebrain und mich nicht kennengelernt und – auch ein ganz wesentlicher Punkt – keinen artfremden Sex mit Melanie gehabt. Vergiss nicht, dass das Leben auch ein Abenteuer ist und Spaß machen soll.«

Hier verzog er seine Schnauze zu einem anzüglichen Grinsen, um gleich darauf wieder ernst fortzufahren:

»Du denkst ein bisschen zu sehr wie ein Mensch. Wie ich gestern sagte, zeigt sich alles, was existiert, in Gegensätzen, die zusammengehören. Der gerade Weg ist nicht immer der beste. Der Weg zum Richtigen führt manchmal über das scheinbar Falsche, das damit auch wieder zum Richtigen wird.«

»Meine Verirrung nach Syrien kann man schon mal wegen Torben nicht mehr ›Verirrung‹ nennen«, sagte ich nachdenklich. »Und wenn sie darüber hinaus, wie du sagst, zum Finden des richtigen Weges notwendig war, warum heißt sie dann überhaupt ›Verirrung‹?«

»*Du* hast diesen Begriff gebraucht«, erwiderte Archie gleichmütig. »Was dir wahrscheinlich Probleme bereitet, ist die negative Bewertung, die darin mitschwingt. Leider folgt die Sprache dem menschlichen Polaritätsverständnis, bei dem immer einer der beiden zusammengehörigen Gegensätze negativ gewertet wird. Man sollte statt ›Verirrung‹ vielleicht besser ›Abzweigung‹ oder ›Umweg‹ sagen. Einige kluge Menschen haben das auch erkannt und dafür einen schönen Satz gefunden: Durch Umwege lernt man die Gegend kennen.«

»Fein«, knurrte ich leicht gereizt, »ich bin also ein paar sinnvolle Umwege gegangen. Trotzdem weiß ich immer noch nicht, was meine Aufgabe ist.«

»Aber du hast Torben, Bluebrain, Melanie und mich getroffen. Außerdem konnte dir nur durch deine Fahrt nach Syrien bewusst werden, wie viel dir deine Freunde Stops und Sisypha und auch deine MB bedeuten. Sind das nicht wichtige Erfahrungen? Alles Weitere wird zu seiner Zeit schon kommen.«

»Aber als Botschafter des TAO bin ich völlig ungeeignet, weil ich mich von ihm entfernt habe«, sagte ich deprimiert.

»Keiner könnte geeigneter sein als du, denn wie kannst du die Einheit mit dem TAO leben und spüren, wenn du nicht auch den Zustand der Entzweiung kennst? Die Dinge können nur im Lichte des gegenteiligen Pols erkannt werden. Außerdem umfasst das TAO alles, sogar die Abkehr von sich selbst, auch wenn das für unseren Verstand unlogisch ist. Paulus konnte nur Paulus werden, weil er vorher ein Saulus war.«

»Was für ein Paulus?«, fragte ich. Mir schwirrte der Kopf. »Muss ich mich auch noch umbenennen? Ich will auf jeden Fall weiter Louis heißen. Und außerdem wird mir das zu kompliziert.«

»Gut, gut«, sagte Archie begütigend. »Kommen wir zum Konkreten zurück: Du hast viele interessante, unterschiedliche Tiere kennengelernt und viel Neues erfahren bei deiner Suche! Glaubst du wirklich, dass irgendetwas von dem, was du getan hast, umsonst war? Aus all diesen wichtigen Erfahrungen wird sich deine Aufgabe formen.

Eigentlich brauchst du gar nicht zu suchen. Lass deine Vorstellungen los, und öffne dein Herz für das, was sich durch dich verwirklichen will. Deine Aufgabe bist du selbst in Tätigkeitsform.

Du hast ja schon einen wichtigen Schritt gemacht, indem du auf deine innere Stimme – die immer die Stimme des TAO ist – gehört hast und zu deiner MB und deinen Freunden zurückkehrst. Vertrau dem Fluss des Lebens, dann wirst du geführt werden.

Sorge dich nicht, wenn du Umwege gehst, denn das TAO ist unendlich geduldig.«

Archie begann wieder unpassenderweise zu kichern.

»In gewisser Weise verhält es sich wie diese modernen Navigatoren, die die Menschen benutzen: Du kannst zwanzig Mal falsch rechts abbiegen, und der TAO-Navigator wird dir immer wieder freundlich sagen, dass du es jetzt mal links versuchen solltest.«

Ich schwieg. Das war zwar nicht die gewünschte konkrete Antwort, aber irgendwie spürte ich nach Archies Worten doch eine warme Welle von Zuversicht in meinen Adern pulsieren.

»Tja«, sagte der Hund nach einer Weile, »mehr habe ich nicht zu sagen.«

»Viel war es ja wirklich nicht«, entgegnete ich, bevor ich mich von ihm verabschiedete.

Als ich die Vorratskammer passierte, traf ich wieder auf Bluebrain.

»Man kann nicht gerade behaupten, dass du heute klarer aus der Wäsche guckst«, stellte er fest.

Ich verzichtete auf eine Replik, was die Klarheit seiner Ausstrahlung anbelangte.

»Es ist unsere Aufgabe, den Menschen an die umfassende Einheit zu erinnern, damit er nicht in der Polarität kleben bleibt«, verkündete ich ihm stattdessen.

»Wenn es weiter nichts ist«, meinte er. »Ich empfehle in solchen Fällen immer drei Gläser Whisky auf ex. Das verschafft auch in schweren Fällen eine selige Einheitserfahrung. Ab und zu sollte man auch prophylaktisch mal ein Gläschen trinken, damit die Polarität erst gar keine Chance hat.«

Und augenblicklich machte er sich in Richtung der Flaschen auf, um seinen Ausführungen Taten folgen zu lassen.

Am nächsten Abend ging ich wieder zu Archie. Da gab es einen noch nicht fassbaren, aber diffus beunruhigenden Gedanken im Hintergrund meines Bewusstseins ...

Reinkarnation und Abschied von Archie

Als ich wieder vor ihm saß, führte ich meinem Gehirn zunächst mittels eines Stückchens Knäckebrot etwas Energie zu und versuchte dann, diesen Gedanken in Worte zu fassen:

»Da gibt es etwas, was mir unklar ist. Genau genommen ist mir einiges unklar von dem, was du mir in den letzten beiden Nächten erzählt hast. Aber dies betrifft dich im Speziellen: Wie kannst du das Polaritätsverständnis des Menschen so gut beschreiben und analysieren? Du bist doch selbst ein Tier, wenn auch bestimmt ein ungewöhnlich kluges. Verstehst du, was ich meine?«

»Ja, ich verstehe. Das ist eine gute Frage, und ich habe mir auch schon Gedanken darüber gemacht ...« Archie schwieg.

In der sich anschließenden Stille stieg die Antwort ganz von selbst in mir hoch: »Könnte das bedeuten, dass du in einem Übergang bist und wahrscheinlich in deiner nächsten Inkarnation als Mensch leben wirst?«

»Ja, Louis, das ist es, was ich auch glaube.«

Wieder schwiegen wir ein Weilchen, und ein weiterer Gedanke – oder mehr eine Art Gewissheit – breitete sich in mir aus.

»Und ich werde als Hund wiedergeboren werden«, hörte ich mich sagen.

»Vielleicht wirst du ja *mein* Hund.« Archie grinste belustigt. »Du weißt doch, verwandte Seelen treffen sich immer wieder.«

Bei der Vorstellung, in meinem nächsten Leben Fleisch zu fressen, drehte sich mir augenblicklich der Magen um, und ich versuchte, sie zu unterdrücken. Ich wollte mir nicht zu viele Gedanken über meine nächste Inkarnation machen, denn meistens kommen die Dinge doch anders, als man denkt – das hatte ich immerhin schon gelernt. Es gab so viele Möglichkeiten – nachher würde ich als Seekuh wiedergeboren werden, könnte friedlich über den Meeresboden gründeln, weiter vegetarische Nahrung zu mir nehmen und hätte mich ganz umsonst aufgeregt.

Archie unterbrach meine Seekuh-Fantasien.

»Wo wir gerade von Reinkarnation sprechen ...«, redete er weiter, und ohne zu wissen warum, durchzuckte mich plötzlich eine heftige Traurigkeit. Ich wollte seine Worte nicht hören, doch er sprach schon weiter: »Es wird nicht mehr lange dauern. Ich bin alt, sogar sehr alt, und mein Herz arbeitet nicht mehr gut. Ich werde das Ende dieser Reise nicht mehr erleben.«

Obwohl wir uns in Bari sowieso trennen mussten, war

die Vorstellung unerträglich, dass Archie diese Welt – und damit auch mich – ganz verlassen wollte. Ich stampfte mit der Hinterpfote auf.

»Nein, das darfst du nicht«, rief ich in hilflosem Schmerz. Schließlich kroch ich hinter ein Tau, bedeckte die Augen mit den Pfoten und weinte fünf Minuten lang, was für einen Hamster ziemlich viel ist.

Als ich mit Weinen fertig war, spürte ich eine tiefe Ruhe in mir. Ich hatte die Tatsache seines nahenden Todes akzeptiert. Archie lag mit bekümmerten Gesichtsausdruck auf seinem Diwan. Ich kam wieder hervor und wandte mich an ihn:

»Wenn du schon sterben musst und als Mensch wiedergeboren wirst, dann solltest du dich als Erstes dafür einsetzen, dass die Haltungsbedingungen für Hamster und Hunde verbessert werden. Was die Hamsterhaltung anbelangt, hätte ich folgende Vorschläge:

- tagsüber Ruhe im Schlafbereich;
- immer freien Zugang zur Futterdose;
- Verbot der Käfighaltung und ein Extra-Hamsterzimmer, das wie die syrische Wüste gestaltet ist.

Am besten wäre es, du gründest die *Freiheitliche Hamster- und Hundepartei.*

Archie lachte; es klang wie ein Bellen. »Im Prinzip gerne. Aber du weißt ja, man vergisst alle konkreten Ereignisse und Vorhaben aus seinen vorherigen Leben. Falls ich tatsächlich ein Mensch werde, werde ich mich an diesen schönen Plan nicht mehr erinnern können.«

»Wozu lebt man diese ganzen anstrengenden Leben eigentlich, wenn man sich hinterher an nichts erinnern kann?«

»Du vergisst alle konkreten Ereignisse und Lebensumstände, was durchaus auch seine Vorteile haben kann. Aber die Essenz von dem, was du gelernt und erfahren hast, nimmt deine Seele mit, wenn sie in die Geistige Welt zurückgeht.«

»Was macht man da, in der Geistigen Welt?«, fragte ich neugierig.

»Nun«, antwortete Archie, »das weiß ich natürlich auch nicht. Ich schätze, man freut sich erst mal, dass man seinen maroden Körper und mit ihm seine Arthrose, Fellräude oder mit was man sich sonst gequält hat, los ist. Dann trifft man sich mit seinen Kollegen und verwandten Seelen aus dem vorherigen Leben und tauscht sich ein bisschen aus, warum der eine seine Frau verlassen oder der andere sein Herrchen gebissen hat. Möglicherweise entwirft man sein neues Leben und bespricht sich mit seinen Freunden, in welchen Rollen wer sich wo wiedertrifft. Und zwischendurch spielt man ein bisschen Poker und entspannt sich – hoffe ich jedenfalls.

Im Idealfall entwickelst du dich in jedem Leben weiter und kannst dann auf einer höheren Stufe reinkarnieren. Natürlich geht so eine Gesamtentwicklung nicht immer schnurgeradeaus nach oben, sondern es gibt wie überall zwischendrin auch Rückschritte. Das ist normal.«

»Also könnte es auch sein, dass ich im nächsten Leben als Regenwurm wiedergeboren werde?«, erkundigte ich mich.

Archie kicherte. »Also das wäre schon ein Rückschritt; da müsste man sich dann fragen, was du in diesem Leben nicht so auf die Reihe bekommen hast. Aber ich denke, wenn du dich nicht immer so renitent anstellst und ein bisschen an deiner Vervollkommnung arbeitest, z. B. deiner MB etwas mehr liebevolle Akzeptanz entgegenbringst, bestehen gute Chancen, dass du vielleicht im nächsten Leben wirklich ein Hund, mindestens aber eine Ente oder so etwas in der Art werden wirst.«

Ich war ernsthaft beleidigt. »Glaubst du im Ernst, dass eine Ente höher entwickelt ist als ein Hamster!? Ich finde deine Aussagen hamster- und regenwurmdiskriminierend.«

»Ich habe dich nur ein wenig ärgern wollen«, sagte Archie mit sanfter Stimme.

Unvermutet und heftig kehrte die Traurigkeit zurück; die innere Akzeptanz war wie weggeblasen. »Wir sind uns doch erst vor ein paar Tagen begegnet. Du bist so klug, und ich habe nicht alles verstanden, was du mir erzählt hast. Warum konnten wir uns nicht eher kennenlernen, und warum musst du jetzt schon gehen?«

»Der Lehrer kommt dann, wenn der Schüler dafür bereit ist«, antwortete Archie. »Du hast genug verstanden. Vertrau dem Leben – wenn es nötig ist, wird es dir weitere Lehrer schicken.«

»Falls du wirklich ein Mensch wirst im nächsten Leben und ich ein Tier, werden wir nicht mehr so miteinander sprechen können wie jetzt. Wir werden getrennt sein«, klagte ich weiter.

»Du weißt, dass sich verwandte Seelen wiederbegegnen und in welcher Form auch immer miteinander kommunizieren können. Vertrau dem Leben«, wiederholte er, »in diesem Fall dem nächsten.«

Nach diesen Worten legte er seinen dicken Kopf auf die linke Pfote und sein Atem ging in ein leichtes Schnarchen über.

Natürlich besuchte ich Archie auch in der nächsten Nacht, aber er wirkte schwach und war nicht zum Reden aufgelegt. Stattdessen schob er mir einen Krümel seines Riesenstücks Hundekuchen zu, und wir fraßen gemeinsam. Kurz danach verabschiedete ich mich, weil ich sah, dass er müde war. Es sollte mein letztes Treffen mit Archie gewesen sein.

Am nächsten Tag wachte ich mittags auf und war schlagartig hellwach, ohne zu wissen, warum. Ich spürte nur, dass etwas Wesentliches vor sich ging. Dann hörte ich Archies gebrochene Stimme über das Hamster-Hunde-Net.

»Es ist soweit, Louis. Ich werde gleich ins TAO zurückkehren und möchte mich von dir verabschieden. Du bist das letzte Tier gewesen, mit dem ich in diesem Leben Kontakt hatte, und wirst deswegen etwas Besonderes für mich bleiben.

Akzeptiere, wer du bist – du bist kein wilder Hamster, der für sein Volk neue Länder oder Körnersorten entdeckt, sondern ein Haustier, das in engem Kontakt zum Menschen lebt. Und gerade du, Louis, hast dich weit auf die Polaritätswelt der Menschen eingelassen, wenn du mal an deine Zweifel während deiner Therapieversuche mit Torben denkst. Du bist prädestiniert dafür, die Menschen besser zu verstehen als die meisten anderen Tiere.

Du bist ein kluger Hamster mit einem warmen Herzen und hast alles, was du brauchst. Suche nicht zu verkrampft nach deiner Aufgabe – sie wird dich finden, wenn die Zeit dafür gekommen ist.

Mach es gut, mein kleiner Freund, ich habe gerne mit dir gesprochen.«

Die Stimme wurde leiser und erstarb dann ganz. Ich lag wie erstarrt mit gespitzten Öhrchen auf dem wolligen Putzlappen, der mir als Nest diente. Sagen konnte ich nichts, aber das war wohl auch nicht nötig. Dies war ein heiliger Moment: In diesen Minuten ging mein Freund und Lehrer Archie ins große TAO zurück.

Nach einiger Zeit schlief ich wieder ein und glitt hinüber in das Reich des Vergessens.

Am frühen Abend wurde ich von einer unbekannten Maus, die sich als Casimir vorstellte, geweckt. »Komm, steh auf«, sagte sie, »sonst verpasst du Archies Beerdigung.«

Ich putzte mich kurz, verzehrte hastig zwei Sonnenblumenkerne und kletterte an Deck. Als ich vorsichtig um die

Ecke schaute, sah ich Archies Herrchen vor dem leblosen schwarzen Koloss knien und ihm versunken das schwarze Fell streicheln. Drei Matrosen standen daneben; einer klopfte dem Steuermann unbeholfen auf die Schulter. Nach und nach kamen alle Menschen, die keinen Dienst hatten, und versammelten sich am Heck. Archie war eine so starke Hundepersönlichkeit gewesen, dass er sogar die unsensiblen Menschen beeindruckt hatte. Die Trauerfeier begann. Ganz vorn neben seinen mit Blumen geschmückten sterblichen Überresten stand sein Herrchen und hielt eine kleine Ansprache. In seinen Augen glitzerten Tränen.

Ich sah mich um. Hinter Tauen und unter einem halb gekippten Rettungsboot saßen viele Mäuse, einige Mutige sogar direkt neben der Katze Arunja, die natürlich aufgrund der besonderen Situation keine Anstalten machte, eine oder mehrere von ihnen als Leichenschmaus zu verzehren. Wo bekam sie jetzt ihr Fressen her, nachdem Archie gestorben war? Wahrscheinlich würde sie auf Lichtnahrung umsteigen; wundern würde mich das auch nicht mehr.

Der Steuermann beendete seine Ansprache. Dann hoben er und ein anderer Matrose den auf einer kleinen Trage festgebundenen und mit Steinen beschwerten Hundeleichnam über die Reling und warfen ihn ins Meer. Ein anderer Matrose blies ein kurzes Trompetensolo, und einige Mäuse begannen zu weinen. Auch ich spürte, wie mir die Tränen die Backen hinunterliefen, während sich eine große Einsamkeit in mir ausbreitete. Erst war Torben gegangen und jetzt, noch viel endgültiger, Archie. Immer, wenn ich sie lieb gewonnen hatte, verließen sie mich. Dann fiel mir ein, dass ich es mit Stops und Conny ja ebenso gemacht hatte, und ich weinte noch mehr. Für einen einzelgängerischen Hamster schien ich etwas aus der Art geschlagen zu sein – irgendwie hing ich doch sehr an meinen Freunden. Da spürte ich an meiner rechten Schulter das tröstliche Reiben eines kleinen Kopfes. Neben mir stand Melanie und lächelte mir liebevoll zu.

»Sei nicht traurig, Pogi«, wisperte sie, »ich bin ja auch noch da. Mamut muss heute seinen Eltern beim Umzug in ein anderes Nest helfen. Ich hätte also ein bisschen Zeit für dich und würde vorschlagen, dass wir im Angesicht des Todes das Leben feiern …«

Melanie war zweifellos für ihr jugendliches Alter eine sehr einfühlsame und weise Maus.

Den Tod vor Augen

In den letzten fünf Nächten der Rückfahrt besuchten Melanie und Casimir mich ab und zu. Wir plauderten ein wenig oder spielten mit Bluebrain eine Runde Nager-Poker. Das war zwar nett, aber eigentlich wartete ich nur darauf, dass wir in den Hafen einliefen. Mit Archies Tod war meine Zeit hier vorbei. Ich wusste, dass es mir erst wieder richtig gut gehen würde, wenn ich das Schiff verlassen konnte.

Endlich war es soweit: Die Silhouette von Bari erschien am Horizont, und nach kurzer Zeit liefen wir in den Hafen ein.

Bluebrain wollte mich in Bari zurück in den Untergrund bringen und einem Mitglied der Vatikan-Ratten übergeben. Selbst die Aussicht, wieder mit einem wegen seines zu hohen Überstundenkontos missgelaunten Sandor in Gewaltmärschen durch die Kanalisation zu traben, erfüllte mich eher mit Freude als mit Schrecken. Je schneller, desto besser: Umso eher war ich wieder zurück.

Nach unserer Ankunft ging Bluebrain zunächst zum Ratten-Stammtisch »Schrot und Korn«, um seinen Kumpels von seiner Tour mit Lemming, Hamster und Archie zu erzählen, eine Runde Ratten-Poker zu spielen und natürlich das ein oder andere Glas zu trinken. Da er viel zu erzählen hatte, blieb er lange aus. Ich wartete ungeduldig auf ihn, und als er endlich kam, war sein Aussehen besorgniserregend. Er taumelte stärker als sonst, und seine Augen glänzten wie im Fieber.

»Willst du dich nicht lieber eine halbe Stunde hinlegen?«, fragte ich beunruhigt. »Wir haben einen gefährlichen Weg vor uns, da musst du fit und wachsam sein.«

»Keine Sorge, Kleiner«, lallte Bluebrain, »nie bin ich fitter und stärker, als wenn durch meine Adern der reine Alkohol fließt, der Sprit des Lebens. Ich werde dich sicher in den Untergrund bringen.« Und er torkelte los.

»Es ist ja nur ein kurzes Stück auf dem Land, auf dem Gefahr droht«, sagte ich zu der warnenden Stimme in meinem Inneren. Weil ich zurück wollte und auf die Führung von Bluebrain angewiesen war, ignorierte ich sie und folgte der Ratte – ein verhängnisvoller Entschluss, wie sich herausstellen sollte.

Bluebrain durchquerte schlingernd und nicht sehr vorsichtig das unübersichtliche Hafengelände, in dem es bestialisch nach Fisch in allen Verwesungsstufen stank. Wahrscheinlich lauerten hier Hunderte von Katzen, und das einzig Gute an dem Gestank war, dass sie uns dank ihm vielleicht nicht rochen. Wir sahen zwei von Weitem, während wir gut gedeckt unter einem Bretterstapel dem ersten Hinterhof entgegenliefen.

»Hier in dem Hof gibt es ein kaputtes Abwasserrohr, durch das man prima nach unten kann«, sagte Bluebrain. Doch als wir die Stelle erreichten, kündete ein Stück betonierter Fläche davon, dass hier anscheinend Sanierungsarbeiten stattgefunden hatten.

»So ein Mist«, schimpfte die Ratte, »seit ich denken kann, gammelt hier alles vor sich hin, und ausgerechnet jetzt hat mal irgendjemand was getan. Na egal, wir finden einen anderen Eingang, am besten ein Rattenloch.« Und er lief weiter an der Mauer entlang. Das flaue Gefühl in meinem Magen verstärkte sich.

Bald hatten wir zwei Hinterhöfe durchquert, einen Bogen um einen angeketteten Hund gemacht und immer noch kein Rattenloch gefunden.

»Das ist ja wie verhext«, knurrte Bluebrain und lief weiter. Mir kam es so vor, als ob er keinen wirklichen Plan mehr hatte, und ich ahnte dumpf, dass unser Glücksvorrat bald aufgebraucht sein würde.

Das Verhängnis kam leise und unerwartet. Wir hatten gerade die Ecke eines Gartens erreicht, als ich ein leises Rascheln hörte und mich mit einem Mal zwei großen Katzen gegenübersah. Jetzt saßen wir in der Falle, denn hinter uns war die Mauer und vor uns die Katzen. Sie hatten keine Eile und betrachteten uns mit verträumter Miene.

»Was ist denn das für einer, Tom?«, fragte die eine und zeigte mit der Pfote auf mich. »Ist nicht viel dran, sieht aber lecker aus.«

»Keine Ahnung«, antwortete besagter Tom und gähnte. Seine Augen hingen auf Halbmast, er schien noch nicht richtig wach zu sein. Das hatte auch Bluebrain mitbekommen und mit einer Geschwindigkeit, die ich ihm nie zugetraut hätte, startete er einen Fluchtversuch und schoss zwischen den beiden Katzen hindurch – es sollte die letzte Aktion in seinem Leben gewesen sein.

Fast hätte er es geschafft, aber die andere Katze war schneller. Mit einem Sprung war sie bei ihm und biss ihm ins Genick. Bluebrains Kopf hing unnatürlich verdreht nach unten. Er war tot; ein kleines Rinnsal aus Blut angereichert mit jeder Menge Alkohol tröpfelte aus seinem Hals auf den Boden. Entsetzen schnürte mir die Kehle zu, und ich fiel in Schockstarre.

Die Katze leckte sich das Maul. »Hm, komisch, die Ratte schmeckt irgendwie nach Martini oder so, aber nicht schlecht. Nur schade, dass sie jetzt schon tot ist und wir gar nicht mehr mit ihr spielen können. Aber wir haben ja noch den Kleinen da.« Sie leckte sich wieder das Maul und betrachtete mich mit grausamer Vorfreude.

Meine Panik steigerte sich in ungeahnte Höhen. Die Starre löste sich zumindest aus meiner Kehle und ich begann zu schreien. Ich schrie und schrie und schrie ...

Und dann geschah etwas Seltsames: Ich hörte die Stimme meiner MB, die beruhigend auf mich einredete. Wie kam sie hierher in den dreckigen Hinterhof von Bari? Waren dies schon die letzten Sekunden vor dem Tod, in denen noch einmal der eigene Lebensfilm vor dem inneren Auge ablaufen soll?

»Ich habe versucht, zu dir zurückzukommen, werde es aber nicht mehr schaffen«, wollte ich ihr sagen, aber auch das gelang mir nicht.

»Was ist denn mit dir, mein Kleiner?«, hörte ich sie fragen. »Warum schreist du so schrecklich?«

Beharrlich redete die Stimme weiter, gleichzeitig schienen die Katzen irgendwie zu verblassen und sich aufzulösen.

Wiederkehr

Und dann schlug ich die Augen auf und fand mich erbärmlich fiepend und zitternd in meinem Hamsterhäuschen wieder.

»Louis, ich weiß, du magst das nicht, aber ich nehme jetzt dein Häuschen hoch. Du schreist so schrecklich, dass ich mal gucken muss, was mit dir ist«, sagte Conny gerade besorgt.

Ich rappelte mich hoch und taumelte mit immer noch zittrigen Pfoten nach draußen. Dort marschierte ich geradewegs auf die Hand meiner MB und kuschelte mich hinein. Wäre ich ein Hund gewesen, hätte ich ihr auch noch die Hand abgeleckt. Aber auch so erregte mein ungewöhnlich anhängliches Verhalten weitere Besorgnis.

»Was ist nur los mit dir? Du kommst mir vor, als hättest du einen schrecklichen Albtraum gehabt. Aber haben Hamster Albträume?«

»Es war nur zum Schluss schrecklich«, sagte ich mit schwacher Stimme, und obwohl mich Conny wie immer nicht verstand, beruhigte sie sich nach einer Weile, als sie sah, dass ich mich erholte.

Als Stops am nächsten Nachmittag nichtsahnend das Wohnzimmer betrat, begrüßte ich ihn so herzlich wie einen lange vermissten Freund. Dann begann ich, ihm von meiner Reise zu erzählen. Stops war dermaßen gefesselt von meinen Abenteuern, dass er zwischendurch immer wieder jaulte, knurrte oder heftig mit dem Schwanz wedelte. Erst als die beiden Damen begannen, sich ernsthaft über seinen Geisteszustand Sorgen zu machen, hörte er damit auf.

Ich war gerade bei Archies Rede über den Menschen in der Polaritätsverirrung, als Elvira gehen wollte. Und da tat

Stops etwas, was er noch nie getan hatte: Er widersetzte sich seinem Frauchen, ließ sich nicht hochziehen und blieb stur liegen.

»Was ist nur heute mit diesem Hund los?«, fragte Elvira ratlos.

»Er ist schon die ganze Zeit völlig auf Louis fixiert, der neben deinem Sesselbein sitzt«, sagte Conny. »Man könnte fast meinen, Louis erzählt ihm eine spannende Geschichte. Wer weiß, vielleicht unterhalten sich die Tiere ja genauso wie wir.«

»Da kommst du der Wahrheit schon sehr nahe«, sagte ich anerkennend.

»Wie auch immer«, fuhr sie fort. »Geh doch einfach einkaufen, und lass Stops so lange hier. Du kannst ihn danach mitnehmen.«

Ich war beeindruckt. Für einen Menschen zeigte meine MB viel Einfühlungsvermögen in tierische Belange. So geschah es dann tatsächlich – Stops konnte bleiben und sich meine Erzählung zu Ende anhören.

Hinterher schwieg er lange. »Das ist eine sehr ungewöhnliche Geschichte«, meinte er schließlich. »Man versteht andere Tiere und sogar die Menschen danach besser. Es ist schön für mich, zu hören, dass ich mein Frauchen allein durch mein Dasein an die Einheit des TAO erinnere und ihr dadurch helfe.«

Wieder machte er eine kleine Pause und sagte dann unvermittelt: »Warum stellst du deine *Rückreise nach Syrien* nicht ins Tier-Net, am besten auf eine Frequenz, die möglichst vielen Tiergattungen zugänglich ist? Deine Erlebnisse könnten zum Verständnis der verschiedenen Arten untereinander beitragen und zudem auch anderen Tieren vermitteln, dass ihr oft schweres Dasein bei den Menschen einen Sinn hat.«

Ich war verblüfft. Auf die Idee war ich noch gar nicht gekommen. Doch wir konnten das vorerst nicht weiterdiskutieren, weil Elvira zurückkehrte und Stops nun wirklich gehen musste.

Nach einem kleinen Imbiss begann ich mit meinem Lauftraining, während ich über Stops' Worte nachdachte ...

Am nächsten Abend traf ich Sisypha, der ich auch in etwas gerafterer Form von meinen Abenteuern auf dem Schiff erzählte.

»Da hast du ja mal eine etwas anstrengendere Nacht hinter dich gebracht«, war ihr profaner Kommentar. »Schade, dass du das alles nur geträumt hast.«

»Wieso ›nur‹? Dieser Traum hat mein Leben verändert! Ich bin als ein ganz anderer zurückgekehrt. Zum Beispiel ist mir bewusst geworden, wie wichtig ihr mir seid.«

Sisypha ging auf meinen letzten Satz nicht ein. »Was heißt hier ›zurückgekehrt‹? Du hast doch die ganze Zeit in deinem Häuschen gelegen und warst in Wirklichkeit nirgendwo.«

»Ich *war* auf dem Schiff nach Syrien«, sagte ich böse. »Wir sind geistige Wesen – Hamster sind jedenfalls welche –, und ob unser Geist seine Erfahrungen im Traum macht oder in der sogenannten Realität, ist letztlich unwesentlich. Ein Mensch mit Weitblick hat mal gesagt: ›Die größten Abenteuer finden im Kopf statt.‹ Ich kann das bestätigen.«

»Traum ist Traum, und Realität ist Realität«, beharrte die ignorante Ameise.

»Träum weiter«, sagte ich. »Der Traum ist nur eine andere Art von Realität. Vielleicht gibt es dir ja zu denken, dass ich seit meiner Rückkehr jede Nacht über das Hamster-Lemming-Net mit Torben gesprochen habe, der nach deiner Theorie eine nicht existente Traumfigur sein müsste. Und er erinnert sich ebenso an mich wie an unsere gemeinsame Reise nach Syrien. Also waren wir in dem gleichen Traum und sind jetzt zusammen in der gleichen Realität. Komisch, nicht wahr?«

»Hm«, sagte Sisypha indifferent und begab sich auf Körnersuche. Ich wanderte in die andere Ecke des Wohnzimmers. Für heute hatte ich genug von ihr.

Als Sisypha am nächsten Abend wieder erschien, bemerkte ich, dass ihr ein Gänseblümchen folgte, das sich wie von Geisterhand über den Fußboden bewegte. Die Geisterhand waren in diesem Fall vier Ameisendamen aus Sisyphas Arbeitstrupp, denen sie mit einer lässigen Beinbewegung Halt gebot.

»Ihr könnt absetzen«, sagte sie, was die Ameisen gerne taten.

»Hallo Louis, das habe ich dir mitgebracht, sozusagen als Willkommensgruß, weil du wieder zu uns zurückgekommen bist«, sagte Sisypha. Sie spielte mit ihren Fühlern und schien etwas verlegen zu sein.

Augenblicklich hatte ich sie wieder ins Herz geschlossen. »Oh, das ist ja wirklich nett von dir. Wie schön – du hast dir sogar gemerkt, dass ich Gänseblümchen sehr gerne fresse.«

Sisypha schien immer noch verlegen und begann jetzt sogar nervös hin- und herzutrippeln.

»Ich, äh, habe auch ein kleines Gedicht für dich geschrieben. Nichts Besonderes ... Es geht so:

Louis Odysseus

Einst stieg ein Hamster ohne viel
Angst aufs Schiff mit fernem Ziel.
Mäusinnen mit Sex-Appeal,
Wein und Schnaps in großen Mengen,
Freiheit von allen Käfig-Zwängen,
Ferne Länder voller Versprechen –
Nichts konnte seine Treue brechen.

Kein Schatten trübte seinen Blick.
Louis, der Hamster, kehrte zurück.

Ich war so gerührt, dass ich Sisypha am liebsten umpfotet hätte. Doch das hätte sie nicht überlebt, und so bedankte ich mich nur bei ihr und verzehrte andächtig das Blümchen. Es schmeckte sogar noch besser als sonst ...

Das Archie-Memoriam-Tierforum

Stops' Idee ließ mich nicht mehr los, und eine Woche nach meiner Rückkehr veröffentlichte ich die *Rückreise nach Syrien* mit einer Zusammenfassung meines vorherigen Lebens im Tier-Net. Das geht innerhalb von einer Sekunde – sozusagen mit einem geistigen Maus- bzw. Hamsterklick.

Acht Nächte lang passierte gar nichts. Ich begann mich schon damit abzufinden, dass meine Abenteuer keinen müden Hamster geschweige denn sonst ein Tier hinter dem Ofen hervorlockten, als auf einmal die ersten Reaktionen und Fragen eintrudelten:

Therapieinteressierte fragten nach der Art meiner Interventionen während der Sitzungen mit Torben; es gab aber auch weniger gebildete Hamster, die wissen wollten, was eine Psychotherapie überhaupt ist. Eine Hamsterdame meldete sich, die bei einem Schiffsbauingenieur lebte und sich für die technischen Daten meines Transportschiffes nach Syrien interessierte. Die meisten Beiträge befassten sich aber mit dem Suchen oder Finden der eigenen Lebensaufgabe.

Während zunächst nur Hamster antworteten, kamen bald auch Reaktionen von anderen Tieren: von Bibern, Gänsen und einem Wiesel. Es meldete sich sogar eine

Selbsthilfegruppe der A. A. R. (Anonyme Alkoholiker-Ratten), die mir Informationen darüber zukommen ließ, wie man mit Alkoholiker-Ratten im fortgeschrittenen Abhängigkeitszustand umgehen sollte. Ich war pausenlos damit beschäftigt, Fragen und andere Diskussionsbeiträge zu beantworten. Das änderte sich auch nicht, nachdem ich Stops um Unterstützung gebeten hatte. In Kürze waren wir beide völlig ausgebucht.

Nach drei Wochen kam der erste Beitrag von einem Hund. Es handelte sich um einen Cockerspaniel namens Sokrates, der mit einem Professor für Philosophie zusammenlebte. Er kritisierte Archies Ausführungen zur menschlichen Natur als unvollständig. Um den Menschen verstehen zu können, müsse man zumindest noch die Erkenntnisse des Existenzialismus und die Entwicklung während der Aufklärung miteinbeziehen. Bevor er zu weiteren Ausführungen ansetzen konnte, bedankte ich mich höflich und leitete ihn weiter an Stops. Dann sah ich mir schadenfroh an, wie sein Gesicht im weiteren Verlauf des Chats einen zunehmend ratlosen und leidenden Ausdruck annahm.

Spätestens nach Sokrates' Kommentar wurde uns klar, dass es so nicht weitergehen konnte. So schön die unerwartete Resonanz auch war – wobei Autogrammwünsche seitens attraktiver Hamsterdamen allerdings die Ausnahme blieben –, sie überschritt eindeutig unsere Kapazitäten. Schließlich waren wir keine Ameisen, die rund um die Uhr schufteten. Apropos Ameise, selbst Sisypha hatte schon auf einige Beiträge aus der Insektenwelt geantwortet.

Die meisten Insekten konnten meine Geschichte aber wegen ihrer Frequenz nicht empfangen, was wiederum zu Beschwerden führte. Hier tat sich eine neue Arbeitsfront auf.

Ich zog mich mit Stops zu einem vertraulichen Gespräch zurück. Wir beschlossen, ausgehend von den Reaktionen auf meine Geschichte, ein Tier-Online-Forum mit mehreren Diskussionsgruppen zu den verschiedenen Hauptinteressengebieten zu gründen. Die Gruppen sollten sich selbst organisieren, sodass wir entlastet werden würden. Stops wollte für jede Gruppe mindestens einen Moderator ausbilden.

»Prima«, sagte er schließlich zufrieden. »Das Konzept steht.«

»Ja, aber es fehlt noch ein Name für das Forum. Wie sollen wir es nennen?«

Wir überlegten hin und her, ohne etwas Passendes zu finden. Der Morgen dämmerte schon, und so verschoben wir die Namensgebung auf die nächste Nacht. Ich rollte mich in meinem Nest zusammen. Während ich schon langsam eindämmerte, sah ich auf einmal eine große schwarze Pfote vor mir und hörte die mir wohlbekannte grollende Stimme:

»Hallo Louis, ich freue mich, dass du zusammen mit Stops ein so wunderbares Projekt ins Leben rufst. Es wird das Verstehen der Tiere untereinander fördern. Ich wünsche euch alles Gute dafür.«

»Erstaunlich, dass Archie in mein Hamsterhäuschen passt«, dachte ich noch, bevor sich der Hund wieder auflöste. Nach dem Frühstück am nächsten Abend meldete ich mich sofort über das Hamster-Hunde-Net bei Stops.

»Ich weiß jetzt, wie wir das Forum nennen. Es wird in Erinnerung an meinen großen Lehrer das ›Archie-Memoriam-Forum‹ heißen.«

»Ja«, sagte Stops begeistert, »das ist der richtige Name.«

Und dann entwarfen wir unverzüglich die Satzung für unser Forum. Sie lautete:

Dies ist das Archie-Memoriam-Forum.

Es ist vom Gedanken getragen, dass durch jeden von uns das gleiche TAO strömt, das uns auf einer tieferen Ebene zu Brüdern und Schwestern macht, unabhängig vom Fressen und Gefressen-Werden in der realen Welt. Um die Verbundenheit untereinander zu stärken, gibt es gattungsübergreifende Diskussionsgruppen zu verschiedenen Themen. Durch das Kennenlernen der Sichtweisen anderer Tierarten sollen Verständnis, Toleranz und Perspektivenvielfalt gefördert werden.

Bei entsprechendem Interesse können jederzeit neue Gruppen gegründet oder bestehende verändert werden. Damit dient das Forum der allgemeinen Tierverständigung. Um dies zu gewährleisten, verpflichten sich die Teilnehmer, folgende Regeln einzuhalten:

1. Kleine oder potenzielle Beutetiere dürfen nicht verängstigt oder eingeschüchtert werden. Auch wenn in der freien Wildbahn einige der Gruppenmitglieder andere

dominieren oder fressen, so sind diese Verhaltensweisen während der Teilnahme an den Gruppen zu unterlassen. Insbesondere Fressandrohungen sind auf das Schärfste untersagt. In schlimmen Fällen erfolgt der Ausschluss.

2. Wichtig ist, dass jeder jeden versteht. Liegen einige Tiergattungen zu weit auseinander, sodass zwischen ihnen keine direkte Kommunikation möglich ist, muss übersetzt werden.
Auch die nicht so hoch entwickelten Tierarten müssen die Möglichkeit bekommen, sich zu äußern, und dürfen nicht niedergeredet werden.

3. Jede Gruppe hat mindestens einen Moderator, der die Diskussion leitet und die Einhaltung der Gesprächsregeln überwacht. Den Anordnungen des Moderators ist in jedem Fall Folge zu leisten.

Wir stellten das Archie-Memoriam-Forum mit der Satzung ins Netz. Es kam überwiegend Zustimmung; einige der stärkeren sowie der klügeren Tiere plädierten allerdings dafür, den Stärkeren bzw. Klügeren mehr Rechte zuzugestehen. Dies wurde aber von der Mehrheit abgelehnt, und so wurde unser Entwurf verbindlich.

Bald bildeten sich die ersten Diskussionsgruppen, mit den folgenden Themenschwerpunkten:

- Tiergattungsübergreifende Freundschaften am Beispiel von Hamster und Hund
- Die Lebensaufgabe – Suchen oder Sich-finden-Lassen
- Inkarnationsstufen und ihre Entwicklungsaufgaben
- Traum und Realität – Unterschiede und Gemeinsamkeiten
- Kindererziehung bei den verschiedenen Tierarten
- Der Umgang mit dem Menschen

Jede Gruppe wählte aus ihrer Mitte einen Moderatoren-Anwärter, und Stops begann mit der Ausbildung. Weitsichtig nahm er in den Anfangskurs gleich ein paar Teilnehmer mehr auf, um für Gruppenneubildungen gerüstet zu sein. Auch meine Tochter Lucy mit ihrem Immer-noch-Freund Theo war im ersten Kurs dabei. Sie wollten gemeinschaftlich die Gruppe »Kindererziehung bei den verschiedenen Tierarten« leiten.

Am Anfang liefen die Gruppendiskussionen mit den noch nicht ausgebildeten Moderatoren etwas chaotisch ab, aber später regulierte sich alles irgendwie. Die Gruppe »Traum und Realität« löste sich wegen unüberbrückbarer Differenzen wieder auf. Die Gruppe »Tiergattungsübergreifende Freundschaften« dagegen begann, sich mit dem Thema »Tiergattungsübergreifende Kommunikationsmöglichkeiten« zu befassen, was positive praktische Auswirkungen auf das ganze Forum hatte. Die Mitglieder schafften es nämlich, eine Frequenz für möglichst viele Gattungen im Net zu finden, sodass noch mehr Tierarten Zugang zum Forum erhielten. Zwar bestand nach wie vor die Mehrzahl der Forumsteilnehmer aus Hamstern, aber es kamen ständig andere Arten hinzu.

Schließlich trat sogar ein Jaguar der Gruppe »Inkarnationsstufen« bei. Er hatte sich an der Pfote verletzt, konnte weder laufen noch jagen und verbrachte deswegen viel Zeit im Tier-Net.

Und zu meiner großen Freude meldete sich eines Tages Swami Krishna, der auch keine Probleme damit hatte, aus meinem Traum in die Realität überzuwechseln.

»Da hat sich deine Reise nach Syrien ja tatsächlich gelohnt, auch wenn du vielleicht woanders angekommen bist als erwartet«, sagte er und lachte. Der Swami wurde direkt Moderator – er brauchte keine Ausbildung – und leitete die neu gegründete Gruppe »Tierspiritualität – viele Wege führen nach Rom«.

»Das Forum ist wirklich ein fantastisches Projekt geworden«, resümierte Stops einige Wochen später. »Es hat eine richtige Eigendynamik entwickelt und wird von selbst immer weiter wachsen. Die lange Suche nach deiner Aufgabe hat sich gelohnt.«

Verblüfft unterbrach ich die Pflege meines grauer gewordenen Fells. So hatte ich das noch gar nicht gesehen. In den letzten Monaten war die Suche nach meiner Aufgabe völlig aus meinem Gedächtnis geraten – irgendwie hatte mir die Zeit gefehlt, mich damit zu befassen.

»Neulich haben sich der Jaguar Samur und das Kaninchen Pinkball bestimmt eine halbe Stunde lang über Inkarnationsstufen unterhalten. Wer hätte sich das noch vor einem Vierteljahr vorstellen können?«, erzählte Stops begeistert weiter.

»Und wie ist die Diskussion ausgegangen?«

»Nun ja«, Stops räusperte sich, »am Ende ist sie etwas entgleist. Das Kaninchen hat darauf bestanden, dass es mindestens auf derselben Inkarnationsstufe steht wie der Jaguar, der natürlich anderer Ansicht war. Schließlich hat er Pinkball vorgeschlagen, die Theorie doch gleich mal praktisch zu erproben, um klare Antworten zu bekommen.«

»Wie das denn?«

»Das hat das Kaninchen auch gefragt. Samur antwortete ihm, er werde seiner Schwester Bescheid geben, die im gleichen Gebiet wie Pinkball lebt. Und seine Schwester hätte gerade drei hungrige Junge …«

Ich fuhr hoch. »Dieser Jaguar wird sofort ausgeschlossen«, rief ich wütend.

»Nein, tu das nicht«, sagte Stops begütigend. »Er ist noch jung und impulsiv. Er hat sich sofort entschuldigt, und Pinkball hat seine Entschuldigung angenommen. Das Kaninchen sagte, dass Tiere auf einer weniger hohen Inkarnationsstufe eben manchmal Probleme mit ihrer Beherrschung hätten und man ihnen gegenüber Nachsicht üben müsse. Samur hat das zähneknirschend geschluckt; Pinkball ist tatsächlich ziemlich klug. Ich glaube, sie hat das Zeug zur Moderatorin. Ich werde sie in den nächsten Ausbildungsgang aufnehmen.«

So gab es also immer mal wieder ein Problem, aber im Großen und Ganzen lief die Sache. Einerseits war es mühsam und zeitraubend, wenn zwischen weit auseinanderstehenden Tiergattungen wie z. B. Gorilla und Nacktschnecke übersetzt werden musste. Auf der anderen Seite aber waren es bewegende Momente, wenn ein Gorilla sich ernsthaft bemühte, die Ansichten einer Schnecke zu verstehen. Bisher hatten sie zwar in der gleichen Welt, jedoch in parallelen Universen gelebt.

Schau mir in die Augen, Kleines

Eines Tages unterhielt ich mich wieder einmal mit Stops. Er supervidierte regelmäßig die Moderatoren und bekam dadurch sehr viel von den Gruppen mit.

»Die meisten Tiere finden es bereichernd, die Lebenswelten anderer Arten kennenzulernen. Die Gruppendiskussionen fördern tatsächlich die gegenseitige Toleranz und Akzeptanz«, berichtete er.

»Das täte dem Menschen, der so wenig über die Tiere weiß, auch mal gut«, kommentierte ich.

»Aber der Mensch kennt doch fast alle Tiere und ihre Lebensbedingungen. Er untersucht sie sogar wissenschaftlich. Biologie nennt er das ...«, warf Sisypha ein, die sich zu uns gesellt hatte.

»Er erforscht zwar die Tiere, behält dabei aber immer seine Sichtweise bei. Ausgerechnet er, der sich so viel auf seine Intelligenz einbildet, bemüht sich nie, die Welt mal aus anderen Perspektiven zu sehen, z. B. durch die Augen einer Ameise.«

»Vielleicht nicht dumm, denn da würde ihm bestimmt einiges nicht gefallen – bei uns gibt es nämlich weder ein Gehalt noch die Fünf-Tage-Woche.« Sisypha kicherte.

»Für eine Ameise gönnst du dir inzwischen auch ziemlich viel Freizeit. Beängstigend viel – man muss schon Angst haben, dass du bald menschliche Züge annimmst«, stichelte Stops.

Ich kam wieder zum Thema zurück: »Wenn der Mensch die Tiere und ihre Bedürfnisse besser verstehen könnte, würde er sie vielleicht auch besser behandeln. Schade, dass er nicht an unserem Online-Forum teilnehmen kann.«

»Er müsste deine Geschichte mal hören, Louis, dann könnte er sich bestimmt besser in Tiere hineinversetzen.«

»Leider kann ich meine Geschichte aber nicht ins menschliche Internet stellen.«

Wir schwiegen ein Weilchen, bis Stops plötzlich sagte: »Aber deine MB könnte das tun. Sie könnte auch ein Buch schreiben. Du müsstest ihr deine Geschichte nur senden.«

»Sehr witzig! Was heißt ›nur‹?! Genau daran scheitert es: Conny hat mich noch nie verstanden. Die Grenze zwischen Tier und Mensch ist unüberwindbar, weil die Menschen die Fähigkeit zur geistigen Kommunikation verloren haben.«

»Keine Grenze ist unüberwindbar. Vielleicht ist dir aufgefallen, dass Sisypha und ich uns mittlerweile direkt unterhalten können, ohne deine Übersetzungshilfe. Wenn man jemanden mag und mit ihm sprechen will, dann bekommt man das eines Tages auch hin.

Fast alle Tiere verstehen ihre Menschen, und einige Menschen verstehen auch ihre Tiere. Es ist eine Frage des tiefen und ehrlichen Wunsches, mit dem anderen in Kontakt zu treten«, sprach Stops, der Liebesexperte. »Deine MB liebt dich und bemüht sich immer, mit dir in Kontakt zu kommen. Aber du entziehst dich.«

»Ich mag sie doch auch«, sagte ich mürrisch.

»Ja, aber möglicherweise trägst du da noch einen kleinen inneren Konflikt aus.« Stops lächelte. »Du magst sie zwar, aber gleichzeitig hast du ihr noch nicht verziehen, dass sie ein Mensch ist und damit zu der Spezies gehört, die Hamster versklavt und deinen Bruder umgebracht hat.«

Ich ging in mich. Konnte es sein, dass Stops recht hatte? Vielleicht war es tatsächlich so, wie er sagte …

Also probierte ich es. Wenn Conny meinen Käfig reinigte oder mich zu sich auf ihren Lesesessel hob, versuchte ich, sie innerlich anzufunken. Während ich pausenlos meine Laufrunden im Wohnzimmer drehte, gab ich mir Mühe, gleichsam auch ihre Frequenz einzukreisen. Wenn sie mich fütterte, sprach ich zu ihr:

»Vielen Dank für das leckere Fressen. Außerdem wollte ich noch sagen, dass ich dir verzeihe, dass du ein Mensch bist. Hast du mich verstanden?«

Aber es klappte nicht. Ich hatte zwar das Gefühl, ihr näherzukommen, doch die Schranke zum Menschen-Net konnte ich nicht durchbrechen. Frustriert wollte ich aufgeben. Immerhin hatte ich ein großes Tier-Forum ins Leben gerufen, dessen Gesamtorganisation viel Zeit und Energie in Anspruch nahm. Reichte das nicht?!

Da kam unerwartet Hilfe aus einer ganz anderen Ecke, nämlich von meiner kleinen Tochter, die natürlich längst nicht mehr klein, sondern selbst mehrfache Großmutter war.

Als ich ihr von meinen vergeblichen Bemühungen erzählte, sagte sie zu meiner Überraschung:

»Mir ist es vor Kurzem gelungen, zu meinem Menschen in Kontakt zu treten.«

»Zu diesem komischen Züchter Herbert?«, fragte ich erstaunt. Ich wusste, dass Lucy ihn nicht besonders mochte, weil er seine Hamster als Zuchtmaschinen sah: Je fruchtbarer sie sich zeigten, desto zufriedener war er. Für die einzelne Hamsterpersönlichkeit dagegen brachte er kein Interesse auf. Theo und Lucy hatten schon psychologische Vermutungen angestellt, ob hier nicht vielleicht eine Verschiebung vorlag – Herbert selbst hatte nämlich keine Kinder.

»Nein, natürlich nicht zu dem«, antwortete Lucy. »Zu dem Nachbarskind, das bei uns als Hamsterpflegerin arbeitet. Sie ist zwölf Jahre alt, heißt Molly und liebt uns. Mich mag sie ganz besonders.«

»Wie hast du das geschafft?«

»Es ist ganz einfach. Ich habe ihr in die Augen geschaut. Die Augen sind der Spiegel der Seele.«

»Du hast ihr einfach in die Augen geschaut und konntest dann mit ihr kommunizieren?«, fragte ich ungläubig.

Lucy seufzte ungeduldig. »Natürlich geht das nicht beim ersten Mal, du musst sie öfter ansehen und die Verbindung zu ihr suchen. Dann wirst du sie eines Tages ›erkennen‹ und kannst auch mit ihr sprechen.«

»Was meinst du mit ›erkennen‹?«

»Schwer zu erklären. Du wirst es merken, wenn es passiert ist.«

Ich hatte meiner MB noch nie wirklich in die Augen geschaut.

»Es ist unnatürlich für einen Hamster, stillzusitzen und wem auch immer in die Augen zu gucken«, sagte ich schließlich.

»Du willst doch jetzt nicht wieder mit dem Naturgesetz anfangen, oder?«, fragte Lucy scherzhaft drohend. »Außergewöhnliche Vorhaben erfordern eben außergewöhnliche Maßnahmen. Du musst ja auch nicht stundenlang in Connys Augen gucken, sondern immer mal zwischendurch für ein paar Minuten. Die entscheidende Bedingung ist, dass beide sich sehr gerne haben und miteinander in Kontakt kommen wollen. Deswegen hat es auch bei Molly und mir geklappt. Mit Herbert dagegen würde es nie funktionieren.«

Das klang verdächtig nach Stops.

»Na gut«, sagte ich schwach, »ich werde es ausprobieren.«

Das nächste Mal, als Conny mich zu sich auf den Lesesessel holte, setzte ich mich auf ihrem Oberschenkel auf die Hinterpfoten und sah ihr in die Augen.

Sie reagierte bestürzt. »Was hast du, Louis? Bist du krank?«

»Nein, ich schaue dir in die Augen, Kleines«, sagte ich feierlich, wie ich es neulich in einem Film gesehen hatte. Zugegebenermaßen schien der Ausdruck »Kleines« angesichts unserer Größenverhältnisse nicht ganz passend.

»Außerdem verzeihe ich dir, dass du ein Mensch bist«, setzte ich noch hinzu. Bis jetzt hatte mich Conny ganz offensichtlich noch nicht verstanden. Verwirrt sah sie mich an. Nach zwei Minuten ließ ich es gut sein und begann, wie immer auf dem Sessel herumzuturnen.

Wann immer sich eine Möglichkeit ergab, wiederholte ich die Übung. Sie fiel mir leichter als gedacht, was auch damit zu tun haben mochte, dass ich älter und ruhiger geworden war. Nach der anfänglichen Verwirrung schien es meiner MB zu gefallen, und sie erwiderte meinen Blick. Manchmal redete sie dabei leise mit mir. Es waren schöne, harmonische Minuten, aber meinem Ziel kam ich nicht näher.

Nach einigen Wochen gab ich die Hoffnung auf Verständigung auf. Dennoch setzte ich unseren Augenkontakt fort, denn ich liebte mittlerweile diese Momente der Nähe und des stillen Einverständnisses mit Conny. Ihr schien es ähnlich zu gehen.

Doch an einem zunächst unspektakulären Abend veränderte sich etwas Wesentliches: Ich »erkannte« sie. Wie Lucy schon sagte, ist dieses Erlebnis schwer zu beschreiben. Es ist wie das Absinken auf den Grund eines tiefen Sees – für einen Moment schien ich ihre Seele zu berühren. Dann war es vorbei, und ich kletterte an ihrem rechten Bein herunter auf den Boden, um mein Lauftraining aufzunehmen.

Wenig später stand Conny auf und holte sich eine Tafel Marzipanschokolade, die sie voller Appetit zu verspeisen begann.

»Du willst doch nicht mehr so viel Schokolade essen. Die macht deine sowieso schon maroden Zähne noch mehr kaputt«, sagte ich – wie immer vermeintlich ins Nirwana.

Vom Sessel her ertönte ein unartikulierter Laut. Ich blieb stehen und sah zu Conny hinüber. Sie starrte entsetzt in die Zimmerecke und legte mit schuldbewusstem Gesicht ihr angebissenes Stück Schokolade wieder hin.

Und da hörte ich ihre Stimme in mir, zwar unscharf, aber verständlich, wie sie mit leicht hysterischem Unterton fragte: »Wer spricht denn da?«

»Hallo Conny, fürchte dich nicht«, sagte ich beruhigend, »dies ist nicht die Stimme deines Gewissens oder deines Herrn, sondern die deines Hamsters. Sei gegrüßt! Ich freue mich, dass du mich endlich verstehen kannst!«

Mit leichter Besorgnis konnte ich beobachten, dass Conny sich nicht zu freuen schien, sondern ihren entsetzten Gesichtsausdruck beibehielt.

»Aber in der Schokolade war doch gar kein Alkohol …«, flüsterte sie tonlos vor sich hin.

»Nein, nein, du bist ja auch nicht betrunken. Damit kenne ich mich aus, weil ich länger mit einer Alkoholiker-Ratte zu tun hatte. Aber davon später, das verwirrt jetzt nur.

Sieh mal, es ist nichts Schlimmes, sondern etwas Schönes passiert: Nach mehr als eineinhalb Jahren Zusammenleben können wir endlich miteinander sprechen!«

»Aber das kannst doch nicht *du* sein!! Ein Hamster kann nicht sprechen, schon gar nicht telepathisch.«

»Ich bin so sicher Louis, wie du Conny bist. Wenn du willst, werde ich es dir beweisen: Vorhin habe ich drei Löwenzahnblätter, ungefähr zehn gemischte Körner und vier abgebissene Teppichfransen – Entschuldigung, du hast das ja nicht so gerne – in mein zweites Vorratslager hinter das linke vordere Sofabein gebracht. Sieh einfach nach, dann wirst du mir glauben.«

Eine Weile passierte nichts. Dann stand Conny schwerfällig auf, steuerte das Sofa an und ließ sich in die Hocke herunter. Sie fasste hinter das linke Sofabein und beförderte – natürlich – exakt die Dinge zutage, die ich ihr vorher beschrieben hatte.

Ich trippelte auf sie zu. »Und jetzt leg alles wieder schön hin, ich brauche es noch«, sagte ich, ängstlich, dass sie mein Vorratslager vernichten könnte. Doch meine MB tat, wie ihr geheißen. Dann sah sie mich mit einem eigentümlich erschütterten Blick an.

»Louis«, sagte sie. Mehr kam erst mal nicht, aber das würde schon noch werden.

»Ich habe das Gefühl, dass du immer noch ein bisschen überrascht und durcheinander bist«, sagte ich nach einer kleinen Pause. »Vielleicht hilft es dir, wenn du etwas tun kannst, etwas, bei dem du dich an deinen neuen und unbekannten Gesprächspartner gewöhnst.

Also, wenn du Lust hast, setz dich an deinen Laptop. Ich möchte dir nämlich gerne meine Geschichte diktieren, weil ich glaube, dass sie für dich und andere Menschen interessant sein wird: Ihr könnt aus erster Hand etwas über eure Tiere und die Lebenswelten anderer Geschöpfe erfahren.

Vielleicht kochst du dir vorher noch einen Orangenblütentee? Der entspannt und beruhigt die Nerven.«

Connys Gesichtszüge schienen sich auch ohne Orangenblütentee leicht zu entspannen. Nach einiger Zeit lächelte sie sogar ein wenig.

»Es ist zwar verrückt, aber ich beginne zu glauben, dass du tatsächlich Louis bist. Denn du redest so, wie Louis reden würde, wenn er reden könnte, aber anscheinend kann er es ja.«

Nach diesem kryptischen und möglicherweise logisch nicht ganz einwandfreien Satz stand sie auf und setzte sich an den Laptop. Ich lief zum Teppichrand hinter ihrem Stuhl und konzentrierte mich. Conny begann zu schreiben, und auf dem Monitor entstanden die Worte:

Meine Familie und das *Goldene Hamsterwissen*

»An die erste Zeit nach meiner Geburt kann ich mich nicht erinnern. Wir waren ein kleiner Wurf ...«